코로나 시대
자영업의

KB153187

코로나 시대 자영업의 미래

초판 1쇄 발행 2021년 1월 8일
초판 2쇄 발행 2021년 4월 8일

지은이 | 김상훈
펴낸이 | 이동국
펴낸곳 | (주)아이콤마
등록 | 2020년 6월 2일 제2020-000104호
주소 | 서울특별시 서초구 사평대로 140, 비1 102호(반포동, 코웰빌딩)
이메일 | i-comma@naver.com
블로그 | https://blog.naver.com/i-comma
인스타그램 | https://www.instagram.com/icomma7
ISBN | 979-11-970768-1-7 03320

© 김상훈, 2021

(주)아이콤마는 독자 여러분의 소중한 원고를 기다리고 있습니다.
원고가 있으신 분은 i-comma@naver.com으로 간단한 집필 의도, 목차, 샘플 원고, 연락처를 보내주세요.
세상에 가치를 더하는 책, 최고의 양서로 독자 여러분과 만나고 싶습니다.

팬데믹, 온텍트 창업 시장이 불러온
전환창업의 시대

코로나 시대
자영업의
미래

—— 김상훈 지음 ——

아이콘마

내가 행복한 소확행(小確幸), 전환창업 시대 시작됐다

창업자들의 꿈은 무엇일까? 한때 '부자 되기'를 꿈꾸던 시대도 있었다. 1990년대까지만 하더라도 창업 관련 연관검색어 1위는 '부자'라는 키워드였다. 2020년대 창업자들의 꿈 역시 부자일까? 전혀 그렇지 않다. 부자가 되길 싫어하는 사람들이 늘었다는 의미는 아니다. 소상공인 창업 시장에서 몸부림친다고 해서 현실적으로 부자가 되기는 어렵다는 이야기다.

창업 시장이 그만큼 치열해지고 각박해진 면도 있지만, 시장 판도가 확 변한 까닭이 더 크다. 창업 시장의 시간은 유난히 빨리 흐른다. 10년이면 강산이 변하던 시절도 있었다. 하지만 요즘 한국 창업 시장은 6개월이면 판도가 달라지고 있다. 인터넷 인프라를 이용한 온라인 시장이 급팽창했고, TV 홈쇼핑 시장이 스몰비즈니스 창업자들의 무서운 경쟁자로 떠올랐다. 하나같이 대형 자본들이 휩쓸고 있는 형국이다. 대한민국 소자본 창업자들은 대형 자본들이 어떻게 움직이는지를 늘 세심하게 관찰하지 않으면 안 되는 세상이 되어버렸다.

■ 코로나19가 가져온 창업 시장 변화의 바람

이런 와중에 시장 판도를 뒤흔든 또 하나의 커다란 사건, '코로나바이러스감염증-19(COVID-19)'가 터졌다. 그 후 바이러스가 종식된 '포스트 코로나(Post Corona)' 시대를 애타게 기다리건만, 현실적으로는 바이러스와 함께 살아가야 하는 '위드 코로나(With Corona)' 시대와 가까워지고 있다. 창업자들은 아연실색하지 않을 수 없었다. 대책도 변변치 않았다. 정부 지원금 또한 얼어붙은 창업 시장을 되살리기엔 한계가 역력했다. 상권마다 문 닫는 가게, 임대문의 가게가 속출했고 폐업 행렬도 줄을 이었다. 코로나19와 함께 창업 시장은 이대로 자영업자들의 무덤으로 전락하고 마는 것일까?

하지만 한국 창업 시장은 없어지지 않는다. 필자의 견해로는 코로나19가 자영업 시장에 직격타를 주는 것은 맞다라고 본다. 하지만 순기능을 양산하는 측면도 있다. 다름 아닌 자영업 시장의 구조조정 효과다. 지금까지의 국내 자영업 시장은 공급과잉의 대명사였다. 자영업자들끼리 벌이는 경쟁이 치열했다. 이른바 '을'끼리 경쟁할 수밖에 없는 과열 경쟁 시장이었다. 하지만 코로나 사태 이후 '전환창업(轉換創業)'에 대한 니즈(Needs)가 커지고 있다. 전환창업이라 함은 코로나 시대에 생존 가능한 근본적인 피보팅(Pivoting)전략이다. 위기 속에서 기회를 찾는 과정로서의 성과 창출 프로그램을 실행하는 의미도 갖는다. 경영개선, 업종전환 등 과감한 콘셉트 전환 붐이 대두될 가능성도 높다. 이렇듯 코로나19는 복마전 같은 국내 자영업 시장에 새로운 변화의 바람을 불러일으키는 계기가 되었다. 무엇보다 내가 행복한 '소확행(小確幸) 창업시대'의 도래를 앞당긴 것이 가장 큰 변화라고 생각된다.

■ 소확행 창업 시대의 주인공은 '내가 행복한 창업자'

시장의 위기는 늘 새로운 기회를 잉태한다. 코로나19는 창업 시장에 새로운 변화의 바람, 새로운 기회 요인을 불러오고 있다. 그 중하나는 소확행 코드다. 나의 행복을 최우선으로 하고 트렌드에 민감한 '욜로(YOLO)'와 '소확행', '롤코라이프'를 외치는 자유분방한 소비패턴의 소비자들이 갈수록 늘고 있다. 창업자들도 이제는 내가 행복해야 만족하는 시대가 성큼 다가오고 있음을 예감한다.

창업으로 큰 부자 되기가 어렵다면, 그것보다 더 중요한 원초적 가치에 몰입할 수밖에 없다. 돈보다 중요한 것은 행복이고, 부자보다 더 중요한 것은 행복한 창업 인생의 주인공이기 때문이다. 즉 내가 행복한 창업을 갈망할 수밖에 없다. 그렇다면 향후 우리나라의 창업 트렌드는 어떤 양상으로 전개되는 것일까?

첫째, 창업 시장에 진입하는 창업자들의 패러다임이 변화함에 따라 두 번째 '잡(Job)'으로서의 창업 시장은 더 커질 것으로 보인다. 즉 '일'로서의 창업에 포커스를 맞추고 내 사업의 첫 단추를 끼우려는 수요가 더 늘어날 전망이다. 창업해서 돈 많이 버는 게 목적이 아닌, 내 일을 하는 수단으로서의 창업을 추구하는 경향이 심화하고 있기 때문이다. 창업과 직업의 합성어인 '창직(創職)' 키워드가 부상하는 현상과도 무관치 않다.

또한 퇴직 후에도 자기 존재감을 유지하는 수단으로서의 창업은 필요하다. 특히 중장년 창업자들에게 자존감 유지 수단으로서의 창업은 삶의 중요한 가치 기준이 될 전망이다.

둘째, 국내 프랜차이즈 시장의 생태계가 변화할 것으로 예측된다. 지금까지 국내 프랜차이즈 시장은 급격한 양적 팽창을 거듭해 왔다. 공정거래위원회에 등록된 프랜차이즈 브랜드의 수만 해도 7,200개가 넘을 정도다.

자영업 구조조정에 따라 소확행 창업 시대의 프랜차이즈 시장은 더욱더 양극화가 심화할 것으로 보인다. 이른바 '투자형 프랜차이즈' 브랜드와 '소확행형 프랜차이즈' 브랜드로 양분될 가능성이 높다.

투자형 브랜드의 경우 대형 자본을 앞세워 부동산 시장과 어깨를 견주며 가맹점 영토 확장에 열을 올릴 것이다. 반면 소확행형 브랜드는 무작정 가맹점 확장에만 열을 올리는 다점포 전략과는 일정 정도 거리 두기를 할 것이다. 대신 프랜차이즈 본사의 경영 코드와 궤를 같이하는 장수 브랜드, 장수 창업자를 배출하는 쪽으로 방향을 선회할 것으로 보인다. 동시에 시장에서 검증된 성공 창업자의 노하우와 핵심가치를 일정 정도 배워서 창업하는 실속있는 전수형 프랜차이즈 창업 콘셉트도 많이 시도될 것으로 예측된다.

셋째, '미니 가게' 창업과 'O2O(Online to Offline)' 창업이 급부상할 것으로 보인다. 미니 가게 창업이라고 하면 실면적 10평 내외의 작은 가게를 말한다. 인건비 부담을 줄이고 혼자서도 운영 가능한 1인 창업, 나홀로 창업을 하고자 하는 수요가 증가하는 현상과 궤를 같이한다고 볼 수 있다.

이들은 철저하게 온라인과 오프라인을 결합한 'O2O 경영전략'을 표방할 수밖에 없다. 따라서 1인 창업자들의 필수 조건은 강력한 콘텐츠 지배력이다. 인터넷 세상에서 이길 수 있는 소상공인의 마케팅 코드는 온라인 세상에서의 확실한 흔적 남기기일 수밖에 없다.

바야흐로 인터넷 세상과의 자연스러운 소통 역량은 창업자의 기본 조건이 된 지 오래다. 창업자의 콘텐츠 만들기는 소확행 창업 시대의 성과 창출과 직결되는 마케팅 도구이자 수단임을 늘 기억해야 한다.

내가 행복한 소확행 창업 시대는 거부할 수 없는 창업 시장의 새로운 물결과도 같다. 코로나19로 인한 창업 시장의 위축과 어려움 속에서도 시장의 트렌드는 새로운 기회 찾기 열풍으로 새 단장할 것으로 보인다. 창업 시장은 정권과도 무관하다. 어느 정권이 들어선다고 해도 결코 사라지지 않을 시장이기 때문이다. 따라서 시류에 민감한, 겉만 화려만 창업법보다는 창업자의 지속가능한 행복 가치를 실현하는 진득한 창업법이 그 어느 때보다 중요해질 것으로 보인다.

또한 소확행 창업을 위한 신(新)아이템 개발은 계속될 전망이다. 아울러 새로운 아이템 개발보다 중요한, 해당 아이템이 꽃을 피울 수 있는 틈새 상권 찾기는 창업을 준비하는 데 있어 필수 과정이다. 대형 상권의 저평가된 골목 입지를 활용한 작은 가게 창업, 이른바 슬리퍼로 오갈 수 있는 거리의 '슬세권', 집 근처 동네상권 소비자들의 지갑을 열게 하는 소자본 창업 수요는 더욱 증가할 것이다. 수도권 상권에서의 틈새 입지 찾기와 더불어, 수도권보다 월임대료가 상대적으로 저렴한 지방 소도시 상권을 공략하는 미니 가게 창업법도 주목받을 것으로 예측된다.

독자분들에게 드리는 부탁 말씀도 있다. 어려운 시기일수록 아이템 결정 전, 점포 계약 전에 전문가 집단을 통한 사전 필터링 과정을 거치는 것은 매우 중요하다. 시행착오를 줄여야 하기 때문이다. 순간의 선택이 50년 창업 인생을 결정하는 경우가 많다. 필자가 운영하는 유튜브 채널인 '창업통TV'와 '창업통 블로그'는 창업 시장의 궁금증을 독자와 실시간 소통하는 공간이다. 전화 통화가 어렵다면 댓글로라도 질문을 주면 객관적인 시각의 답변을 얻고 최소한 허무하게 망하는 상황은 면할 수 있을 것이다. 이 책은 내가 행복한 소확행 창업의 주인공이 되고자 하는 사람들을 위한 알토란 같은 지침서다. 부디 행복한 창업 인생의 방향과 속도를 정하고 성과 창출을 위한 작은 단초를 발견하길 간절히 바라는 마음이다.

2021년 1월 선릉역 사무실에서
김상훈

NEW NORMAL
SMALL BUSINESS

COVI

1

코로나 시대,
창업 시장 기상도

전 세계를 위협하는 바이러스 대유행병의 시대,
변화하는 한국 자영업 시장의 판도.
코로나 이전과 이후의 창업 시장은
무엇이 같고 무엇이 다른가?

코로나 시대 창업자들을 위한 첫 제언!
창업자들이 반드시 알아야 할 창업 시장의 현주소,
대한한국 자영업 시장의 민낯 바로 보기.

브이노믹스(V-nomics)[1] 시대의 자영업, 새판짜기 전략 시작됐다

한국 창업 시장의 판도가 변하고 있다. 소기업, 소상공인이 주도하는 스몰비즈니스(Small Business)[2] 시장은 중국 우한에서 시작된 코로나바이러스19(COVID-19)가 불러온 바이러스 대유행병(펜데믹, Pandemic)의 시대를 맞아 격변기에 직면했다. 이제 코로나 이전의 시대와 그 이후의 시대를 구분하는 '코로나 시대'라는 새로운 패러다임이 우리의 일상 곳곳에 스며들어 삶의 양식을 근본부터 변화시키고 있다.

우리 삶과 직결되는 자영업 시장에도 코로나발(發) 후폭풍은 이

---

1 코로나바이러스19 사태로 촉발된 코로나 바이러스 대유행병 시대를 대표하는 경제 용어로 김난도 서울대 소비자학과 교수가 새롭게 제시한 단어다. '바이러스(Virus)'의 V와 '경제(Economics)'를 결합시킨 말로 "바이러스가 바꿔놓은 그리고 바꾸게 될 경제"라는 뜻이다.

2 소규모 사업, 즉 중소기업이나 소상공인 자영업자 등이 영위하는 사업 형태를 말한다. 최근에는 작지만 참신한 아이디어와 혁신적인 기술, 전문성을 바탕으로 투자를 기다리는 스타트업(start-up)의 의미가 더해지기도 했다.

어지고 있다. 바이러스가 바꾸어놓은 새로운 경제, 브이노믹스 시대가 도래한 것이다. 곳곳에 '임대문의'를 써 붙인 폐업 점포가 늘고 있고 자영업 구조조정이 본격화하는 양상이다.

1990년대까지 우리나라 자영업 시장은 어렵지 않았다. 하지만 2000년 이후 자영업 시장은 그 지형도가 판이하게 변하기 시작했다. 이마트 창동점을 필두로 전국에 500개에 달하는 대형 할인 마트가 영업 중이고, 축구장 70배 규모에 달하는 매머드급 복합 쇼핑몰도 출현했다. 5,000만 명이라는 한정된 내수 수요층을 놓고 온라인 플랫폼 시장 또한 급팽창했다. 17개의 홈쇼핑 채널은 척박한 자영업 영토에 융단폭격을 가하고 있는 형국이다. 그뿐만 아니다. 사모펀드 등 거대 자본을 등에 업은 다점포 프랜차이즈는 자영업 시장의 양적 팽창에 몰두하고 있다.

결국 코로나 사태를 계기로 자영업 폐업, 구조조정의 시대에 직면하고 있는 현실이다. 2019년까지 한 해 평균 소상공인 폐업자 수는 83만 명 수준이었다. 올해 말 데이터가 집계되면 폐업자 수는 100만 명을 훌쩍 넘길 것으로 예상된다.

소비자들의 라이프 스타일은 코로나 시대에 맞게 새롭게 재정립되고 있다. 코로나 시대를 한마디로 압축하면, 극심한 경기불황 속에서 소비자들은 삶과 죽음에 대한 키워드를 묵도하면서, 나름대로의 생존 방식·삶의 방식을 조율하고 있는 시대라고 정리할 수 있다. 전국의 600만 소상공인 입장에서는 다가올 브이노믹스 시대에 적합한 생존 영업의 방향을 정하고, 실전 전략을 새롭게 짜야 한다. 어떻게 해야 할까?

● 코로나 시대를 이겨낼 유연성 있는 성과 창출 전략이 필요하다

전국의 70만 음식점 사장님들을 비롯한 기존 자영업 사장님들은 자영업 인생에 빨간불이 켜졌다. 사회적 거리두기 1단계, 2단계, 2.5단계가 시행되면서 영업시간이 제한되고, 운영방식도 달라졌다. 그렇다면 코로나 시대, 가장 먼저 심각한 위기를 느끼고 있는 상권은 어디일까? 바로 대학가 상권이다. 전국의 200개 4년제 종합대학교, 156개 전문대학 등 총 356개 대학가 상권에서는 곡소리가 날 정도다.

사이버 강의가 보편화하면서 학기 중 대학생들의 라이프 스타일을 공략하는 전국 대학가 상권 내 자영업 사장님들에겐 최악의 불황이 닥쳐왔다. 물론 서울의 홍대 상권, 건대 상권 같은 매머드급 상권은 그나마 기본 모양새는 유지되고 있는 편이다. 전국에서 수요층이 몰려드는 상권이기 때문이다. 하지만 서울의 중소형 대학가 상권, 지방 대학가 상권을 살펴보면 찬바람이 쌩쌩 분다. 대학가 상권은 그렇지 않아도 방학을 제외하고 나면 1년 중 6개월 영업이 매출의 대부분을 차지하는 곳이 많은데, 코로나19 사태로 학교가 개강을 하지 않음으로 인해 겪는 피해가 막심하다. 대책이 시급한 상황이다.

비단 대학가 상권뿐만이 아니다. 코로나 사태로 인해 단체회식이나 사람들이 많이 모이는 행사들이 전면 취소되거나 연기되었다. 코로나 시대의 대표적인 패러다임 변화 징후라고 볼 수 있다. 단체 고객, 회식 고객을 대상으로 영업했던 기존의 대형 음식점 사장님들은 중대 결단을 내려야 한다. 대형 점포에서 중소형 점포로의 전환을 고민해야 할 수도 있다. 아니면 대형 점포를 분할, 작은 가게 형태의

영업으로 전환하는 방안을 심각하게 고민해야 한다.

또한 코로나 시대에는 작은 가게 창업, 1인 고객들의 나 홀로 소비에 주목해야 한다. 인건비를 최소화한 본격적인 1인 창업 시대도 보편화할 양상이다. 1인 고객들의 라이프 스타일을 좇아야 하는 '1코노미' 시대가 빠르게 다가오고 있음을 직감하게 된다.

● 명암이 엇갈리는 코로나 시대의 소점포들

한편으로는 코로나 시대가 즐거운 가게들도 있다. 불황이 곧 기회 요인이라는 것을 실감하게 하는 업종이다. 배달 창업 시장, 홈쇼핑, 온라인 쇼핑에 몸담고 있는 창업자들 이야기다. 급증하는 매출에 즐거운 비명소리도 들린다. 이제는 바야흐로 비대면 창업 시장, 언택트(Untact)[3] 창업 시장의 활성화가 눈에 띄게 두드러지고 있다.

배달 음식 시장의 속내에는 조금 편차가 있다. 기존에는 배달 전문 음식점만 주로 배달 매출에 주력했으나, 코로나 사태로 인하여 전국 70만 개 음식점 중에서 95% 이상이 배달 매출 올리기에 혈안이 되고 있다. 이 때문에 기존의 전통적인 배달업종들은 오히려 매출 보합세가 이어지는 한편, 새로움의 코드로 무장한 배달 음식점들은 문전성시를 달리고 있다. 이들의 전략은 총 창업비용 5,000만 원 이하, 식재료 원가 30%, 월세 100만 원 이하, 인건비 1.5명으로 줄이기다. 소비자 니즈(Needs)를 공략하는 유연성 있는 메뉴 개발을 내세우면서 '배민라이더스', '쿠팡이츠'와 같은 배달 앱을 통해

---

3 '접촉하다'라는 의미의 '콘택트(contact)'에 부정접두사 '언(un-)'을 합성한 신조어로, 기술 발전에 힘입어 소비자와 직접 대면하지 않고도 특정 상품이나 서비스를 제공할 수 있게 된 현상.

매출 극대화를 이루고 있다.

반면 휘트니스 센터, 각종 예체능 학원 등 교육 서비스 업종, 오프라인 대면 서비스에 의존하는 피부관리실과 같은 뷰티 서비스 업종 사장님들은 어려움을 호소하고 있다. 이제 대면 서비스에만 의존하는 자영업 사장님들은 비대면 영업 전략을 새롭게 정리할 시점이 왔다. 홀 매출에만 의존했던 기존의 음식점들도 매출 부진을 이겨낼 테이크아웃(Takeout) 포장 판매 매출과 배달 매출, 그리고 여차하면 전국의 택배 매출까지 이어질 수 있는 복합적인 영업 전략을 세우고 실행해야 한다는 이야기다. 600만 기존 자영업 사장님들로서는 코로나 시대를 이겨낼 수 있는 전반적인 경영 전략, 운영 전략의 새판짜기라는 흐름을 요구받는 상황이 당분간 이어질 것으로 판단된다.

● 코로나 시대 신규 창업자의 사업 방향, 어떻게 잡아야 할까?

우리나라는 1년이면 100만 명의 신규 창업자들이 생긴다. 조기 퇴직으로 인해 경제활동을 이어가려는 퇴직자 창업은 물론 청년 창업, 주부 창업. 여성 창업자들도 늘고 있는 형국이다. 코로나 시대에는 창업 시장을 노크하는 방법도 달라야 한다. 우리나라 창업자들의 평균 창업 자금은 7,500만 원, 대출까지 받으면 1억 원 정도의 종잣돈으로 창업을 하는 신규 창업자들이 가장 많다.

하지만 코로나 시대엔 1억 원 창업이 아닌 5,000만 원 이하 창업에 주목해야 한다. 생계형 창업 시장에서는 대출을 줄이고, 최소 자본을 이용한 실속 창업이 중요하다. 큰 가게 창업보다는 작은 가게 창업이 대세가 될 것으로 보인다. 아울러 과도한 시설 투자보다는 시설 투자를 최소화하는 창업법이 필요하다. 초보 창업자일수록 권리금 없다고 매월 수백, 수천만 원씩 나가는 비싼 월세 점포를 계약해서 창업하는 행동은 절대 금물이다. 투자 수익성을 밀도 있게 사전 측정해보고, 신중하게 접근해야 한다. 그런 측면에서 겉만 화려한 대형 상권 특급 입지보다는 후미진 틈새 골목 입지가 나을 수 있으니 유심히 살펴야 한다. 동네 상권, 작은 가게 창업도 활성화될 것으로 보인다.

후다닥 창업 가능한 얄팍한 프랜차이즈 가맹점 창업, 사업의 지속 가능성이 담보되지 않는 유행성 브랜드로 치장한 가맹점 창업 또한 조심해야 한다. 불황기일수록 '치고 빠지는' 브랜드들이 넘쳐날 수 있기 때문이다. 2020년 12월 기준, 공정거래위원회에 등록된 프랜차이즈 브랜드는 7,200개에 달한다. 이 중 76.3%인 5,492개가 외식 브랜드다. 2019년 말에 비해 900개 넘는 신규 브랜드가 생겨났다. 불황일수록 신규 브랜드는 더 늘어나고 있음을 알 수 있다.

신규 창업자라면 코로나 시대에 걸맞은 비즈니스 로드맵부터 정리해야 한다. 어려운 시기일수록 변화하는 창업 비즈니스 모델의 핵심 가치가 무엇인지를 살펴야 한다. 코로나 시대엔 '빠른 창업'보다는 '느린 창업'에 주목해야 한다. 빨리빨리 창업은 빠른 실패로 이어질 수 있다. '도제식 창업', '전수창업(傳受創業)'에 관심을 두어야 하는 이유다. 여기서 전수창업이란 성공한 개인 점포를 모델로 하여 점포 창업자로부터 핵심 기술을 전수받아 창업하는 방식으로, 기존 시장에서 장기간 살아남은 성공 창업자의 패러다임과 스타일,

그들의 생각과 철학까지 제대로 전수받고 공유하는 창업법이다.[4]

코로나 시대엔 창업자들의 꿈, 미래가치도 달라지고 있다. 부자가 되는 게 꿈이 아니다. 작지만 확실한 나만의 행복을 오랫동안 누릴 수 있는 이른바 '소확행(小確幸) 창업 시대'로 빠르게 치닫고 있다.

---

4 필자는 1998년 MBC 〈일요일 일요일 밤에〉 '신동엽의 신장개업'을 컨설팅하면서 '전수창업'이라는 말을 처음 사용했던 당사자다. 전수창업의 개념도 정리했다. 전수창업은 창업 한번 해본 적 없는 조리장에게 메뉴 레시피를 배우는 방법이 아니라, '반드시 사업성이 검증된 매장에서 창업자가 자신 있을 때까지 조리 메뉴얼과 운영 메뉴얼을 전수받아서 오픈하는 창업법'이라고 정의한 바 있다.

한국 창업 시장 30년 흐름을 간파하면, 미래가치가 보인다

역사를 공부하는 것은 참 중요한 일이다. 창업 시장을 공부함에 있어서도 우리나라 창업 시장의 역사와 흐름을 체크하는 일은 매우 긴요하다. 오늘날 현대적인 창업 시장 경기동향의 시발점은 30년 전이라고 할 수 있는 1988년 말에서 1990년 초까지로 거슬러 올라가야 한다. 그로부터 10년, 20년, 30년 후를 정리하다 보면 한국 창업 시장의 미래가치를 가늠할 수 있을 것이다.

창업자 관점에서는 역사적인 사건과 시대적 분위기에 따라서 어떤 아이템이 주목을 받았고, 어떤 아이템의 가치가 곤두박질했는지를 체크해야 한다. 시대의 흐름에 따라서 뜨고 지는 아이템 동향은 달랐기 때문이다. 무엇보다도 시대적 흐름과 경기동향의 관점에서의 호황기와 불황기를 판단할 필요가 있다. 업종 트렌드는 호불황기에 따라 확연히 달라지기 때문이다. 그리고 궁극적으로 현시점 기준으로 창업 시장의 올바른 방향을 어떻게 설정할지가 관건이다.

이를 통해서 내게 맞는 아이템을 결정하고, 성과 창출 방안을 제대로 세팅해야 한다. 역사는 반복하는 경우가 많듯, 창업 시장 역시 호불황기에 따라서 주력 콘셉트가 반복되는 경우가 많다. 우리나라 창업 시장의 30년의 흐름을 면밀하게 살펴봐야 하는 가장 큰 이유다.

그렇다면 과거 30년 동안 우리나라의 창업 시장은 호황기와 불황기에 어떤 양상을 보였을까? 호황기의 시발점은 1988년 서울올림픽을 기점으로 생각할 수 있다. 이때부터 외국계 라이선스 브랜드가 물밀 듯이 들어왔다. 하지만 그 상승기는 오래가지 못했다. 1997년 말 IMF 외환위기와 함께 시장은 붕괴되기 시작했다. 경기는 급강하했고 2년여 남짓의 불황기가 이어졌다. 하지만 2000년 밀레니엄 시대의 도래와 함께 호황기 트랙에 다시 한 번 탑승하게 된다. 그 상승기는 2002년 한일월드컵을 지나 2008년까지 이어진다. 하지만 이러한 흐름도 미국발 서브프라임모기지 사태가 시발점이 된 리만 브라더스 사태를 겪으면서 다시 하강국면으로 전환했고, 2010년대를 지나 2020년 코로나 위기까지 완만하게 이어지고 있는 셈이다.

대한민국 30년 창업시장 경기동향

지난 30년간 우리나라의 전체적인 경기 흐름은 물론 창업 시장 경기동향 역시 끊임없이 오르막과 내리막을 반복하고 있는 양상이다. 이에 따라 창업 시장의 온도계 또한 온도가 올랐다가 떨어지기를 반복하고 있음을 알 수 있다.

그렇다면 창업 호황기라 할 수 있는 1990년대 초반의 창업 시장 동향은 어땠을까? 현재 우리나라 창업 시장에서 30년 이상 사업에 몸담고 있는 오래된 창업자들을 만날 때가 종종 있다. 이들에게 30년 넘게 사업하는 동안 가장 장사가 잘됐던 시기는 언제였는지 물어보면, 거침없이 1988년 서울올림픽 이후부터 1990년대 초반이라고 응답하는 경우가 가장 많다.

당시를 돌이켜보면 시장조사와 상권 분석 때문에 늘 상권 현장에 가 있었던 것으로 기억한다. 당시 현장 상권 조사를 하면서 창업자들에게 경기가 어떤지 물어보면 대부분의 자영업 사장님들은 호황기였음에도 불구하고 여전히 불황이라고 응답하는 경우가 많았다. 물론 당시 창업자들의 단순한 레토릭에 지나지 않았던 측면도 있다.

그 당시 상권에서 가장 인기 있는 아이템이 네 가지 있었다. 롯데리아와 같은 패스트푸드점, 쟈뎅, 도토루로 대변되는 원두커피 전문점, 독일식 호프집, 중저가 캐주얼 의류 아이템이 그 주인공이다. 이러한 아이템들은 시간이 흐름에 따라 호황을 누리기도 했지만, 지금은 존재가치가 사라진 아이템이나 브랜드들도 다수 존재한다.

계속해서 호황기로 분류되었던 1990년 이후부터 IMF 외환위기 전까지의 우리나라 창업 시장 분위기는 어땠으며 시장의 주요 이슈 및 아이템 동향은 어떠했을까?

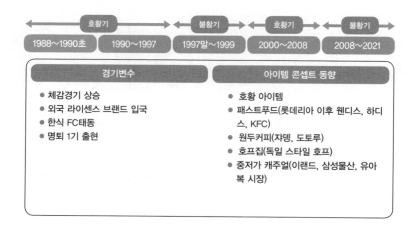

호황기	불황기	호황기	불황기
1988~1990초	1990~1997	1997말~1999	2000~2008	2008~2021

경기변수	아이템 콘셉트 동향
● 체감경기 상승 ● 외국 라이센스 브랜드 입국 ● 한식 FC태동 ● 명퇴 1기 출현	● 호황 아이템 ● 패스트푸드(롯데리아 이후 웬디스, 하디스, KFC) ● 원두커피(쟈뎅, 도토루) ● 호프집(독일 스타일 호프) ● 중저가 캐주얼(이랜드, 삼성물산, 유아복 시장)

이 시기 국내 창업 시장의 가장 큰 변수는 이른바 1기 신도시가 땅을 파기 시작했던 시점이라는 사실이다. 분당, 일산, 평촌, 중동, 산본 등에 5대 신도시 상권이 등장하기 시작했다. 제6공화국 노태우 정부 시절 주택 200만 호 건설 사업 등 전국적인 택지 개발이 붐을 이뤘던 시기이기도 하다. 전국에서 원도심을 중심으로 외곽 지역에 택지 개발이 이뤄지고 아파트 상권이 생겨났다. 당시 창업자들은 너도나도 신도시 상권으로 몰려가려는 부류가 있었던 반면, 구도심을 그대로 지키겠다는 창업자들도 있었다.

창업 시장에서는 기존에 없던 또 다른 세대, 명퇴 1기생들이 출현했던 시기다. 그에 따라 이른바 명예퇴직을 한 다음 창업 시장을 노크하는 사람들을 타깃으로 하는 창업 아이템이 등장하기도 했다. 대표적인 아이템은 CVS(편의점), 아이스크림, 이랜드, 제과점 등이다. '놀부보쌈'과 같은 한국 프랜차이즈가 태동되기도 했고, 고급 커피와 이랜드로 대변되는 패션잡화가 인기를 끌었던 시기이기도 하다.

1990년대 호황기를 지나 1997년 말, 극심한 불황기의 상징이라

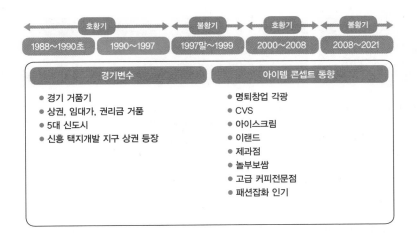

호황기	불황기	호황기	불황기
1988~1990초	1990~1997	1997말~1999	2000~2008	2008~2021

경기변수	아이템 콘셉트 동향
● 경기 거품기 ● 상권, 임대가, 권리금 거품 ● 5대 신도시 ● 신흥 택지개발 지구 상권 등장	● 명퇴창업 각광 ● CVS ● 아이스크림 ● 이랜드 ● 제과점 ● 놀부보쌈 ● 고급 커피전문점 ● 패션잡화 인기

고 할 수 있었던 이른바 'IMF 시기'의 창업 시장 동향은 어떠하였을
까? IMF 시기는 모두가 어려웠던 시기라고 생각하는 사람들이 많
지만, 아이러니하게도 IMF가 너무 반가운 창업자들도 있었다. 이
른바 '조물주 위 건물주'라 불리는 사람들이다. 당시 부동산 시장이
반값으로 폭락한 상황에서 최소 비용을 투자하여 대박 수익을 거둔
건물주가 여기저기에서 탄생했다.

창업 시장에서는 5,000만 원 이하의 초(超)소자본 창업 시장이
가장 활발하게 움직이던 시기였으며, 포차형 아이템과 노점 아이템
이 호황을 누렸던 시기이기도 했다. 반면 고급 커피집은 몰락의 길
을 걸었고 웬디스, 하디스와 같은 대형 패스트푸드 브랜드들은 사
업을 철수하고 미국 본토로 되돌아갔다.

사상 초유의 국가부도사태로 많은 사람을 고통 속에 빠뜨린 IMF
시기를 지나, 2000년대 초 반등세를 타고 다시 상승기를 달리기 시
작한 한국 창업 시장은 다시 화려해지기 시작했다.

이 시기 소비자 시장에서는 '웰빙(well-being) 트렌드'가 급부상

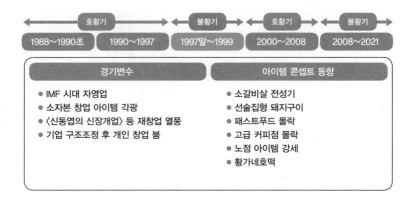

호황기	불황기	호황기	불황기
1988~1990초	1990~1997	1997말~1999	2000~2008	2008~2021

경기변수	아이템 콘셉트 동향
● IMF 시대 자영업 ● 소자본 창업 아이템 각광 ● 〈신동엽의 신장개업〉 등 재창업 열풍 ● 기업 구조조정 후 개인 창업 붐	● 소갈비살 전성기 ● 선술집형 돼지구이 ● 패스트푸드 몰락 ● 고급 커피점 몰락 ● 노점 아이템 강세 ● 황가네호떡

했다. 전자상거래가 처음 등장했던 시기이고, 오늘날 거대하게 터 잡고 있는 홈쇼핑 시장이 처음 열리던 시점이었다. 동대문 패션특구가 지정됐고, 1993년 이후 시작된 대형 할인 마트는 전성기를 맞았다. 2002년 한일월드컵 특수도 있었고, 시장에서는 주5일제 근무가 본격화하면서 오피스 상권 영업 일수가 26일에서 22일로 줄어들었다. 이로 인해 상권의 희비가 엇갈리기도 했다.

아이템 동향으로는 일식 돈가스, 찜닭, 하우스 비어, 에스프레소 커피, 조개구이 같은 온갖 프랜차이즈 브랜드가 급팽창했던 시기다. 하지만 이러한 호황의 분위기도 2007~2008년 미국발 금융위기(서브프라임 모기지 사태로 비롯된 전 세계적 대규모 금융 위기)로 인해 다시 하향 곡선을 그리며 서서히 10년간의 불황기로 접어들 수밖에 없었다.

창업 시장이 다시 완만한 하락 반전을 이루기 시작한 2008년부터 현재에 이르기까지 10년 넘는 세월이 흘렀다. 이 시기 창업 시장의 이슈와 동향은 어떤 것이 있었을까? 크고 작은 사건들이 있었지만 크게 코로나 사태 전과 후로 구분된다.

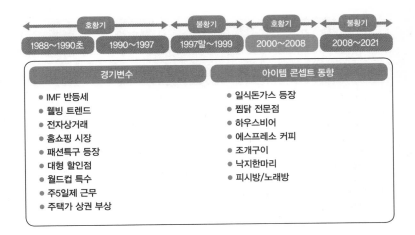

호황기	불황기	호황기	불황기
1988~1990초	1990~1997	1997말~1999	2000~2008	2008~2021

경기변수

- IMF 반등세
- 웰빙 트렌드
- 전자상거래
- 홈쇼핑 시장
- 패션특구 등장
- 대형 할인점
- 월드컵 특수
- 주5일제 근무
- 주택가 상권 부상

아이템 콘셉트 동향

- 일식돈가스 등장
- 찜닭 전문점
- 하우스비어
- 에스프레소 커피
- 조개구이
- 낙지한마리
- 피시방/노래방

최근까지 이어지고 있는 본격적인 경기 하락의 시발점은 2014년 4월 16일 세월호 사태를 들 수 있다. 이어 2015년에는 코로나 사태의 전초전 성격인 메르스 사태가 발발했다. 2016년에는 김영란법이 시행되면서 요식업 시장에 고급 음식점 수난사가 열리기도 하였으며, 2017년에는 프랜차이즈 갑질 파동이 이어졌다. 2018년 최저임금이 시간당 7,530원으로 상승하면서 인건비 상승의 기폭제가 되었고, 2020년 초 코로나 사태에 이르기까지 끝이 없어 보이는 불황의 터널은 지금도 끝날 기미가 보이지 않는 형국이다.

외식 창업 시장 아이템 동향은 대기업 자본이 투자에 나선 계절밥상, 자연별곡 같은 한식 뷔페의 화려한 등장 및 몰락을 비롯해, 사모펀드 투자 브랜드의 난립, 백종원 브랜드(22개 브랜드)의 강타, 커피 및 카페 시장 과열, 일본 · 유럽 테마 아이템의 흥망, 스몰비어 등 생맥주 시장 각축, 포차형 외식업 등의 레트로(Retro) 아이템 강세도 두드러졌으며, 코로나 사태로 대세가 된 비대면 소비자를 공략하는 배달 앱과 배달 아이템의 강세 그리고 온라인 시장 급팽창을 주

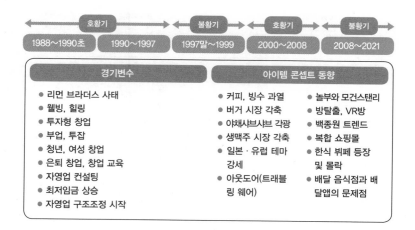

호황기 1988~1990초 | 1990~1997 | 불황기 1997말~1999 | 호황기 2000~2008 | 불황기 2008~2021

| 경기변수 | 아이템 콘셉트 동향 |

경기변수
- 리먼 브라더스 사태
- 웰빙, 힐링
- 투자형 창업
- 부업, 투잡
- 청년, 여성 창업
- 은퇴 창업, 창업 교육
- 자영업 컨설팅
- 최저임금 상승
- 자영업 구조조정 시작

아이템 콘셉트 동향
- 커피, 빙수 과열
- 버거 시장 각축
- 야채샤브샤브 각광
- 생맥주 시장 각축
- 일본·유럽 테마 강세
- 아웃도어(트래블링 웨어)
- 놀부와 모건스탠리
- 방탈출, VR방
- 백종원 트렌드
- 복합 쇼핑몰
- 한식 뷔페 등장 및 몰락
- 배달 음식점과 배달앱의 문제점

된 변화로 꼽을 수 있다. 또한 2010년대 창업 시장의 주요 소비 트렌드 중 하나였던 웰빙, 힐링 트렌드는 현재까지도 계속되고 있다.

뭐니 뭐니 해도 2020년대의 서막은 코로나19가 열었다고 해도 과언이 아니다. 코로나로 인해서 창업 시장 트렌드도 급변하고 있다. 펜데믹이 불러온 소비 행태 급변으로 지난 2017년 말 서울대 소비트렌드분석센터에서 발표했던 '소확행(小確幸)' 트렌드가 소비 및 창업 트렌드 시장에서 새롭게 재조명되는 시점이기도 하다.

앞으로 창업 시장 역시 코로나19 등 외부적 악재로 인해서 불황이 장기화할 것이라는 시각이 지배적인 게 현실이다. 하지만 오랜 불황의 터널도 결국 끝이 있게 마련이다. 과거 IMF 시기와 유사한 현시점에서도 여전히 내 사업을 해야 하는 창업자라면 불황기에 적합한 창업 전략부터 하나씩 정리해볼 필요가 있다.

우선 첫째로 창업 시장 눈높이를 교정하는 것이 중요하다. '부자 되는' 창업법보다는 창업자가 행복한 '소확행' 창업에 주목할 때라고 보기 때문이다. 많은 자금을 투자하는 창업보다는 5,000만 원 미만의 소자본 창업 시장부터 노크하는 것이 순서다. 프랜차이즈 시장 역시 1억 원 미만의 자금으로 투자할 수 있는 중소형 브랜드가 급증할 것으로 예측된다. 많은 인건비에 의존하는 고비용 저효율 아이템보다는 나 홀로 창업, 1인 창업에 눈을 돌리고, 비대면 고객 또는 1인 가구 공략에 집중하는 새로운 라이프 스타일 맞춤형 창업에 관심을 가질 수밖에 없는 시기라고 볼 수 있다.

둘째로 코로나 이후인 포스트 코로나를 기대하기보다는 코로나와 함께 어떻게 비즈니스 가치를 만들어낼 것인지에 대한 위드 코로나 시대에 빠르게 적응하는 전략이 필요하다. 소상공인 창업자 입장에서는 브이노믹스 시대를 이겨낼 수 있는 업종 전환, 아이템 전환 등의 콘셉트 전환 창업자들도 늘어날 것으로 예측할 수 있다.

셋째로 코로나19로 인한 라이프 스타일 변화에 따라 모든 게 집에서 이뤄지는 '홈코노미(Homeconomy)' 현상은 앞으로도 더 가속화할 전망이다. 소상공인들 입장에서는 집으로 배송하는 배달 아이템, 택배 매출 활성화에 전력투구하는 새로운 경영 전략을 세팅해야 할 필요가 있다.

넷째로 신세대 고객을 끌어들이기 위해서는 자신이 가치 있다고 여기는 상품에 대해서는 돈을 아끼지 않는 이들의 '가치 소비' 패턴에 주목할 필요가 있다. 아울러 'N차 신상'과 같은 불황기 코드를 반영하는 신세대 라이프 스타일 키워드에도 주목해야 한다. 중고상품 거래 서비스의 부상과 함께 창업 시장에서도 중고 주방용품 등 재활용(리사이클) 시장의 부상 또한 예측할 수 있다.

다섯째로 '피보팅(Pivoting) 전략'을 통한 회생 전략과 언택트 시대를 초월하는 진정성 있는 고객관리의 요구다. 피보팅이란 스포츠 용어로써 '힘의 축을 옮긴다'라는 의미다. 기존 창업자들은 기존의 주력 아이템 콘셉트를 그대로 유지한 채 새로운 축을 내세울 필요가 있다는 이야기다. 필자는 이를 전환창업이라 명명한다. 서울대학교 소비자학과 김난도 교수는 다음과 같이 피보팅의 네 가지 전략을 제시한 바 있다.[5] 영업 콘셉트를 새롭게 하는 핵심역량 피보팅, 기존의 하드웨어를 새롭게 사용하는 하드웨어 피보팅, 기존에 확보된 고객들의 추가 매출을 유도하는 타깃 피보팅, 새로운 판로를 구축하는 세일즈 피보팅 전략이 그것이다. 창업자 입장에서는 매우 주의 깊게 살펴야 할 코로나 시대의 회생 전략이라고 판단된다.

지금까지 코로나 불황기, 브이노믹스 시대를 살아가기 위해 먼저 한국 창업 시장 30년사라고 할 수 있는 1990년대부터 2020년대까지의 경기동향을 분석해보며 지난 창업 시장의 역사를 되짚어보았다. 우리나라 창업 시장은 호황기와 불황기가 이어지며 순환 사이클을 반복하고 있는 형국이다. 창업자 입장에서는 불황기의 틈새 전략에 관심을 가져야 한다. 불황기일수록 창업 시장 기회 요인이 많다는 사실 또한 잊어선 안 된다. 이어지는 다양한 분석을 통해 앞으로 창업자가 주목해야 할 창업 트렌드와 이슈들을 하나하나 면밀히 따져보도록 하자.

---

5 김난도 외, 《트렌드 코리아 2021》, 미래의창, 2020.

코로나 시대 뜨는 아이템, 배달 음식점 사장님의 속내?

국내 배달 음식 시장이 핫이슈로 떠올랐다. 코로나19로 인해 오히려 호재를 맞고 있는 분야이기도 하다. 국내 배달 앱 분야 선발업체 '배달의민족'은 배달 시장을 리드하는 플랫폼 사업자다. '배민라이더스'를 통한 수수료 시스템과 '깃발꽂기'라는 광고료 징수 체계를 운영하고 있다. '오픈서비스'라는 새로운 수수료 체계를 진행하려다 배달 음식점 사장님들의 거센 반발을 불러오기도 했다. 기존엔 '울트라콜'이라는 자발적 정액제였으나, 판매가 대비 정률제로 광고비용을 징수하는 시스템으로 일방적으로 바꾸려는 계획은 잠시 보류된 상황이다.

수수료 체계가 바뀌면 전국의 배달 음식점들은 '배달의민족 앱'을 통해 올리는 매출액의 5.8%, 부가세 포함하면 6.38%를 일괄적으로 징수당하게 된다. 여기에다 카드 결제 수수료까지 합하면 배달 음식점 사장님들은 상품 가격의 8.48%를, 연매출액 3억 원 이상 매장은 9.68%에 달하는 별도 수수료를 배달의민족 측에 납부해야 한다고 보면 된다. 매출액의 10%를 플랫폼 사업자인 배달의민족이 가져간다는 뜻이다.

전국의 배달 전문점들은 일제히 반발했다. 경기도는 '배달특급'이라는 공공배달 앱을 출시했다. 경상북도, 인천시, 서울 광진구, 수원시, 안산시, 광명시 등도 공공배달 앱을 출시하겠다고 응수했고, 이미 시범 운영되고 있는 상황이다. 군산시에서는 '배달의명수'라는 공공배달 앱을 시행하고 있는데 수수료가 0%이기 때문에 배달 음식점 사장님들의 호응은 좋은 편이다. 현재 분위기는 독점업체인 배달의민족과 독일 자본 딜리버리히어로에 맞서 각 지자체마다 공공 배달 앱을 머잖아 출시하겠다는 계획이다.

결국 배달의민족은 사과문을 발표하면서 응급처방에 나섰고 한 달 동안의 광고비 절반을 나눠주겠다고 발표했지만 근본 대책은 없었으며, 사업주들의 반발에 못 이겨 다시 울트라콜 서비스로 회귀했다. 상권 현장에서 만난 배달 음식점 사장님들은 머리가 복잡해지고 있다. 자칫 재주는 곰이 부리고, 수익은 플랫폼 사업자들이 챙기는 구조로 가는 것을 우려하기 때문이다.

배달 음식점 사장님들의 전언에 따르면 앱상에서의 노출 방식도 문제라고 한다. 우리나라 배달 전문 음식점들은 대부분 상권의 상급지보다는 하급지에 위치한 경우가 많다. 하지만 새롭게 바뀐 시스템은 하급지 점포보다는 음식점이 밀집한 상급지 점포 위주로 노출시킨다. 물론 배달의민족 본사에서는 고객들의 반응과 선호도를 고려하고, 주문자 중심 1.5km까지 1구간, 3km까지 2구간, 그 이상의 구간을 3구간으로 나눠서 사업자 주소지 기준으로 노출하고 있다고 설명한다. 하지만 현실적으로는 영업이 잘되는 상급지 매장을 더 많이 노출하고 있다. 이러한 구조는 자연스럽게 배달의민족 측이 수수료를 더 가져가는, 플랫폼 업체 입장에서의 영리 극대화 전략으로 이해된다. 그렇다면 배달의민족 앱을 활용한 전국 배달 음식점의 손익계산서를 꼼꼼히 따져볼 필요가 있다.

● 배달의민족 앱을 이용한 배달 음식점의 손익계산서

외식업 창업 예정자라면 기존 창업자의 손익계산서에 관심을 가질 필요가 있다. 수수료 때문에 배달 음식점 사장님들이 일제히 반발하는 진짜 속내를 제대로 알 수 있기 때문이다. 비단 배달 음식점이 아니더라도 창업자 입장에서는 희망하는 창업 아이템이 얼마 투자해서 얼마정도 벌 수 있는지를 확인해보는 것은 매우 중요한 부분이다. 그렇다면 배달의민족이나 쿠팡이츠 같은 배달 플랫폼을 이용한 배달 음식점의 손익계산서를 따져보자.

배달 음식의 경우 평균 1회당 판매 단가는 2~3만 원으로 책정할 수 있다. 먼저 배달 전문 음식점의 평균 매출액이라고 볼 수 있는 2,000만 원 매출액일 경우 배달플랫폼 업체 수수료는 매출액의 5~10% 적용 시 평균 월 150만 원에 달한다. 오토바이 배달 업체인 경우 라이더 비용은 더 많이 들어간다. 한 달 기준 300~400만 원, 플랫폼에 커뮤니케이션하는 비용인 리뷰 마케팅 20만 원, 포장 비용 100만 원, 여기에 식재료 비용은 35~40%인 700~800만 원, 점포 월세 100만 원, 인건비 200~250만 원, 기타 공과금과 보험료, 세금까지 포함하면 총 비용은 1,900만 원을 훌쩍 넘긴다. 배달 앱 광고비는 평균 잡아도 150만 원이지만, 식재료 원가 40% 적용 시 사장님이 가져가는 순이익은 80만 원에 불과함을 알 수 있다.

만약 3,000만 원 매출액일 때는 어떨까? 3,000만 원이라고 가정하면 연매출 3억 6,000만 원이며, 영세사업자 카드수수료 인하 혜택에서 제외된다. 3,000만 원 매출을 올린다고 가정한다면 배달의민족 수수료는 평균으로 계산해도 월 225만 원이다. 반면 배달 음식점 사장님의 순이익은 식재료 원가 40% 적용 시 145만 원에 불과하다. 매우 기형적인 구조임을 금방 알 수 있다. 전국적으로 반발이 거센 이유를 충분히 이해할 수 있는 대목이다.

● 배달 음식점 사장, 수익극대화 복안은?

전국의 배달 음식점 사장님들 입장에서 본다면 공공배달 앱이 보편화되기 전까지 당분간은 기존의 배달 앱을 사용하지 않을 수 없다. 공공배달 앱이 출시된다고 하더라도 기존 배달의민족 앱을 완전히 배제하긴 어려울 것으로 보인다. 최근 바뀐 배달의민족 앱의 운영 시스템은 철저히 승자독식 구조다. 영업을 잘하는 매장을 상위에 노출해줄 가능성이 크다. 영업을 잘하기 위해서는 고객 반응이 좋아야 한다. 고객 반응을 좋게 하기 위해서는 고객 만족도 창출에 심혈을 기울여야 한다. 쿠폰 발행, 리뷰 관리 등 고객과의 소통에 집중하면서 매장 선호도를 높여야 한다. 이를 위해서는 배달의민족 어플과 운영 시스템에 대한 완벽한 학습이 선행돼야 한다.

그렇다면 배달의민족 앱을 사용하지 않고, 배달 음식점으로 돈을 버는 방법은 없을까? 결론부터 말하자면 SNS 노출 역량을 키워야 한다. 여차하면 유튜버로 변신해야 하고, 포털 사이트 노출을 위해서는 블로그 또한 여전히 신경 써야 한다. 인스타그램 친구 늘리기, 페이스북 친구 늘리기는 기본이다. 배달 음식점 사장이 스스로 SNS 역량을 배가시키지 않는다면 배달 음식 시장의 강자로 등극하긴 현실적으로 어렵다. 돈 들여 마케팅 한다고 해결되지도 않는다.

물론 SNS와 담을 쌓고 수익을 올리는 딱 하나 예외적인 방법도 있긴 하다. 오직 고객 입소문에 의존할 수 있는 막강한 상품 경쟁력과 가격 만족도를 갖추는 일이다. 남들이 결코 따라하지 못하는 비밀의 맛과 서비스로 이 분야 절대 강자라고 확신한다면 굳이 인터넷 배달 앱에 목메지 않아도 된다. 한 번 구매한 고객들의 인터넷 입소문만으로도 수익성은 걱정하지 않아도 되기 때문이다. 하지만 이게 말처럼 결코 쉬운 일이 아니라는 것은 외식업 시장을 조금만 접해보면 금방 알 수 있는 대목이다.

여하튼 2020년대 한국의 배달 음식점 시장은 코로나19라는 외부적 요인과 더불어 시장 규모가 급팽창하고 있다. 배달 음식점은 창업 시장 관점에서는 또 다른 의미가 있다. 한번 실패한 창업자들이 재기를 노릴 수 있는 방편 역할을 한다는 점이다. 5,000만 원 내외 최소 비용만 들이면 배달 음식점 창업이 가능하기 때문이다. 청년 창업자들도 푸드트럭으로 어느 정도 자리를 잡으면 그다음 진출 단계가 배달 음식점이다. 그럼에도 아쉬운 점은 있다. 배달 음식 시장이 점차 외국계 자본을 등에 업은 거대 플랫폼 사업자의 하수인으로 전락하는 것은 아닌지 씁쓸한 생각이 앞서는 요즘이다.

코로나 시대, 임대인과 임차인의 묘한 역학관계

요즘 우리나라 창업 시장은 하수상하다. 재난지원금 교부로 인해 잠시 안도했던 동네 상권이 있는가 하면, 홍대 상권 같은 대형 상권이나 오피스 상권, 대학가 상권에서는 비싼 월세를 감당하지 못하는 사장님들이 늘고 있다. 새로운 길을 모색하는 분들도 곳곳에서 눈에 띈다. 급기야 '임대문의'를 써 붙이고 폐업하는 매장들도 늘고 있다.

폐업 행렬은 프랜차이즈 본사라고 해서 예외는 아니다. 가맹점들의 폐업이 속출하면서 본사도 몸살을 앓고 있다. 그렇다면 창업 시장의 한가운데 있는, 속칭 조물주 위 건물주라고 하는 임대업 시장은 어떨까?

● 코로나 시즌, 공실 보유한 임대인들의 속앓이?

얼마 전 필자의 사무실로 다급한 전화 한 통이 울렸다. 서울의 강남 3구 중 한 곳이고, 역세 상권 오피스 타운에 무려 10억 원을 투자해서 1층 실면적 10평 주상복합 상가를 분양받았다는 임대인의 전화였다. 지금까지 보증금 3,000만 원에 월세 150만 원의 월 임대료를 받고 있었다고 한다. 그런데 코로나 시즌에 그 카페는 매출 부진을 견디지 못하고 결국 문을 닫았다. 결국 매장엔 '임대문의'를 써 붙이게 되었지만, 신규 창업자들의 문의가 별로 없다고 한다.

그래서 여차하면 직접 매장을 운영해볼까도 고민해보지만, 쉽지 않다는 하소연이었다. 조금 더 부연하자면, 이 분의 경우 계약한 당시에는 10억 원을 투자하면 못해도 4% 이상 수익률을 보장한다는 이야기를 듣고 상가 분양을 받았다고 한다. 이 정도의 수익률을 내려면 보증금 5,000만 원에 월세 300만 원 정도는 받아야만 기본 투자수익률을 맞출 수 있다. 하지만 창업 시장 경기가 여의치 않았기에 공실로 비워두는 것보다는 낫겠다 싶어 한 카페 창업자에게 월세 150만 원만 받고 세를 내준 케이스였다. 하지만 150만 원 월세도 내지 못하고 결국 카페는 1년 만에 폐업했고, 다시 공실 점포가 되었다.

이러한 케이스는 요즘 전국 신도시 상권, 혁신도시 상권, 신규 분양하는 상가가 많은 상권에서 흔히 볼 수 있는 사례다. 조물주 위 건물주까지는 아니더라도 은행에 넣어두는 것보다는 나을 것 같아서 1층 상가를 분양받았으나, 공실이 이어지면서 매달 임대 수익을 올리기는커녕 관리비 지출 등으로 막대한 적자가 이어지고 있는 경우다.

그분의 딱한(?) 하소연을 들으면서 창업 시장 전문가 입장에서 해당 지역 상권의 상세력(상권의 힘)을 측정하고 해당 점포의 경쟁력을 분석해봤다. 결론적으로 임대인 입장에서 해당 상가 내에 투자 금액 대비 4%의 수익률을 올릴 수 있는 창업 아이템은 현시점 기준으로는 없다고 판단했다. 딱 한 가지 가능성이 보이는 아이템은 부동산 중개업소를 입주시키는 방안이지만 이미 부동산 중개업소는 포화 상태기 때문에 신규 점포가 들어올 리 없었다. 그렇다면 임대인 입장에서는 지금처럼 아주 저렴하게 월세를 또 주거나, 아니면 본인 말대로 직접 직영하는 방법까지 고려해야 한다. 하지만 월세를 저렴하게 주는 순간, 투자수익률이 떨어지기 때문에 궁극적으로는 상가를 타인에게 양도할 시 분양가 이하로 내려갈 수밖에 없다는 한계점에 다다른다.

비어있는 상가를 임대인이 직접 운영하는 방안 역시 괜찮은 창업 아이템이나 프랜차이즈 브랜드가 있다는 전제하에 가능한 일이다. 하지만 임대인 또한 창업 초보자인 상황에서 안정적인 수익 모델에 안착하기까지는 결코 상황이 녹록지 않은 게 현실이다.

● 창업 시장과 연동된 상가 부동산 시장, 위험하다

요즘 신도시 상권이나 신축 상가를 분양받은 후 골머리를 앓고 있는 임대인들이 수두룩하다. 임차인 없는 임대인은 의미가 없다. 임차인 없이는 결코 조물주 위 건물주가 될 수 없다. 임대인의 수익을 보장해주는 양질의 임차인이 지속적으로 연결되려면 창업 시장의 컨디션이 좋아야 한다.

창업 시장의 컨디션이 좋으려면 투자 금액 대비 안정적인 수익률을 담보할 수 있는 알토란 같은 창업자들이 끊임없이 나와주어야 한다는 이야기다. 즉, 창업자 없는 임대인은 뿌리 없는 나무에 불과하다. 창업 시장의 활성화라는 전제 조건 아래에서만 상가 부동산 시장은 유의미해진다. 창업 시장이 어려워지면 상가 부동산 시장은 급랭할 수밖에 없다.

필자는 이러한 상가 부동산 시장의 위험성을 몇 년 전부터 수차례 지적한 바 있다. 상가 부동산을 분양받은 분들의 이야기를 들어보면 사연은 구구절절하다. 노후대책으로 투자한 분들이 가장 많았다. 퇴직금 전부를 상가 분양에 투자한 분들도 있었다. 하지만 코로나 시즌의 상가 분양자들은 머리가 아프다. 노후대책이 아니라 노후를 위협하는 애물단지로 전락하는 경우가 많기 때문이다.

한편으로는 10억대에 달하는 상가를 구입하면서 면밀한 타당성 분석도 없이 분양 대행사의 영업형 레토릭만 믿고 선뜻 상가 분양 계약서에 도장을 찍은 것부터가 문제라고 지적하고 싶다. 100만 원짜리 핸드폰 하나를 사더라도 이것저것 따져보고 구입하는 세상에 무려 10억 원짜리 상가를 영업사원들 말만 믿고 투자하고 있는 현실이 안타깝게 느껴진다.

● 상가 분양 시장 거품 빠져야만 창업 시장 활성화 기대할 수 있다

코로나 시즌은 금방 종식될 분위기가 아니다. 이 말은 창업 시장도 금방 활황세를 누릴 가능성이 없어 보인다는 이야기다. 당분간은 지속적인 불황의 늪을 건널 수밖에 없다. 상권에서 '임대문의'를 써

붙인 점포가 늘어난다는 것은 신규 창업자 또한 줄어든다는 이야기다. 신규 창업자들도 이제는 돌다리도 두들겨보고 건너는 심정으로 창업 시장을 노크할 수밖에 없다. 그렇다면 임대료가 저렴한 가게에서 실속 창업을 노릴 수밖에 없다. 상가 투자자 입장에서 안정적 수익을 담보하는 고수익 상가란 어쩌면 창업자 입장에서는 임대료가 비싼 저수익 점포일 뿐이다.

임대료 비싼 점포들은 대부분 상가 분양가 거품과 연동해 있다. 지금도 총 분양가의 8~9%가 분양 대행사 수수료로 책정되는 현실이다. 임대료 비싼 점포는 코로나 시즌에도 공실로 전락할 가능성이 높다. 이러한 공실을 막기 위해 파격적인 임대료 할인은 기본이다. 요즘 신도시 상권에서는 1년 동안 상가 임대료를 받지 않는 속칭 '렌트프리(Rent free)' 상가도 자주 눈에 띈다.

창업 시장과 상가 부동산 시장은 가장 가까이 맞닿아 있는 시장이다. 자영업 창업 생태계의 건전성 확보가 담보되어야만 상가 부동산 시장도 덩달아 춤출 수 있다는 이야기다. 코로나 시즌의 임대인은 이러한 현실을 직시하고 올바른 판단을 내려야 할 시점이 왔다.

프랜차이즈 원가 공개와
상가 분양가 원가 공개

1990년대는 1988년 서울올림픽이 끝나고 온 나라의 경기가 상승무드를 타던 시점이다. 가요 시장에서도 서태지의 '난 알아요'가 새로운 시대의 등장을 예고했던 그 무렵, 창업 시장에서는 명퇴 1기생이 출현했다. 당시 명퇴 1기생들은 퇴직금 중간정산도 하지 않았기 때문에 퇴직금과 위로금까지 합하면 현금 유동성이 5억 원 정도는 됐다. 이 자금을 가지고 창업 시장을 노크하는 사람들도 있었다.

당시만 하더라도 창업과 관련해 '부자', '사장님' 같은 키워드가 세간에 오르내리던 시절이었다. 당시만 하더라도 퇴직 후 창업 시장에 몰려드는 수요는 많지 않았다. 10명이 퇴직하면 8명은 재취업으로 나갔고, 한두 명만이 창업 시장을 노크했던 시절이다. 지금 생각해보면 그 당시는 일자리가 많았던 시절이었다.

당시 음식점 사장님들은 음식 맛에 대한 상품력만 갖추고 서비스의 기본만 하면 호황을 누리는 경우가 많았다. 그래서 생겨난 말이

"할 것 없으면 음식점이나 하나 차리면 된다"는 유행어다. 당시엔 음식점 외에도 옷가게, 잡화점 같은 작은 가게 하나 차리면 한집안 먹고 살아가는 데는 지장이 없었던 시기였다.

하지만 1993년 노원구 창동에 이마트 1호점이 문을 열면서 상황은 달라졌다. 현재 우리나라에서 영업 중인 이마트, 롯데마트 같은 대형마트 수는 무려 500개에 달한다. 대형마트엔 반드시 푸드코트 문화가 자리 잡는다. 온라인 시장 역시 급팽창했다. TV 홈쇼핑에서 갈비, 탕수육을 팔아 건물주가 되었다는 소식도 들렸다. 골목 안 음식점 사장님들 입장에서는 먼 나라 이야기로 들릴 수 있었겠지만 이제는 상황이 다르다. 2000년 이후 급팽창한 국내 프랜차이즈 시장은 공정거래위원회에 등록된 브랜드만도 2020년 12월 기준 7,200개를 넘어서고 있다. 이 중 76.3%가 외식업 브랜드이다.

이제 음식점 사장님은 곧 프랜차이즈 가맹점 사장님을 말하는 시대라고 해도 과언이 아니다. 그래서 프랜차이즈 업계 생태계를 빼놓고는 자영업 시장을 논할 수 없게 되었다. 프랜차이즈 생태계의 건전성이 그 어느 때보다도 중요해졌다고 할 수 있다.

한때 정권이 바뀌면서 공정거래위원회에서는 '갑질' 논란이 있던 프랜차이즈 운영 행태에 대해 메스를 가하기도 했다. 원칙적으로는 찬성이다. 하지만 우리나라 5,000여 개 프랜차이즈 본사 중에서 갑질에 해당하는 본사는 고작 10% 미만일 것이다. 가맹점 수 50개에서 100개 미만인 프랜차이즈 본사에서는 가맹점주들의 목소리가 오히려 더 큰 사례도 많다. 이외에도 여러 갈등이 있지만 이러한 과정을 거치면서 우리나라 자영업 생태계, 프랜차이즈 생태계가 보다 건전한 시장으로 성숙하길 바라는 마음이다.

● 프랜차이즈 원가 공개와 로열티 문제?

최근 프랜차이즈 원가 공개를 두고 말들이 무성하다. 자본주의 시장경제 원리를 위배한다는 의견이 있는 반면, 업계 한쪽에서는 원가를 공개하는 것이 아무런 문제가 없다는 목소리도 들린다. 심지어는 이참에 미국식의 구매협동조합 시스템으로 전환을 꾀하려는 움직임도 목격된다. 원가 상승 요인이 강한 브랜드로서는 가맹점들을 구매협동조합 조합원으로 가입시키고 원가를 투명하게 공개하며, 대신 운영 관리의 대한 비용을 매출액 대비 2% 정도의 로열티로 수령한다는 취지의 새로운 본사경영시스템을 적용해보겠다는 이야기다. 충분히 출현 가능한 프랜차이즈 본사 시스템이라는 생각이다. 관건은 아직까지 이와 같은 구매협동조합 시스템이 우리나라에서 실행되어본 전례가 없다는 사실이다. 때문에 성공 여부에 대한 판단이 잘 서지 않을 뿐이다.

그럼에도 시장의 변화를 감지하는 측면에서 본다면 구매협동조합 형태이든, 사회적 프랜차이즈 개념의 착한 프랜차이즈 형태이든 새로운 형태의 회사들이 속속 등장할 가능성이 높다고 판단된다.

● 어려운 창업 시장의 근본 원인은 상가 분양가 거품?

원가 공개 주장에는 본사에서 유통 마진을 많이 취할 것이라는 전제 조건이 깔려 있다. 창업 시장을 오랫동안 지켜봐 온 당사자 입장에서 본다면 이를 계기로 창업 시장이 어려운 근본 원인을 찾아야 한다고 본다. 먼저 원가 공개 측면에서 우리나라 창업 시장이 갖는 근본 원인 중 하나는 부동산 거품 문제이다. 지난 참여정부 시절 아파트 분양가 공개가 이슈가 된 적이 있다. 필자는 상가 시장의 거품에 비한다면 아파트 분양 원가 문제는 조족지혈이라고 본다.

상가 분양가 거품이 창업 시장의 어려움으로 전가되는 상황을 설명하면 간단하다. 최근 수도권 상급지 1층 실면적 10평 정도의 상가를 분양받으려고 한다면 자금이 얼마나 필요할까? 전용률 50% 정도이기 때문에 실면적 10평을 분양받으려면 임대 평수는 20평을 분양받아야 한다. 상급지 기준 1층 평당 분양가는 5,000만 원 수준이다. 그렇다면 번듯한 10평 브랜드 매장의 임대인이 되기 위해서는 무려 10억 원의 분양가가 책정되는 셈이다. 거기다 3% 이상의 취등록세까지 합하면 10억 원이 훌쩍 넘는다. 분명한 것은 상급지 1층 10평 임대인이 되려면 못해도 10억 원은 필요하다는 이야기다.

● 상가 임대가 책정의 메커니즘?

부동산 분양 대행사들은 10억 원을 투자한 임대인들에게 3~5% 수익률이 나온다고 이야기한다. 이 정도의 수익률을 담보하기 위해서는 분양가 대비 5~6억 원 선에서 전세가가 형성되어야 한다. 10억 분양가라면 최소 전세가 5억 5,000만 원이다. 5억 5,000만 원 전세가를 보증금과 월세로 환산해보자. 보증금 5,000만 원을 책정하면 나머지 5억 원의 1%인 월 500만 원이 월 임대료로 책정되는 시스템이다.

이제 관건은 이 상가에 가게를 차린 창업자의 입장이다. 월 500만 원의 임차료를 내기 위해서는 하루에 3,000원 김밥을 몇 줄 팔아야 하는지를 따져보는 것이 김밥집 창업자의 타당성 분석이다. 식재료 원가가 40%라고 하더라도 월 임대료 대비 최소한 8배의 매출액은 올려야 한다. 그렇다면 최소 월 4,000만 원의 매출액은 담보되어야만 한 달에 매출액 대비 15~20%의 창업자 순이익을 예측할 수 있다.

문제는 10평 가게에서 무슨 수로 하루에 130만 원 이상의 매출을 담보하느냐다. 불가능한 수치라고 봐야 할 것이다. 임대료 500만 원의 거품을 해결하지 않으면 순이익 창출은 요원해진다. 즉 분양주들이 수익률을 대폭 양보하거나 분양가 자체의 거품을 제거하는 수밖에 달리 방법이 없다.

● 상가 부동산 시장의 거품을 만드는 세력은 누구일까?

필자의 시각으로는 상가 분양가 거품이 창업자들의 고정비용 상승으로 이어지면서 순이익률 저하를 가져오는 가장 큰 원인이 되고 있다고 본다. 따라서 창업 시장 건전화를 위해서는 먼저 상가 분양가 공개를 통해 상가 임대차 시장의 거품을 제거하는 노력이 선행되어야 한다.

왜 우리나라의 상가 부동산 가격은 시간이 지나면 항상 오르기만 하는 것일까? 창업 시장의 문제는 부동산 시장의 거품과 매우 가까이 맞닿아있다는 사실을 잊지 말자. 이참에 상가 부동산 상승을 부추기는 세력은 누구인지도 잘 따져봐야 할 일이다.

'치고 빠지는' 기획형 프랜차이즈의
허와 실

2020년 12월 기준, 공정거래위원회에 등록된 프랜차이즈 브랜드
는 7,200개에 달한다. 이 중 외식업 브랜드는 76.3%인 5,492개, 도
소매업 브랜드는 4.9%인 354개, 서비스업 브랜드는 18.8%인 1,351
개 브랜드가 등록되어 있다. 2018년 초만 하더라도 공정거래위원
회 등록 브랜드 수는 5,800개였다. 공정거래위원회 등록 브랜드 기
준으로 보면 1년이면 1,000개 이상 프랜차이즈 브랜드가 새로 생겨
난다. 또 그만큼의 브랜드가 폐업하기를 반복하고 있다. 결과적으
로 최근 2년 전에 비해서 전체 브랜드 수는 1,400개 이상이 늘어난
셈이다.

신규 브랜드가 계속해서 많이 생겨난다는 것은 창업 시장 관점에
서 어떤 의미일까? 창업 시장의 속내를 잘 모르는 일반 창업자나 초
보 창업자들은 고개를 갸웃거릴 수 있다. 결론부터 말하자면 불경
기일수록 프랜차이즈 브랜드 수는 더 급속히 증가한다.

▲ 프렌차이즈 창업 박람회는 창업 시장의 복마전일까?

이는 프랜차이즈 본사의 수익 모델을 살펴보면 금방 이해할 수 있는 대목이다. 프랜차이즈 본사의 수익구조는 신규 가맹점을 유치함으로써 생기는 개설 마진과 원재료를 납품함으로써 생기는 유통 마진으로 나눌 수 있다. 브랜드 특성에 따라서 신규 가맹점의 개설 마진이 본사 수익의 절대 비중을 차지하는 브랜드도 있다. 또 개설 마진보다는 가맹점 확장에 주력해 개별 가맹점에 원재료를 납품하고 이익을 취하는 유통 마진에 치중하는 브랜드도 있다. 물론 상당수의 브랜드들은 개설 마진과 유통 마진을 동시에 취하고 있다.

프랜차이즈 본사 입장에서 본다면 창업 경기가 불안해지면 창업자들의 움직임이 둔하게 되고, 자연스럽게 가맹점 창업 시장도 얼어붙게 된다. 신규 가맹점이 생겨나는 개설 속도 또한 늦어질 수밖에 없다. 신규 가맹점 개설이 늦춰지게 되면 본사 입장에서는 신규 가맹점 개설에 대한 개설 수익이 줄게 된다. 이를 극복하기 위해 기

획형 프랜차이즈 본사에서는 또 다른 신규 브랜드를 만들어 창업박
람회에 선보이면서 신규 창업자들의 가맹점 개설을 독려해야 하는
구조다. 2008년 8월 가맹사업법이 발효되었지만, 이 같은 현상은
무한 반복되고 있는 게 국내 프랜차이즈 업계의 현실이다.

● 유명 고깃집 프랜차이즈 본사, 가맹점 영업의 비밀

한 외식 프랜차이즈는 이런저런 이슈로 장사가 되지 않아 울상인
시장 상황에도 자본력을 필두로 해서 무려 400개 넘는 가맹점을 단
기간에 오픈했다. 프랜차이즈 업계에서는 가히 '성공 신화'라며 치
켜세우고 있다. 하지만 해당 브랜드의 가맹점 창업자 또한 성공 가
도를 달릴 것인지 여부는 그 속내를 따져봐야 할 문제다.

이렇게 단기간에 특정 브랜드가 수백 개 가맹점을 확보한 사례는
국내 프랜차이즈 시장에서는 전혀 놀라운 뉴스가 아니다. 단기간에
가맹점 수가 늘어난 브랜드의 경우, 그 속내를 들여다보면 전문적
으로 영업을 대행해주는 프랜차이즈 전문 부동산 컨설팅 업체들이
내밀하게 결탁해 있음을 금방 알 수 있다.

이러한 프랜차이즈 전문 영업 업체들은 신규 창업자들에게 노
골적으로 '치고 빠지기식 창업'을 종용한다고 한다. 예를 들어, "지
금 계약하는 식당 브랜드는 2년만 영업하시고, 2년 후에는 우리 회
사에서 새롭게 출시하는 새로운 메뉴의 브랜드를 가맹하시면 됩니
다"라고 권유하는 식이다.

기획형 브랜드의 속성상 단기간에 가맹점 확장을 하고, 신규 가
맹점이 늘지 않으면 미련없이 해당 브랜드를 포기한다. 이렇듯 신

규 브랜드 만들기에 열을 올리면서 치고 빠지기식의 영업을 하는 행태는 국내 프랜차이즈 창업 현장에서 비일비재하게 일어나고 있다.

하지만 엄밀히 말하면 수많은 변수가 도사리고 있는 우리나라 창업 현실에서 치고 빠지기식의 창업법이 꼭 "틀린 창업법이다"라고 단정하긴 어렵다. 창업자 입장에서 본다면 시시각각으로 변하는 시장의 변화 속도에 맞춰 유연성 있게 대처하는 능력을 키워나가는 것 또한 중요한 창업자의 역량이기 때문이다. 하지만 내수 규모 5,000만 명에 불과한 작은 우리나라 창업 상권에서, 하나의 특정 브랜드가 1~2년 안에 수백 개 가맹점을 동시에 오픈해버리면 당연히 해당 브랜드의 수명 곡선은 짧아질 수밖에 없다는 게 창업 시장의 자명한 이치다.

모든 프랜차이즈 브랜드의 수명 곡선을 결정하는 것은 업계가 아닌 소비자다. 대한민국의 음식 소비자들은 갈 곳이 넘쳐난다. 인구 대비 70명당 한 곳의 음식점이 영업하고 있는 현실이다. 이웃 나라 일본과 비교해서도 2.5배 이상 경쟁이 치열한 형국이다. 단기간에 동일 브랜드가 이곳저곳에 많이 생겨나면 소비자들도 초기엔 몰려가지만, 머지않아 금방 식상함을 느끼고 되고, 어느 순간 해당 브랜드에 대한 소비를 거의 멈추게 된다. 즉 단기간에 특정 브랜드가 많이 생겨나면 생겨날수록 소비자들의 구매욕 또한 금방 곤두박질할 수 있다는 사실이다. 유행 업종, 유행 브랜드의 숨겨진 영업 공식이다.

● 단기간 내 가맹점이 급증하는 브랜드, 창업자 수명은 단명

프랜차이즈 창업을 염두에 두고 있는 창업자 입장에서 정리하면 이렇다. 경기가 불황일수록 신규 프랜차이즈 브랜드들은 많이 생겨날 수밖에 없다. 따라서 이곳저곳에서 목격되는, 단기간 내에 가맹점이 급속히 늘어나는 브랜드는 일단 재고해봐야 한다.

이러한 브랜드가 좋은 브랜드일 것이라는 허상도 버려야 한다. 가맹점 개설 속도가 빠른 아이템일수록 사업성 관점에서 본다면 양질의 아이템과는 거리가 멀 수 있기 때문이다. 결국 해당 브랜드의 수명 곡선은 짧아지고 단명하는 유행 브랜드에 불과할 가능성이 높다는 사실을 잊어선 안 된다.

막대한 마케팅 비용을 들여서 짧은 기간에 가맹점 늘리기에 성공한 브랜드는 시장의 이슈가 되는 브랜드일 수 있다. 물론 해당 브랜드의 본사 입장에서는 성공한 브랜드라고 할 수 있을 것이다. 하지만 본사 입장에서의 성공이, 가맹점 창업자들의 지속 가능한 성공에도 해당하는 이야기인지는 지켜봐야 한다.

초보 창업자 입장에서도 치고 빠지는 브랜드를 선택하는 것은 어쩌면 단기간의 성과는 있을 수 있지만, 창업 인생 전체의 관점에서 본다면 단명하는 가맹점 창업의 지름길이 될 수도 있다는 점을 명심해야 한다. 경기가 불황일수록 브랜드 선정에 대한 판단 기준을 더 예리하게 가져가야 하는 이유다.

600만 소상공인 문제 해결할
'국책 연구기관', '평생교육기관'이 필요하다

우리나라 600만 소상공인 문제는 어제오늘의 문제가 아니다. OECD 회원국 중 자영업자 비율을 살펴보면 1위는 콜롬비아, 2위 그리스, 3위 브라질, 4위 터키, 5위 멕시코 그리고 6위가 우리나라다. 일본은 11위, 미국은 15위에 랭크되어 있다.

우리나라 자영업 비율은 25.5%에 달한다. 세계 기준으로 보더라도 자영업자들이 유난히 많은 나라다. 2000년 이후 모든 정권에서는 좋은 일자리 만들기 관련 정책을 쏟아냈다. 하지만 좋은 일자리 만들기는 늘 한계점이 역력하다. 이런 이유로 좋은 일자리 창출의 또 다른 대안으로 창업 시장을 지원하는 측면도 있었다. 그 결과 자영업 시장은 급팽창했고, 급기야 구조조정의 목소리가 들리기 시작했다.

코로나19는 자영업 구조조정을 앞당기고 있다. 상권에서는 한 해 100만 명에 달할 정도로 폐업자 수가 눈에 띄게 늘고 있다. 코로나 사태와 함께 더욱 척박해진 국내 소상공인 문제를 해결하기 위한 근본적인 대책을 공론화해야 할 시점이 도래했다.

● 첨예화된 자영업 문제를 집중 연구하는 정부기관은 있는가?

요즘 SNS상에 나오는 자영업 사장님들의 목소리는 여러 갈래다. "힘들다", "어렵다", "어찌하오리까?", "자영업의 현장 목소리를 대변할 창구가 없다" 등등 수많은 볼멘소리가 터져 나온다. 자영업 시장에 오랫동안 몸담고 있는 계층에서 들려오는 목소리는 조금 특별하다. 그 중 하나가 600만 자영업 문제를 상시적으로 집중 연구 분석하고, 정책적 대안을 내는 '국책 연구기관'이 없다는 목소리다. 필자 역시 100% 동의하는 부분이다.

현재 자영업 문제를 연구하는 정부기관은 뜬금없게도 '중소기업중앙회' 산하 '중소기업연구원'이다. 중소기업연구원 홈페이지에 들어가 조직도를 살펴보면 '소상공인연구실'이 눈에 띈다. 이 연구실에서는 총 일곱 분의 연구위원분들이 자영업 문제를 연구하고 있다. 일개 대기업의 경제연구소 인원만도 200~300명에 달하는 곳이 많은데 하물며 전국 600만 소상공인들의 먹고사는 문제를 체계적으로 조사하고 연구 분석해서 정책적 대안을 내는 전문 기관도 없을뿐더러, 연구자들 역시 일곱 명에 불과하다는 사실이 놀랍다.

중소기업연구원 홈페이지에서 서비스되는 2010년부터 2020년까지의 소상공인 관련 보고서를 검색해봤다. 노출 서비스되고 있는 소상공인 관련 키워드의 논문은 고작 9건이 전부다. 전국 600만 풀뿌리 자영업자들이 겪고 있는 소상공인 문제를 중소기업의 경영 전략과 정책개발을 연구하기 위해 설립된 국책기관인 '중소기업연구원'에서 전담하고 있다는 사실도 아이러니한 일이다.

● 자영업 문제와 중소기업 문제는 궤가 다르다

소상공인 문제는 복잡하다. 업종도 다양하고, 업종별 라이프 사이클도 짧은 경우가 많다. 무엇보다도 '점포 단위'의 사업이 많고 최근엔 온라인 사업자들도 많아지고 있는 곳이 소상공인 시장이다. 이에 비해 '기업 단위'가 많고 제조업 기반이 많은 중소기업의 사업모델은 근본적으로 차이가 있다.

중소기업은 기업 스타일의 사업 확장 모델과 생태계로 이루어져 있다. 영세 자영업자가 많은 소상공인 시장은 일단 개별 가구 단위의 생존 문제가 가장 크다. 대부분 생계형 창업자들이 많기 때문이다. 소상공인 입장에서 자신들의 문제를 체계적으로 분석하고, 대안을 내주는 전문가 집단인 국책 연구기관이 있다면 척박한 국내 자영업 시장에 중요한 인프라로서의 기능을 할 수 있을 것으로 보인다.

● '국책 소상공인 연구기관' 설립 필요성

최근 대형마트도 부족해서 축구장 70배 규모의 '복합 쇼핑몰'까지 탄생하고 각종 온라인 플랫폼이 생겨나는 등 소상공인 시장을 침탈하는 다양한 영업 형태들이 출현했음에도 아직 소상공인 시장의 시겟바늘은 1990년대 스타일에 머물러 있는 경우가 많다. 소상공인들에게 제대로 된 시장 변수를 일깨워주고, 유연성 있는 길라잡이 역할을 해줄 연구기관이 절실한 시점이다. 70~80년대 "하면된다" 식의 순수 열정만을 강요하는 시대는 이미 지났다. 코로나 사태는 오프라인에 의존하는, 작은 가게 하나로 생계를 이어가는 소상공인들에게 더 이상 버티기 힘든 시점이 왔다는 시그널일 수 있다. 자영업 시장의 첨예한 문제점들을 선거 때마다 정치인들의 레토릭에 맡겨둘 수도 없는 입장이다.

현재 정부기관 가운데 소상공인 전담 행정기관은 중소벤처기업부 산하 소상공인시장진흥공단이 있다. 정부기관 중에서 직원 수는 계속 늘고 있는 곳이다. 2014년 시장경영진흥원과 소상공인진흥원이 합쳐져서 소상공인시장진흥공단으로 격상됐다. 4개 본부, 13개 부서, 직원 수 520명에 달한다. 하지만 아쉽게도 이 공단은 소상공인 관련 근본적인 문제를 연구·분석하는 기관은 아니다. 단지 소상공인 정책을 집행하고 실행하는 행정기관일 뿐이다.

● 현장 목소리 경청하는 '정책협의체', '소상공인 평생교육기관'도 없다

그렇다면 이러한 자영업 시장의 산적한 문제점들을 상시적으로 듣는 정부 창구는 있을까? 소상공인 문제는 자영업의 상권 현장에서 답을 찾아야 한다. 이를 위해서는 국내 자영업 현장의 시시각각 변하는 현장 목소리를 상시적으로 경청하는 상설 기구가 반드시 필요하다. 소상공인 문제 관련 자문회의는 곳곳에서 열린다. 하지만 자문회의에 참석하는 대부분의 교수님들은 어떤 분들일까? 현장에 몸담고 있는 분들과는 거리가 먼 경우가 많다.

지금부터라도 600만 소상공인 문제의 근본 해결책을 찾아야 한다. 땜질식 처방은 안 된다. 소상공인시장 생태계의 문제, 대기업·중소기업과 병존의 문제, 직장인에서 창업 인생으로 편입되는 과정에 필요한 사회적 장치 마련과 더불어 진입 단계에서 필터링 역할을 할 수 있는 교육기관도 필요해 보인다.

소상공인, 자영업 시장은 대한민국 경제의 밑바닥을 지탱해주고 있는 주춧돌이다. 이제부터라도 국책연구기관, 소상공인 평생교육 기관 등의 인프라 구축을 통해 건전한 자영업 생태계를 구축하는 데 정부가 발벗고 나서야 할 시점이다.

NEW NORMAL
SMALL BUSINESS

COVI

창업 시장
대안 찾기

요즘 창업 시장에 대안은 있을까?
아무것도 하지 않는 것도 하나의 대안일 수 있다.
하지만 한 가정을 책임져야 하는
자영업 가장들은 한시도 일을 쉴 수 없다.

코로나 시대 자영업 시장의 붕괴로 인한 가정의 위기는
어디서 오고 그 대안은 무엇이 있는가?
자영업 시장을 리모델링하기 위한 두 번째 제언!

빠른 창업보다
슬로우 창업이 정답

우리나라 사람들은 빨리빨리 문화에 매우 익숙하다. 한국인들을 많이 접해본 몇몇 외국인들에게 우리말 중 가장 익숙한 단어를 꼽으라면 주저 없이 '빨리빨리'라는 단어를 내뱉곤 한다. 한국인들의 빨리빨리 문화는 순기능과 역기능이 상존한다. 세계적으로도 인정받고 있는 IT 기술의 발달, 택배 및 배달 서비스업의 급팽창은 우리나라 사람들의 빨리빨리 문화가 만들어낸 결실일 수 있다.

우리나라 창업 시장에도 빨리빨리 문화는 존재한다. 빨리 창업해서 빨리 성공하기를 기대한다. 하지만 시장의 법칙은 정반대인 경우가 많다. 빠르게 뜨는 아이템, 빨리 창업하는 케이스일수록 단기간에 아이템 수명이 곤두박질치는 사례가 허다하다. 창업 시장에서만큼은 빨리빨리 창업법이 능사가 아니라는 이야기다. 오히려 오랜 창업 준비 기간을 거쳐 기술력이나 사업 역량을 제대로 갖춘 다음 창업하는 사례가 장수 창업으로 연결되곤 한다. 왜 그럴까?

● 빠른 창업의 대명사, 기획형 프랜차이즈 가맹점 창업

공정거래위원회 가맹 사업 홈페이지를 열어보면 2020년 12월 기준 7,200개의 브랜드가 등록되어 있다. 불과 5년 전인 2015년까지만 하더라도 공정거래위원회 등록 브랜드 수는 4,000여 개에 불과했다. 외형상으로는 5년 만에 3,200개 이상의 신규 브랜드가 더 생겨난 셈이다. 하지만 속내를 들여다보면 1년이면 1,000개 이상의 브랜드가 신규 등록되고, 700~800개 정도의 브랜드는 간판을 내리는 게 현실이다. 5년으로 환산하면 이미 4,000~5,000개 이상의 브랜드가 생겨났지만, 간판을 내린 브랜드 또한 그만큼 많다는 이야기다. 필자는 이 같은 현상이 초래되는 이유가 빨리빨리 가맹점을 오픈해서 한탕을 노리려는 프랜차이즈 본사 사장님들의 니즈와 결부돼 있다고 진단한다.

상당수의 프랜차이즈 본사들은 단기간 내에 특정 브랜드의 가맹점을 전국이 많이 오픈하는 것을 미션으로 정하는 경우가 많다. 프랜차이즈 박람회에 가보면 "최단 기간 200호점 오픈", "최단 기간 400호점 오픈"이라는 현수막을 흔하게 볼 수 있다. 해당 본사로서는 "이렇게나 많은 사람들이 가맹을 했다"라며 자랑삼아 붙인 현수막일 게다. 하지만 필자의 눈으로 보면 "해당 브랜드는 단기간에 수백 개 매장을 오픈했기 때문에 최대한 짧은 기간 안에 간판을 내릴 수 있다"라는 고백쯤으로 읽힌다. 예비 창업자들에게 창업 박람회장 방문 지침으로 들려주기도 한다. 특히 단기간에 많은 매장을 확장한 후 단기간에 간판 내리기에 익숙한 기획형 브랜드들의 경우 이러한 행태가 더 활발하다.

초보 창업자들 눈에는 단기간에 수백 개 매장이 오픈했다고 하면

▲ 초보 창업자일수록 손쉽고 빠른 창업보다는 하나라도 확실하게 배워서 창업하겠다는 마인드가 필요하다

그만큼 매력있는 브랜드로 여겨지는 착시 현상이 나타날 수 있다. 하지만 속내는 그 반대인 케이스가 많다. 단기간 내에 가맹점 수가 급팽창하면서 해당 본사의 개설 마진과 유통 마진 수익만 늘어나는 경우가 다반사다. 심지어 최근엔 수많은 사모펀드가 투자한 일부 브랜드들의 경우 처음부터 대놓고 수명이 짧은 브랜드임을 고백하면서 영업하는 사례도 발견된다. 앞서 언급한 것처럼 2년만 영업하고, 2년 후에는 자사에서 출시하는 다른 브랜드로 갈아탈 것으로 종용하는 영업사원들이 늘고 있다는 이야기다. 기가 막힐 노릇이다.

이와 같이 단기간에 가맹점 확장에만 열을 올리는 브랜드들이야말로 빨리빨리 창업을 주도하는 대표 집단이라고 단정할 수 있다. 물론 이들 브랜드로 인해서 빨리 창업하고, 운 좋게 빨리 양도양수하는 출구전략(Exit strategy)[1]을 찾아 성공했다고 만세 부르는 일부

---

1 군사전략에서 비롯된 용어로 작전 지역이나 전장에서 인명과 장비의 피해를 최소화하면서

가맹점 창업자들도 있을 수 있다. 하지만 그러한 케이스는 전체 기획형 브랜드 창업자의 10%에도 미치지 못한다. 열에 아홉은 투자원금을 회수하기도 전에 브랜드의 라이프 사이클 하락으로 큰 손해를 보고 만다.

● 불황기일수록 '슬로우 창업법'에 관심을 기울여야 한다

필자는 빠른 창업보다는 슬로우 창업이 정답이라고 주장한다. 비즈니스 모델의 핵심 가치를 창업자가 자신 있을 때까지 충분히 배워서 창업하는 창업법이 바로 슬로우 창업법이다. 다른 말로 표현하면 '전수창업'이다.

전수창업 하면 음식점 레시피와 운영 노하우를 배워서 창업하는 것만 떠올리곤 한다, 하지만 전수창업의 범위는 넓다. 음식점 외에도 과일 야채가게, 즉석 두부 가게, 정육점 같은 틈새 판매업 창업은 물론 피부관리숍, 자동차 내외장 관리 서비스 같은 기술 서비스업 창업도 얼마든지 전수창업 형식으로 창업이 가능하다. 단지 해당 아이템의 특성과 창업자의 역량에 따라서 전수교육 기간은 최소한 1개월에서 3~4개월, 길게는 1년 이상의 노하우를 전수받는 기간이 필요할 뿐이다.

1주일 정도 교육하고 바로 오픈시키는 기획형 프랜차이즈 창업법과는 근본적으로 다른 '슬로우 창업법'이라고 할 수 있다. 관건은

철수하는 전략을 의미한다. 어떤 문제를 해결하기 위해 예외적인 특단의 조치를 취하였을 경우, 그로 인한 부작용을 최소화하면서 점진적으로 정상화시키는 전략을 포괄적으로 지칭하기도 한다.

어떤 아이템, 어떤 성공 가게에서 전수받을 것인지다. 전수창업할 수 있는 '모(母)점포'를 물색하는 일이 중요하다. 모점포를 물색했다고 하더라도 해당 아이템의 내가 희망하는 지역 상권과의 적합성 여부, 전수 방법 등도 구체적으로 계약해야 한다. 즉 전수창업이야말로 빠르게 오픈하는 프랜차이즈 창업법보다는 최소한 열 배는 어려운 창업법이자, 느린 창업법인 셈이다.

● 도제식 창업 정신과 요즘 시대 눈높이에 맞는 전수창업 모델 필요

국내 자영업 시장은 1990년대만 하더라도 요즘처럼 사회문제로까지 비화되진 않았다. 명퇴1기생들이 출현했던 1990년대 초에는 음식점이 아니더라도 중저가 캐주얼 브랜드 옷가게나 여성 창업자들의 경우 유아복점, 속옷가게 하나만 차려도 한집안 먹고사는 데 지

▲ 느린 창업, 슬로우 창업이 불황기 가장 안전한 창업법이다

장 없었던 시기였다. 당시 우리나라 음식점 36만 개 시대였고, 창업 시장을 노크하는 사람들도 많지 않았던 시대였다.

2020년 들어 우리나라 창업 시장은 음식점 70만 개, 자영업자 600만 시대로 급팽창했다. 좋은 일자리가 많지 않기 때문에 어쩔 수 없이 창업 시장에 내몰리는 사람들도 늘었다. 같은 이유로 빨리 빨리 창업으로 안정적 수익 창출을 하려는 순수한 마음(?)만 앞세운 창업자들은 더 늘었다. 바로 그 지점에서 단기간에 가맹점 확장을 노리는 기획형 프랜차이즈 본사들이 기생하면서 제 잇속을 챙기고 있는 형국이다.

이러한 상황 덕분에 함량 미달 프랜차이즈 브랜드 수도 급팽창했고 단명하는 창업자도 늘었다. 요즘 같은 불황기일수록 장수 창업을 독려하고, 장수 브랜드를 인정해주는 풍토가 시급히 조성되어야 한다. 장수 창업자로 살아남기 위해서는 빨리빨리 창업보다는 오랜 기간을 투자함으로써 충분한 창업 준비 단계를 거치는 슬로우 창업법이 절실하다. 이러한 과정을 통해 사업에 필요한 핵심 노하우를 제대로 익히고, 성공 창업자의 패러다임으로 새롭게 중무장해야 한다.

한국형 '노포(老鋪)'가
많이 생겨나려면?

일본 교토에서는 창업한 지 100년 된 가게라도 노포라 불리지 않는다. 최소한 3대에 걸쳐 대를 이어 가업을 지켜온 가게만이 노포라는 호칭이 주어진다고 한다. 오래된 가게에 가보면 노포임을 드러내는 어떤 수식어도 없다. 노포는 가게 주인이 스스로 붙이는 것이 아닌 세상 사람들이 자연스럽게 불러주는 별칭이라고 믿기 때문이다.

노포의 다른 말은 '신용'이다. 주인과 손님들과의 변하지 않는 한결같은 신뢰가 저변에 깔려 있음을 알 수 있다. 임경선 작가는 일본 노포의 조건을 다음과 같이 다섯 가지로 정리했다.[2]

첫째는 '대대손손 가업 승계'의 조건이다. 최소한 3대에 걸친 가업 승계는 기본이다. 가업 승계와 함께 약간의 업태 변경이 있더라도 업종은 동일 업종을 유지해야 하는 조건도 있다. 둘째, 장사는 꾸

2 임경선, 《교토에 다녀왔습니다》, 예담, 2017.

준히 잘되고 있어야 한다. 현재까지도 경영 성과지표가 유지되어야 한다는 점이다. 셋째, 오랜 경영으로 얻은 단골손님들의 자발적인 인간관계에 기초한 무형재산이 있어야 한다. 매체를 통한 대대적인 홍보를 선호하지 않는 이유다. 넷째, 그 가게만의 독창적이고 개성적인 제품이 있어야 한다. 대량 생산 제품엔 흥미가 없다. 마지막 다섯 번째 조건은 생산과 판매를 겸한 '장인이자 상인'이 존재해야 한다. 만드는 사람의 고생을 알기에 쉽게 할인판매도 하지 않는다고 한다. 일본의 대를 잇는 가게, 노포의 조건이다.

● **우리나라 노포의 탄생을 가로막는 상가 임대차보호법의 문제점**

서울 서촌 상권[3] 족발집 사장님과 건물주 간의 분쟁이 뉴스에 올랐다. 족발집 사장 부부는 서촌 상권이 주목받기 한참 전인 1998년부터 옛 금천교 시장 골목(현 세종마을 음식 문화거리) 안에서 처음 2년간은 분식집을 하다 이후 포장마차로 바꿔 매일 새벽 4시까지 일하기를 수년간 반복해왔다. 그렇게 모은 돈과 은행 대출을 받아 2009년 포장마차 바로 옆 건물에 '궁중족발'이라는 가게를 냈다. 뉴스에 따르면 2009년 5월 문을 연 1층 족발집은 보증금 3,000만 원에 월임차료 263만 원으로 영업을 시작했다가 이후 2015년 5월에 30만 원 인상된 293만 원으로 운영되었다고 한다.

그런데 문제는 2015년 12월에 건물주가 바뀌면서부터 시작되었

---

3 인왕산 동쪽에서 경복궁 서쪽 사이의 청운효자동과 사직동, 체부동 일대로 2012년 '세종마을 음식 문화거리'로 지정된 먹자골목 상권과 아기자기한 분위기의 카페, 한옥을 개조한 레스토랑, 소규모 공방과 갤러리 등이 있다.

다. 새 건물주는 보증금 1억 원에 월세 1,200만 원을 요구했고, 2016년 4월 명도소송을 제기했다. 법원은 임대차보호법상 최초 계약일로부터 5년 동안 세입자를 보호하는 법 규정상 7년이 지난 족발집은 상가 임대차보호법 적용대상이 아니라고 판결했다. 결국 2017년 12회에 걸친 강제집행으로 족발집 사장은 가게를 잃고 말았다. 결국 족발집 사장은 건물주에게 망치를 휘둘렀고, 족발집 사장이 구속되는 참극이 이어졌다. 7년 동안의 체부동 족발집 성공 신화는 이렇게 비극적으로 막을 내리게 되었다.

체부동 궁중족발집 사례에서 보듯, 우리나라에서는 5년의 임대차 갱신 기간이 지나면 그 건물에서 나가야 하는 사례가 빈번히 일어나고 있다. 대통령 선거공약으로도 언급되던 이 5년이라는 규정은 2018년 10월 기준 10년으로 연장되었다. 하지만 일본의 임대차보호법에 해당하는 일본차지차가법(日本借地借家法)상 계약 기간은 무려 30년이다. 30년이 지나도 얼마든지 연장이 가능하다. 때문에 일본의 임차인 입장에서는 평생 가게를 운영하는 데 있어 법적인 장애 요인은 전혀 없는 셈이다.

임대인 역시 계약 기간만 지나면 임대료 인상을 꿈꾸지도 않는다. 그저 1층에서 영업하는 임차인들에게 늘 고개를 조아리면서 고마움을 표시할 뿐이다. 물론 우리나라와는 근본적으로 다른 일본 임대차 시장 이야기다. 하지만 이러한 제도 때문에 일본에서는 대를 잇는 가게, 장수 가게, 노포가 끊임없이 생겨나고 있다. 노포는 일본 외식업 시장의 근간이자 정신적 지주 역할을 하고 있다.

● 오래된 음식점 주인이 존중받는 풍토와 제도가 절실

상권에 나갈 때마다 수많은 음식점 사장님을 만나게 된다. 오픈한 지 몇 달 안 되는 신출내기 음식점 사장님부터 3년 경력, 5년 경력의 음식점 사장님들을 만나곤 한다. 한 상권에서 10년 이상 터를 잡고 있는 음식점 사장님들을 만날 때면 손이라도 한번 잡고 싶은 생각이 든다. 10년 세월 동안 척박한 시장 환경을 딛고 한 가게를 지키신 음식점 사장님의 지나온 인생 이력이 짐작되기 때문이다.

10년을 넘어서 20년 이상, 하물며 30년 넘게 한 자리를 지켜온 음식점 사장님들을 뵐 때면 존경심마저 우러나온다. 일본에서는 100년 이상은 되어야만 노포 축에 들어가지만, 우리나라에서는 20년 이상, 30년 이상만 되어도 '대한민국 노포' 자격이 충분하다고 생각한다.

우리나라에는 무형문화재 제도가 있다. 무형문화재라고 하면 연

▲ 일본 한 노포의 호황 아이템인 '낮술 주점'

극이나 무용, 음악, 공예 기술 등과 같이 가치가 큰 대상이지만 형체가 없어 대부분 그 기능을 가지고 있는 대상이 지정되는 문화재다. 개인이나 단체가 무형문화재로 결정되면 국가로부터 보호를 받는다. 우리나라 음식 문화를 올곧게 지켜온 30년 이상 된 오래된 음식점들도 충분히 무형문화재로서의 가치가 있다고 본다. 우리의 음식 문화를 상권 현장에서 올곧게 지켜온 장본인들이기 때문이다.

한 나라의 음식 문화만큼 중요한 것이 있을까? 하지만 우리의 현실은 전혀 그렇지 않다. 오래된 음식점 사장님들을 만나보면 미래가 암울하다. 다행히 자녀들이나 가족들이 물려받으면 다행이지만, 그렇지 못할 경우 오래된 음식점들이 쓸쓸히 문을 닫는 사례가 곳곳에서 발견된다. 우리의 음식 문화가 단절되고 있는 현장인 셈이다. 음식 문화재까지는 지정하지 않아도 좋다. 우리나라의 건전한 음식 문화 발전을 위해 오래된 음식점 사장님들이 존경받는 사회적 풍토가 하루빨리 조성되어야 한다. 이를 위한 제도의 개선이 반드시 필요하다.

● **오래된 음식점의 콘텐츠 기록 시스템 도입 및 후계자 양성**

필자는 한국식 K-노포가 곳곳에서 많이 나오길 희망한다. 오랫동안 음식점을 경영했다는 것은 사업성 측면에서도 오랫동안 검증된 아이템이라는 반증이다. 그뿐만 아니라 하나의 오래된 음식점을 통해서 그 지역을 대표하는 먹거리 문화의 첨병에 서 왔다는 의미이기도 하다.

문제는 오래된 음식점, 성공 음식점이라고 하더라도 대를 잇지 못하고 영업을 종료하는 음식점이 많다는 점이다. 상권 현장에서 만난 수십 년간 식당을 경영해온 사장님들의 목소리는 한결같이 무겁기 그지없다. 자식들에게는 식당을 물려주고 싶지 않다는 의견을 피력하시는 분들도 많다. 굳이 자식들에게까지 힘든 일을 대물림하고 싶지 않다는 것이다.

하지만 우리나라 음식 문화를 계승 발전시킨다는 측면에서 본다면 음식점 후계자를 양성하는 시스템이야말로 가장 절실한 사안이다. 농어민 후계자는 있는데, 왜 음식점 후계자 양성 프로그램은 없을까? 오래된 음식점을 운영하다가 자녀 또는 가까운 사람들을 후계자로 삼아 이 음식점의 전통과 가치를 대물림하는 풍토는 요원한 일일까? 후계자가 나타나지 않는다면 이 오랜 음식점의 맛과 가치는 영원히 사라지고 말 것이다.

오래된 음식점의 소소한 콘텐츠를 보전하는 기록 시스템도 절실하다. 음식점 운영 노하우가 경영자의 머릿속에만 있어서는 안 된다. 그 음식점의 가치를 제대로 승계하기 위해 핵심 콘텐츠를 기록하는 경영 지원 시스템이 반드시 필요하다. 조리 메뉴얼, 운영 메뉴얼 하나하나를 꼼꼼히 기록해두는 보존 장치인 셈이다. 오래된 음식점은 많으면 많을수록 좋다. 장수 음식점이 노포로 발전할 수 있기 때문이다. 우리의 음식 문화를 소중히 잇기 위해서라도 장수 음식점을 장려하고 우대하는 사회적 분위기 조성이 꼭 필요한 시점이다.

코로나 시대의 외식업 콘셉팅 전략
다섯 가지

코로나 시대는 소비자들의 라이프 스타일을 새롭게 리셋하고 있다. 이러한 새로운 바람, 변화의 물결은 외식 창업 시장 곳곳에서도 감지되고 있다. 긴급재난지원금을 받은 소비자들의 발길이 다시 이어지는가 하면, 위기를 기회 삼아 간판 천갈이를 통해서 '시즌2 경영'을 선언하는 가게들도 생겨나고 있다. 코로나 시대에 걸맞은 외식업 성과 창출 전략 및 콘셉팅 전략을 정리해보자.

● 콘셉팅 전략 1〉코로나 시대에 걸맞은 음식점 콘셉팅 전략

코로나 시대에도 호황을 누리며 문전성시를 이루는 음식점들이 있다. 해당 상권에서 이름난 서민형 맛집이 대부분이다. 서민형이 아니더라도 지금까지 잊지 않고 찾아주는 탄탄한 단골손님을 가지고 있는 음식점은 코로나 시대에도 여전히 성업 중이다.

하지만 지역 맛집도 아닌 이름값 떨어진 얄팍한 프랜차이즈 가맹점들의 경우 매출 부진이 극심하다. 또한 상권 자체가 직격탄을 맞은 경우도 있다. 대학가 상권이다. 전국 356개 대학가 상권은 초비상이다. 학기 중 재학생들의 먹거리 공략으로 먹고 살았던 전국 대학가 상권에서 영업 중인 음식점들의 매출 부진이 극심한 상황에 이르렀기 때문이다.

이럴 때일수록 새로운 콘셉팅 전략이 필요하다. 기존 영업 방식이 홀 매출에만 의존하는 형태였다면 비대면 시대에 걸맞은 메뉴 전략, 상품 전략도 새롭게 세팅할 필요가 있다. 특히 월세가 비싼 대형 음식점들은 심각한 경영난에 휩싸인 경우가 곳곳에서 목격된다. 코로나 시대에는 큰 가게들의 경영 환경이 갈수록 위축될 수밖에 없다는 것을 암시하고 있다.

굳이 큰 매장 형태를 유지할 이유가 있는지부터 따져봐야 한다. 매장 컨디션을 감안해서 과감하게 2개 또는 3개의 매장으로 분할해서 영업하는 방법도 고려할 수 있다. 간판을 한 개 걸고 영업하는 방식에서 간판을 2개, 3개 걸고 영업하는 방식으로 바꾼다면 소비자들에게 선택의 폭을 넓힐 수 있을 뿐만 아니라 새로운 기회 요인을 잉태할 수 있는 방법도 되기 때문이다. 물론 신규 매장을 대표할 수 있는 전략 메뉴 선정에는 주변의 경쟁구도를 감안한 치밀한 시장조사와 출점 전략이 수반되어야 함은 물론이다.

● 콘셉팅 전략 2〉 디테일한 시설 개선을 통한 건강 음식점 만들기

코로나 시대가 주는 핵심 메시지는 '내 한 몸 건강'이 최고의 가치라

는 인식의 확산이다. 비대면 라이프 시대에 걸맞은 시설 개선이 뒤따라야 한다고 보는 이유이다. 먼저 공간이 충분한 음식점의 경우 비대면 효과를 높일 수 있는 테이블과 테이블 사이의 '코로나 칸막이' 설치를 고려할 수 있다. 완전한 밀폐된 독립 공간까지 분할할 필요는 없지만, 시선을 가릴 정도의 적당한 칸막이를 설치해 비대면 라이프 시대에 걸맞은 '건강 음식점'이라는 이미지를 구축하기에 무리가 없다.

또한 불특정 다수의 비대면 접촉으로 인한 위험 요인을 제거할 수 있는 시설 장치를 추가하는 것도 좋다. 이를테면 매장 입구 또는 매장 한쪽에 '예쁜 세면대'를 설치하는 것이다. 코로나 바이러스를 이겨내는 가장 좋은 예방법은 역시 손씻기다. 음식 먹기 전에 사용할 수 있는 물수건 배포뿐만 아니라 깔끔하게 손씻을 수 있는 세면 공간을 잘 보이는 곳에 설치한다면 건강 관리의 첨병 역할을 하는 안전 음식점임을 어필 할 수 있다. 물론 수도시설을 연결해야 하는 문제이기 때문에 매장에 따라서 화장실 세면대 외 별도 세면대를 추가 설치하는 일이 번거로울 수는 있다. 하지만 소비자의 몸 건강을 신경 써주는 안전한 음식점이라는 이미지 구축 측면에서 본다면 충분히 의미 있는 투자라고 판단된다.

그 외에도 상시로 온도를 체크할 수 있는 비대면 체온계 비치, 계산 후에는 1회용 생활 마스크를 배포하는 등 건강 관리에 신경 써주는 음식점으로 자리매김하는 것, 코로나 시대에 살아남을 수 있는 안전 음식점으로의 탈바꿈 전략이다.

● 콘셉팅 전략 3〉 홀 서비스와는 차별화된 배달 메뉴, 포장 판매 메뉴, 택배 메뉴를 만들자

지금까지 배달 음식하면 치킨, 피자, 족발, 분식, 중화요리, 야식 정도가 전부였다. 하지만 코로나 시대에 진입하면서 우리나라 70만 개 음식점 중에서 90% 이상은 배달 메뉴를 개발하고, 배달 앱을 통한 판매에 나서고 있다.

배달 시스템을 갖추는 일도 어려움이 없어졌다. '배민상회'와 같은 배달 앱에서 운영하는 식자재 쇼핑몰이 생기면서 웬만한 배달 관련 비품들은 손쉽게 구매할 수도 있다. 수수료 논란에도 불구하고 배달 시장은 이제 코로나 시대 외식업 매출 증대책으로 각광받으며, 빼놓을 수 없는 중요 시장으로 부상했다.

이제는 인근의 오프라인 경쟁 구도를 분석하는 일 외에도 배달 앱을 보고 주변 경쟁 업체의 영업 상황을 수시로 체크하면서 유연성 있는 배달 매출 전략을 점검해야 하는 시대로 변모했다. 오프라인으로 찾아오는 손님들을 위한 포장 메뉴 개발도 급선무다. 포장 메뉴 즉 테이크아웃 판매 역시 비대면 라이프 시대의 중요한 소비 스타일이기 때문이다. 맛으로 검증된 음식점들은 홀 판매보다는 포장 판매 비중이 늘고 있다. 코로나 시대의 또 다른 일면이다.

용인 수지 상권에 가면 순댓국밥 맛집인 '탑골순대국'을 만날 수 있다. 매장 평수 30평 정도의 작은 순댓국집임에도 음식을 먹으러 오는 손님들로 늘 장사진을 이루는 곳이다. 코로나 사태가 발발한 이후 이 음식점도 매장 판매보다 포장 판매 비율이 급증했다고 한다. 필자 역시 줄 서서 먹는 비결을 확인하려고 2인분 순댓국을 포장 구매한 적이 있다.

결론은 역시나였다. 늘 손님들이 줄 서고 있는 이유는 푸짐한 서비스가 첫째였다. 2인분을 주문했음에도 집에 와서 먹어보니 4인 가족이 먹기에도 부족함이 없었다. 또한 깍두기나 겉절이까지 포장해주는 덤 서비스도 이색적이었다. 경기 위축으로 지갑이 얇아진 코로나 시대 소비자들의 심리 코드를 정확히 저격하고 있음을 느낄 수 있었다.

포장 판매 매출을 늘리기 위해서는 포장 메뉴 자체 만족도를 높일 수 있도록 디테일까지 신경 써야 한다. 상품력 즉 맛의 경쟁력 확보는 기본 중의 기본이다. 포장지의 품격있는 디자인과 곁들이찬 서비스까지 포장해 주는 덤 서비스가 그것이다. 홀 시식과는 다른 차별화된 포인트를 부여함으로써 더 나은 만족도를 창출하려는 노력이 코로나 시대 줄 서는 맛집의 비결이었다.

● 콘셉팅 전략 4〉 코로나 시대 소비자를 끌어모으는 온라인 외식 마케팅 전략

사람들과의 대면 접촉보다는 비대면 소통이 일상화되면서 비대면 시대 소비자들의 구매 촉진 활동은 대부분 온라인상에서 이루어진다. 코로나 시대는 어쩌면 유튜브 마케팅을 포함한 SNS 마케팅, 모바일 마케팅이 더 활발해질 수밖에 없는 시대다.

SNS 마케팅의 핵심은 뉴스가 되는 진정성 있는 콘텐츠 만들기다. 콘텐츠를 생성하는 핵심 툴은 글쓰기와 말하기, 사진과 영상으로 압축된다. 글쓰기를 통한 우리 가게만의 감성 스토리 만들기, 한 줄로 요약할 수 있는 카피나 슬로건 만들기, 사장, 직원, 고객들과의

인터뷰를 담은 영상, 제품 개봉기 등을 블로그나, 유튜브, 네이버TV에 배포하는 활동이 뒤따라야 한다.

사진 촬영도 중요하다. 비주얼 경쟁력을 만들기 위해서는 전문가의 사진 촬영이 수반되어야 한다. 음식점의 경우 메뉴 사진 촬영, 조리 사진 촬영, 주인장의 운영 모습 촬영, 매장 사진 및 고객 사진 촬영으로 정리할 수 있다. 상품 사진은 어떤 각도에서 촬영하느냐가 관건이다. 한 장의 사진으로도 충분히 구매욕구를 불러일으킬 수 있어야 한다.

코로나 시대의 마케팅은 온라인을 떼어놓고는 생각할 수 없게 되었으며, 그중에서도 모바일 마케팅이 절대적인 비중을 차지하는 시대로 급변하고 있다. 특히 외부에서도 언제 어디서나 볼 수 있는 우리 가게의 유튜브 영상은 쉼 없이 제작되어야 한다.

● **콘셉팅 전략 5〉 음식점 사장님의 소확행 코드를 찾자**

마지막 전략은 코로나 시대의 외식업 경영자의 행복 찾기 전략이다. 음식점 사장님의 건강 지수를 체크하고, 행복 지수의 면밀한 점검이 급선무다. 외식업 경영자의 꿈과 미래가치도 리셋해야 한다. 외식 경영으로 부자 되는 것이 꿈이 아닌 시대다. 돈은 많이 벌었지만, 건강을 해쳐서 병을 얻고 일찍 세상을 떠나는 안타까운 사연도 심심치 않게 접하게 된다.

창업자에게 자기 건강 관리만큼 더 중요한 일이 있을까? 코로나 시대의 창업자는 스스로의 작은 행복 찾기, 작지만 확실한 행복 찾기라는 소확행 코드에 경영 목표를 정조준해야 한다. 외식 경영자의 행복 조건은 뭘까? 음식점 경영을 통한 안정적이고도 지속적인 수익가치 창출, 경영자와 직원들의 건강 관리, 그리고 마지막으로 '경영자의 매력 지수 높이기'를 꼽을 수 있다.

매력 지수 높이기의 저변은 음식점 주인장의 행복한 창업 인생과 더불어 자신의 얼굴을 고객들에게 아낌없이 보여주는 서비스가 기본이 되어야 형성된다. 사장의 얼굴, 스토리, 페르소나가 곧 브랜드가 되는 시대다. 음식점 주인장이 행복해야 음식점을 찾는 고객들도 행복할 수 있다는 단순한 진리를 이제는 실천해야 하는 시대가 왔다. 동시에 불황기가 지속한다는 측면에서 우리 음식점 주변의 어려운 이웃들에 대한 다양한 배려 프로그램도 작게나마 실천해주면 더할 나위 없이 좋다. 주인장의 인간적인 매력은 어려운 시대를 이겨내는 우리 이웃들의 든든한 버팀목일 수 있다. 코로나 시대, 외식 경영자에겐 어쩌면 또 다른 기회 요인을 잉태하고 있는 시대이다.

코로나 시즌 이겨내는
음식점 점포클리닉 사례 두 가지

한때 동네 상권은 긴급지원금 낙수 효과로 기지개를 켜는 음식점들도 있었다. 하지만 홍대 상권 같은 대형 상권에서 영업 중인 음식점들은 지금 비싼 임대료를 감내하며 매출을 올려야 하는 상황임에도 마치 쓰나미가 휩쓸고 간 듯한 상권 분위기에 극심한 매출 부진까지 겹쳐 울상이다.

급기야 수억 원에 달했던 상급지 1층 가게들이 무권리 매장으로 '임대문의'를 써 붙이는 사례까지 포착된다. 외식 경영자들로서는 긴장을 멈출 수가 없다. 그렇다고 숨죽이면서 가만히 있을 수만도 없는 상황이다. 코로나 시즌을 적극적으로 극복할 수 있는 음식점 점포클리닉이 필요한 이유이다. 서울 마포구 망원동 상권의 추어탕집, 경기도 파주 금촌 상권 고깃집 사례를 통해 코로나 시즌을 이겨낼 수 있는 경영개선 사례를 자세히 소개한다.

● 사례 1〉 망원동 추어탕집이 곱창전골집으로 콘셉트를 변경한 이유

망원동 상권 망원우체국 인근 뒷골목에서는 '수창골 추어탕'이라는
작은 음식점이 영업 중이다. 수창골 추어탕은 이번 코로나 시즌에
맞춰서 간판을 바꿔 달았다. 기존의 수창골은 그대로 살리면서 '망
원동 수창골'이라는 새 간판을 달았다.

수창골 음식점이 처음 오픈한 것은 2014년 중순이다. 당시 박수
창, 김은주 부부 사장이 운영해오던 추어탕집이었다. 남편인 박수
창 사장의 이름을 따서 '수창골'이라는 브랜드 네이밍을 제작했던
기억이 있다. 만 6년 동안을 영업해오던 '수창골 추어탕'이 '망원동
수창골'로 간판이름을 바꿔 단 이유는 무엇일까?

가장 큰 이유는 상권 특성이 변했기 때문이다. 요즘 망원동 상권
은 신세대 상권으로 상권 특성이 급변했다. 불과 5년 전만 하더라도
평범한 주택가 상권 성격이 강했다. 하지만 홍대 상권이 비대해지
면서 망원동 상권도 신세대 상권 분위기로 상권 특성이 변해갔다.
추어탕이라는 아이템 콘셉트는 신세대 소비층과는 약간 거리가 있
다고 판단했다. 코로나19로 인해서 추어탕집의 매출 곡선도 답보상
태였다.

결국 '수창골 추어탕'은 새로운 콘셉트로의 변경을 시도했다. 대
표 아이템인 추어탕은 낮시간대 식사 손님 위주의 상품이었다. 하
지만 이제는 밤시간대 신세대 고객을 위한 술 한잔 음식점으로의
콘셉트 변경이 필요한 상황이었다. 주변 상권에 대한 체계적인 시
장조사부터 착수했다. 결국 추어탕 간판을 내리고 '곱창전골과 소
막창구이'를 대표 메뉴로 하는 음식점으로 콘셉트 변경을 하기로
결론 내렸다.

● '망원동 수창골'로 재오픈한 디테일 요소?

메뉴 콘셉트부터 수정했다. 기존의 추어탕은 대표 메뉴에서 부가 메뉴로 내려갔다. 당연지사 간판 상호에 있는 '추어탕' 글자도 과감하게 내렸다. 대신 곱창전골과 소막창구이를 대표 메뉴로 정하고 '망원동 수창골'이라는 새 간판을 올렸다. '수창골'이라는 상호는 그대로 가져가지만, 콘셉트 변경 및 디자인 변경을 통해 새로운 고객을 끌어들인다는 전략이었다.

너저분한 실내 메뉴판을 비롯한 내부 사인물도 개선했다. 음식 사진을 촬영해 대표 메뉴에 대한 노출에 신경 쓰면서 구매욕을 불러일으킬 수 있는 메뉴 포스터를 부착했다. 내부보다 더 중요한 개선 사항은 점포 외부였다. 외부 디자인에 심혈을 기울였다. 먼저 지금까지 추어탕이 상징해온 중장년층 위주의 가게라는 이미지를 씻기 위해서 변경된 새 상호에 걸맞은 캘리그라피 상호 디자인 작업에 심혈을 기울였다. 간판 천갈이를 통해서 새로운 분위기 연출에도 주력했다.

두 번째 점포 외부 비주얼 경쟁력을 높이기 위한 장치로써 핵심고객인 신세대 고객 모델들을 활용해 연출 사진을 촬영했다. 이를 전면 유리면에 대형 실사 선팅해 이미지월을 만들었다. 연출 사진이라 함은 실제 모습과 같은 리얼한 장면을 연출해서 한 컷의 이미지 컷을 건져내는 일이다. 망원동 수창골의 경우 주인장의 20대 아들 친구들의 흥겨운 한때를 이미지 컷으로 제작하여 점포 전면의 대형 유리면 한쪽 전체에 실사 선팅으로 부착했다.

점포 외부 비주얼요소는 여기에 그치지 않는다. 집어등 효과를 낼 수 있는 노란색 펜던트 등 10여 개를 간판 아래에 부착했다. 술

▲ 상권 특성 변화에 따른 점포 리모델링 사례

맛 나는 분위기 연출법의 하나였다. 수창골 추어탕 시대를 접고, 망원동 수창골 시대가 열리는 순간이었다.

● 사례 2〉 파주 금촌 상권 '아리몽 고깃간'의 비주얼 마케팅 전략

파주 금촌에 가면 15년 동안 운영해온 수제 돼지갈빗집이 있다. '아리몽 화로구이'라는 돼지갈비 전문점이다. 이 음식점은 코로나 시즌에 파주 금촌 전통시장 입구로 이전을 하게 되었다. 이전과 동시에 새로운 운영 콘셉트를 시도할 수밖에 없었다. 기존의 고깃집이 국도변에 위치해 있었기 때문에 이전 효과를 극대할 수 있는 방안을 찾아야 했기 때문이다. 동시에 기존 아이템 콘셉트는 그대로 살리면서 새 가게에 어울리는 새로운 인테리어가 필요했다.

하지만 결정적으로 마무리하지 못한 부분이 있었다. 평소 알던 동네 인테리어 업체에 맡겼더니 시설은 잘 마무리했지만, 내외부적

인 비주얼 요소나 사인물은 썩 마음에 들지 않았다. 기존의 고객들이야 이전 소식을 듣고 새 매장을 찾아올 수 있었지만, 신규 고객 유치에는 불리했다. 새로운 비주얼 마케팅 전략이 필요하다고 판단했다. 결국 필자와 함께 가게의 시즌2 경영 전략을 재수립하고 디테일한 비주얼 요소를 정리하게 되었다.

● 상호 디자인, 메뉴 포스터 및 연출 사진 촬영, 스토리텔링과 메뉴북 제작

브랜딩 작업의 첫 번째는 상호 개선 작업이라고 판단했다. 기존의 아리몽 화로구이를 '아리몽 고깃간'으로 바꿔 달았다. '아리몽'의 인지도를 그대로 가져가면서 '고깃간'이라는 신규 키워드를 통해서 신규 고객을 유입시키는 효과이다. 기존 아리몽 화로구이의 이미지 개선에도 신경 썼다. B.I(브랜드 아이덴티티)가 다소 촌스러운 분위기라는 단점을 커버하기 위해 캘리그라피 사인 디자인 작업을 통해서 고풍스럽고 세련된 상호 디자인으로 업그레이드했다.

두 번째로 메뉴 포스터, 스토리보드, 메뉴북 제작을 위한 사진 촬영에 들어갔다. 개별 메뉴 사진에 대한 촬영뿐만 아니라 망원동 수창골 사례와 마찬가지로 대표 고객 한 가족을 초대해서 연출 사진 촬영을 진행했다. 결국 화목한 4인 가족의 연출 사진 한 컷을 매장 벽면에 대형 실사 현수막 사인으로 부착하면서 매장의 대표 이미지 역할 및 비주얼 마케팅의 첫 요소로 삼았다. 동시에 점포 외벽에 설치된 기존의 간판을 철거하고 디자인이 가미된 큐브형 돌출사인을 추가로 부착하여 매장 가시성을 극대화했다.

▲ 신규 고객 유치를 위한 디자인 콘셉트 변경 사례 ▲매장 가시성을 극대화하는 큐브형 돌출 사인물

　다음은 매장 벽면에 부착될 메뉴 포스터 제작에 들어갔다. 자가 제면 냉면 사진 촬영은 물론, 남북고위급회담 메뉴로 활용했던 불고기정식 그리고 수제 갈비 등의 메뉴 사진 촬영으로 메뉴 포스터 작업을 마칠 수 있었다. 동시에 두 사장님 부부에 대한 연출 사진도 제작했다. 남편은 고깃간 주인장 컷, 아내는 서비스 연출 컷을 촬영해서 매장 입구의 스토리텔링 보드에 삽입할 수 있었다. 비주얼 개선의 마지막 작업은 메뉴북과 명함, 피오피 사인물 제작이었다.

● 네이버 마케팅과 유튜브 마케팅을 통한 시즌2 경영 전략을 세우다

'아리몽 화로구이'에서 '아리몽 고깃간'으로 바뀐 경영 체질 개선의 마지막 절차는 온라인 마케팅 전략 수립이었다. 네이버 블로그 마케팅은 기본이다. 현재 우리나라 전체 블로그 수는 1,600만 개가 넘는다. 이중 네이버 블로그는 전체 블로그의 72%를 점유하고 있다. 네이버에서 '파주 맛집', '파주 돼지갈비', '파주 고깃집' 등의 검색 엔진 키워드를 입력하면 바로 노출될 수 있도록 블로그 마케팅을 필수로 해야 한다.

동시에 온라인 마케팅의 대세라고 할 수 있는 유튜브 마케팅을 진행했다. 촬영 콘셉트는 2가지로 결정했다. 하나는 맛집 영상이고, 다른 하나는 아리몽 고깃간 주인장과의 고깃집 창업 인생에 대한 토크쇼를 담은 영상이었다. 아리몽의 시즌2 경영에서 가장 중요한 것은 새로운 메뉴를 내세우는 것이 아니었다. 그보다는 기존 메뉴에 대한 비주얼 마케팅이 더 중요했다. 동시에 아리몽의 대표 모델이라고 할 수 있는 사장님을 유튜브 영상에 노출함으로써 고객 신뢰도를 높이는 작업이 필요하다고 판단했다.

대형 빵집 브랜드의 경우 상호는 그대로 사용하더라도 B.I는 3년마다 새로운 디자인으로 바꾸곤 한다. 이유는 단 한 가지다. 기존 고객들을 잘 유지하면서 신규 고객을 유치하려는 전략이다. 코로나 시즌을 겪고 있는 음식점들 역시, 매출 부진에 대한 타개책의 일환으로 비주얼 개선 작업을 시도해보는 것도 의미가 있는 매출 증대 방안이 될 것이다.

전수창업? 공급과잉 프랜차이즈 시장의 대안이자 장수 창업의 지름길!

얼마 전 경기도 성남 (구)시청 상권에서 44년 동안 횟집을 운영하고 계시는 70대 노부부 사장님을 뵌 적이 있다. 40년 넘도록 오직 한길, 횟집 운영만을 해오고 계신 분이었다. 74세의 남편이 조리장 역할을 하고 있고, 아내는 카운터 및 홀 관리를 담당하고 있었다. 44년 동안 가게를 지켜오면서 자녀들을 모두 공부시키고, 결혼까지 시켰다고 한다. 횟집 분위기는 요란하지도 않고, 그렇다고 허접해 보이지도 않은 고즈넉한 분위기였다. 수십 년간의 전통과 노하우가 숨어있는 회정식은 우리나라 어느 상권에 내놓아도 손색이 없을 정도였다. 칠십 대 중반의 고령에도 불구하고 사장님의 손놀림은 날렵했고, 밑반찬 하나에도 내공이 느껴질 만큼 고객들이 좋아하는 구성으로 가득 차 있었다.

손님들도 10년 단골은 예사였다. 회가 생각날 때면 반드시 이곳을 찾는다는 단골손님들의 목소리를 쉽게 들을 수 있었다. 맛있게 회정식을 먹는 동안 불현듯 한 가지 생각이 들었다. 만약 노부부 사장님이 더 이상 음식점을 운영하지 못할 경우, 자녀분 중 한 명이라도 이 음식점의 대를 이을 사람이 있을까? 사장님께 조심스럽게 여쭈었다. 돌아오는 대답은 딸이 둘 있는데 사위들이 다들 자기 일이 있어서 가게를 물려받기는 쉽지 않다는 것이었다. 대를 이을 후계자가 없어 아쉬워하는 마음이 역력히 드러났다.

● 대를 잇는 음식점이 중요한 이유

성남 (구)시청 상권의 오래된 횟집 사례에서 볼 수 있듯이 우리나라 외식 상권 구석구석을 살펴보면 수십 년 동안 음식점을 운영해오면서 요식업 외길 인생을 걸어오신 장인 음식점 사장님들을 심심치 않게 만날 수 있다. 이들의 목소리를 귀담아듣다 보면 지금까지 오랜 세월 음식점을 경영해오며 한올 한올 축적된 노하우들이 켜켜이 쌓여있음을 알 수 있다.

이분들은 수십 년 동안 음식점을 운영해오면서 몸소 산전수전 두루 겪으며 체득한 전문성을 직접 실천하고 계신 분들이기에 얄팍한 이론에 의지하는 외식 경영 이론과는 비교할 수도 없는 깊이와 가치를 보유하고 있다. 오늘날 한국 음식 문화가 있기까지 산파 역할을 해온 주인공들이기도 하다.

그럼에도 불구하고 이분들의 목소리는 그다지 희망적이지 않다. 수십 년째 음식점을 운영해오고 있음에도 불구하고 점점 더 힘들어진다는 목소리가 많다. 고된 음식점 경영을 내 자식들에게까지 물려주기가 미안하다는 의견도 있다. 자식 입장에서도 쉽지 않은 부분이다. 부모가 평생의 업으로 삼아온 외식 경영의 가치를 제대로 파악하지 못하는 경우가 많기 때문이다. 외식 경영은 부모의 업이기 때문에 나의 길과는 다르다고 생각하기도 한다.

요즘 같은 불경기일수록 외식업 창업자들은 근본으로 돌아갈 필요가 있다. 코로나 시대를 버텨가고 있는 우리나라 외식업 시장 관점에서 본다면 10년 이상 꾸준히 운영해오고 있는 가게야말로 가장 안정적이고 좋은 아이템에 속한다고 볼 수 있다.

상권에 나가보면 프랜차이즈 가맹점 간판을 단 음식점들의 실패 사례가 속출하고 있다. 그럼에도 창업자들은 겉보기만 화려하고 시장에서 검증조차 되지도 않은 아이템으로 무장한 프랜차이즈 음식점 창업에 관심을 갖는다.

반면 오래된 독립형 음식점들은 비록 화려하지는 않지만 상권에서 수십 년간 운영되어오면서 사업성만큼은 검증된 음식점들이 대부분이다. 신규로 진입하고자 하는 창업자 입장에서도 이보다 확실하고 안전한 아이템은 없다. 또 나만의 소확행 추구라는 가치를 충족시킬 수 있는 좋은 사업 아이템이다.

● 대를 잇는 음식점 창업의 성공 코드는 도제식이 적절

방법론에 대한 논의도 필요하다. 물론 부모와 자식 간에 대를 이을 수 있다면 금상첨화가 아닐 수 없다. 하지만 성남의 횟집 사례처럼 대를 잇고 싶어도 현실적으로 어렵다면, 코드가 맞는 예비 창업자들에게 기회를 부여할 필요가 있다고 본다. 문제는 어떤 창업자들에게 어떠한 방법으로 대를 잇게 할 것이냐다.

신규 창업자 입장에서 오래된 음식점의 대를 잇는 주인공이 된다는 것은 대단한 영광이 아닐 수 없다. 대를 이어 창업을 했다면 다음은 그 가게가 계속해서 성공을 이어가도록 어떻게 이끌 것인가가 관건이다. 이를 해결하기 위해 도제식 창업법을 제안한다. 도제식 창업법은 어떤 창업법일까?

교육학 용어사전에 따르면 "도제(徒弟, Apprentic)란 장인(匠人, Master)을 지망하여 훈련을 받고 있는 사람이며, 도제가 되고자 하는 사람은 장인과 수업 계약을 맺고 나서 수업료를 지불한다. 도제는 장인의 집에서 기거하며 일을 하면서 기술도 습득한다. 그러므로 장인 가정의 잡무도 자연히 돌보게 된다"라고 설명하고 있다.

도제식 창업법은 일본 상권에서는 흔하게 접할 수 있는 콘셉트다. 도제식 창업법이 보편화해 있기에 장수 창업자가 많이 존재하는지도 모른다. 정리하자면, 도제식 창업에서 중요한 것은 단순히 조리법만 전수받는 것이 아닌 경영자로서의 경영 철학, 경영 스타일까지도 그대로 전수받는 것이다. 그래야만 예전의 명성을 온전히 보존할 수 있다.

상권 현장에서는 대를 이어서 음식점 경영을 한다고 하더라도 예전의 음식점에 비해서 고객 만족도가 그리 높지 않은 음식점을 종종 발견하곤 한다. 오래된 음식점이라는 것은 소비자들의 발길이 끊이지 않고 오랫동안 이어져 왔다는 의미이다. 특히 부모와 자식 간이라고 하더라도 자식에게 부모의 경영철학까지 제대로 전수되어야만 그 명성이 그대로 유지될 수 있다.

거기에 그쳐서는 안 된다. 대를 잇는 음식점일지라도 변화하는 소비자들의 눈높이에 대응하는 유연성 있는 변신 코드는 필요하다.

▲ 일본에서 흔히 볼 수 있는 '도제식 창업'은 경영자의 경영 철학까지 전수받는 것을 의미한다

이는 매우 중요한 포인트다. 그렇다면 지금부터 코로나 시대 성공 음식점을 만드는 전수창업 방법론에 대해 알아보자.

● 전수창업 방법론

요즘 상권에서 흔히 볼 수 있는 실제 음식점 전수창업 사례를 보면, 전수창업이 마치 모점포가 기술 전수를 통해 얻을 수 있는 부가 수익 모델인 양 잘못 인식되는 경향이 있다. 물론 이해는 된다. 하지만 모점포 음식점 사장님이 전수창업을 진행할 때는 단순히 자신의 사업 성공에 따르는 부가적인 수익원이라는 관점으로 접근해서는 곤란하다. 후배 창업자와의 '성공 패러다임 공유'를 통해 사회적 가치를 창출한다는 측면에서 바라보아야 한다.

　모점포 창업자는 후배 창업자 선정에서부터 신중을 기해야 한다. 무작정 돈만 들고와서 대를 잇겠다고 말하며 전수창업을 청탁하는 사례도 늘고 있기 때문이다. 후배 창업자 입장에서는 대를 잇는 전수창업법이란 빨리빨리 창업이 아닌 비즈니스 모델의 핵심 가치를 제대로 배우는 더딘 창업법, 느린 창업법에 속한다는 점을 명심해야 한다. 비교적 쉽게 창업할 수 있는 프랜차이즈 가맹 창업법과는 정반대의 지점에 있는 매우 어려운 창업법인 셈이다.

계약금만 지불하면 전수를 받을 수 있다는 얕은 생각은 버려야 한다. 배우는 사람, 즉 도제로서의 기본적인 자세를 갖추는 것부터 시작해야 한다. 까다로운 심사를 거쳐 대를 잇는 전수창업자로 결정되었다면 단순히 조리법을 배우는 것에 그치지 않고 원재료 유통과 사입 등의 주방 관리, 고객 및 직원 운용과 관련된 홀 관리, 경영자로서의 라이프 스타일, 운영철학 등 운영 시스템을 제대로 전수받아야 한다. 자연히 전수 기간도 모자람 없이 충분히 길게 설정해야 한다. 독자적으로 직접 실행이 가능할 때까지 수년이 걸리더라도 제대로 배워서 대를 잇는 경영자로 안착하는 것이 중요하다.

만약 특정 전수 아이템을 다른 상권에서 신규 오픈할 계획이라면 전수창업 전문 컨설턴트의 코칭도 필요하다. 전문 컨설턴트의 역할은 모점포와 창업 예정자 사이에 가교 역할을 하는 것이다. 전문 컨설턴트의 코칭을 받기로 하였다면 우선 서로의 역할과 책임에 대해 규정해 놓은 '전수창업 약정서'를 작성하는 것부터 시작해야 한다.

두 번째는 사업 타당성을 판단하는 일이다. 전문 컨설턴트는 체계적인 상권 입지 분석을 통해, 필요하다면 최종 점포 결정에 관여해야 한다. 점포를 계약하기 전 해당 점포에서 발생하게 될 수익성 예측은 필수다. 전수받은 아이템을 새롭게 구현하는 데 따른 브랜드 디자인을 컨트롤하는 것도 전문가의 몫이다. 브랜드 네이밍, 슬로건, 스토리텔링 등의 다양한 브랜딩 작업. 인테리어 및 익스테리어 콘셉트 설정. 메뉴북 및 각종 경쟁력 있는 홍보물 제작, 유튜브 마케팅까지 이어지는 홍보 마케팅 프로그램도 준비해야 한다.

마지막으로 전문 컨설턴트는 오픈 과정에서의 인허가 및 인력 시스템 구축, 단계별 홍보 마케팅 계획 수립 및 실행, 오픈 후 3개월 내지 6개월이 흐른 시점에서의 사후관리 점검 등을 담보해야 한다. 이러한 체계적인 전수창업 프로그램이 진행되어야만 대를 잇는 성공 음식점의 명성을 이어갈 수 있다. 전수창업은 참 어렵고 까다로운 창업법이다. 하지만 이 과정을 제대로 거쳐야만 성공적인 장수 경영으로 이어질 수 있다.

내 가게 홍보 마케팅 전략 수립의 기본은 데이터 분석이다

코로나 시대가 와도 변하지 않는 것은 있다. 다름 아닌 음식점 홍보 문제다. 우리나라는 자영업 사장님들끼리의 출혈 경쟁이 심각한 수준이다. 특히 외식업 시장은 자영업자 간 과잉 경쟁의 대표 사례가 된 지 오래다. 그럼에도 외식 관련 브랜드는 끊임없이 증가하고 있다. 프랜차이즈 음식점들은 비단 가맹점주뿐만 아니라 본사 차원에서도 홍보 마케팅에 혈안일 수밖에 없다.

결론적으로 자영업 점주끼리의 경쟁이 치열해짐에 따라서 외식 소비자들의 눈높이는 더더욱 높아질 수밖에 없다. 음식점을 경영하는 입장에서는 다른 음식점으로 가는 소비자를 내 가게로 유입시키지 않으면 안정적 수익 창출이 어렵다는 이야기다. 코로나 시즌과 같은 대형 외부적 악재를 견뎌낼 수 있는 음식점 홍보 마케팅의 정석은 무엇일까? 식품의약품안전처의 정량적인 데이터를 통해서 홍보 마케팅의 돌파구를 찾아봤다.

● 한 개 음식점당 공략 가능한 평균 인구수는 77명이다

우리나라 전체를 통틀어 현재 영업 중인 음식점 수는 어느 정도일까? 식품의약품안전처 자료에 따르면 우리나라 전체 음식점 수는 84만 8,464개에 달한다. 일반음식점과 휴게음식점을 합한 숫자이다. 외식업중앙회 회원 수가 대부분인 일반음식점 수만 간추린다면 우리나라의 총 음식점 수는 67만 3,206개 업소로 집계됐다.

각 지자체별 음식점 수를 살펴보면 인구 1,335만 명의 경기도가 14만 1,524개로 1위, 2위는 서울특별시로 12만 2,192개, 3위는 경상남도로 4만 9,063개, 4위는 경상북도로 4만 6,415개, 5위는 부산광역시로 4만 2,543개, 6위는 충청남도로 3만 1,840개의 순이다.

경영자 입장에서는 여기에 더해 음식점의 고객 수 대비 가게 밀집도를 체크해보는 것도 의미가 있다. 한 개 음식점당 인구수가 가장 많은 지자체와 가장 적은 지자체는 어디일까? 한 개 음식점당 인구수가 많다는 것은 상대적으로 고객 수가 풍부하다는 것의 방증이며, 반대로 한 개 음식점당 인구수가 적다는 것은 그만큼 경쟁률이 치열하다는 의미로 해석할 수 있다.

일반음식점 기준으로 한 개 음식점당 인구수가 가장 많은 동네는 세종특별자치시 상권으로 1개 음식점당 101명을 타깃으로 영업하는 것으로 나타났다. 가장 최근에 형성된 행정도시라는 점에서 아직까지는 가게 밀집도가 다른 지역에 비해서 높지 않음을 알 수 있다. 2위는 인천광역시 96명, 3위는 경기도 94명, 4위는 광주광역시 82명, 5위는 부산광역시, 대구광역시, 서울특별시가 각각 80명 순으로 나타났다.

반대로 한 개 음식점당 인구수가 가장 적은 곳은 어디일까? 1위는 제주특별자치도로 48명이며, 2위 강원도 51명, 3위 경상북도 57명, 4위 충청북도 64명, 5위 전라남도 65명 순이다. 한 개 음식점당 인구수가 가장 작은 동네인 제주특별자치도, 강원도는 지역 거주민보다는 외부 관광객을 대상으로 영업을 할 수밖에 없다는 점을 알수 있다. 따라서 홍보 마케팅의 방향도 향후 관광객으로 찾아오게 될 도시 거주자들, 특히 인구 절반이 모여 사는 서울과 수도권 거주자들을 상대로 한 마케팅에 초점이 맞춰져야 한다.

참고로 우리나라 한 개 음식점당 인구수의 평균은 77명에 불과하다. 이웃 나라 일본의 경우 한 개 음식점당 평균 인구수는 170명 수준이다. 가까운 일본과 비교해서도 우리나라 음식점의 경쟁률이 얼마나 치열한지 금방 알 수 있다.

● 전국 지자체별 연간 음식점 개업 수와 폐업 수는 어느 정도일까?

식품의약품안전처가 공개한 2018년부터 2020년 조사 당시까지 지자체별 음식점 개폐업 동향 데이터를 보면, 우리나라 67만 3,000여 개 일반음식점 중에서 최근 3년간 신규 오픈한 음식점 수는 16만 9,987개이고, 3년간 폐업한 음식점 수는 15만 1,299개에 달하는 것으로 알려졌다. 2019년 한 해 동안 신규 오픈한 음식점 수는 6만 7,735개, 폐업한 음식점 수는 5만 9,536개로 집계됐다.

전국 지자체별 개폐업 동향은 어떤 수준일까? 2018년부터 2020년까지의 데이터 중에서 전국적으로 일반음식점 신규 개업이 가장 많은 지자체 1위는 경기도로 최근 3년간 3만 9,591개 음식점이 개업했고, 3만 2,965개 음식점이 폐업한 것으로 나타났다. 2위는 서울이며, 3년간 3만 2,783개의 음식점이 오픈했고, 3만 1,260개 음식점이 폐업했다. 3위부터는 지자체별로 약간의 차이가 있다. 신규 개업 음식점 수에서는 경상남도가 1만 917개로 3위, 부산광역시가 9,497개로 4위, 경상북도가 9,072개로 5위, 인천광역시가 8,510개로 6위다. 반면 폐업 음식점 수에서는 경상북도가 9,824개로 3위, 경상남도가 9,442개로 4위, 부산광역시가 8,363개로 5위, 인천광역시가 7,874개로 6위다.

● **지자체별 특성을 감안한 외식업 마케팅 전략이 필요하다**

위에 제시한 우리나라 음식점 통계 데이터는 매우 중요한 시사점을 내포하고 있다. 먼저 음식점 밀집도에 주목해야 한다고 본다. 그런 측면에서 한 개 음식점당 인구수 데이터는 매우 의미 있다. 101명으로 1위를 달성한 세종특별자치시 상권, 2위인 인천광역시, 3위인 경기도 지역 상권에서 영업 중인 음식점들은 상대적으로 한 개 음식점당 공략 가능한 지역 주민 수 볼륨이 높으므로 지역 밀착 마케팅에 집중해야 한다고 본다.

반면 한 개 음식점당 인구수가 가장 낮은 제주특별자치도를 비롯해 강원도, 경상북도, 충청북도, 전라남도, 충청남도, 경상남도에서 영업 중인 음식점은 지역 주민보다는 서울 등 수도권에 거주하는 외부 관광객을 공략하는 마케팅 프로그램이 전개되어야 한다. 쉽게 이야기하자면, 지역적 특수성을 감안하여 지역 주민층을 공략하는 마케팅이 나을지, 외부 여행객을 타깃으로 하는 마케팅이 나을지를 경영자 스스로 판단해야 한다는 점이다.

상권에 따라서는 지역 밀착형 손님과 외부 관광객을 적절하게 혼용할 수밖에 없는 상권도 있다. 하지만 이러한 거시적인 데이터를 통해서 먼저 내 가게를 홍보 마케팅하기 위한 기본 방향을 제대로 설정한 다음, 추가적인 성과 창출로 연계할 수 있는 마케팅 전략을 구사하는 것이 중요하다.

동시에 경영자는 개폐업 동향에 늘 관심을 가질 필요가 있다. 특히 코로나 시즌과 같은 외부적인 변수가 발생하면 개폐업 동향 파악에 더욱 민감해지게 된다. 내 주변에 어떤 음식점이 새로 생겨나고 어떤 음식점이 문을 닫는지, 그에 따른 경쟁 구도는 어떻게 바뀌고 있는지를 늘 감시해야 한다.

● 갈 곳 많은 고객들에게 손짓하는 우리 음식점만의 빅 뉴스(Big News)는 있는가?

이러한 정량적인 데이터 분석을 통해서 마케팅의 기본 방향을 설정했다면 다음으로는 구체적인 실행 전략 수립에 착수해야 한다. 실행 전략의 핵심은 기존의 고객은 그대로 유지하면서 신규 고객 늘리기에 집중하는 것이다. 이를 위해 신규 고객들이 관심을 가질 수 있을 만한 우리 가게만의 뉴스 만들기에 집중해야 한다.

우선 음식점 메뉴 자체가 가진 뉴스거리가 있는지 여부다. 여차하면 새로운 상호라도 내걸면서 신메뉴라는 뉴스를 부각시키는 전략이 필요하다. 동시에 시설 집기 하나에서도 뉴스거리를 찾아야 한다. 특히 요즘과 같은 비주얼 시대에 걸맞은 찍을거리 확충에 집중할 필요가 있는데, 일단 사람을 통한 뉴스가 첫 번째다. 사장과 직원을 중심으로 한 새로운 스타일링이 잘 반영되었는지 여부를 점검해야 한다. 찍을거리 연출도 그 중 하나다. 독특한 유니폼을 맞춰 입고 새로운 분위기를 연출해보는 것도 고려할 수 있다.

둘째, 숟가락, 젓가락, 물컵, 물주전자와 같은 테이블 위에 가장 먼저 올라오는 집기류와 그릇류의 뉴스 만들기 점검이다. 의탁자나 조명 등의 인테리어 뉴스와 간판, 파사드, 외부 치장 등의 시설 뉴스 수준은 어떤지도 재점검이 필요하다.

마지막은 SNS 마케팅 수준을 점검해야 한다. SNS 채널은 기본적으로 세 가지는 운영해야 한다. 네이버 블로그, 페이스북이나 인스타그램 그리고 유튜브 채널이다. 우리 음식점이 어떻게 노출되고 있는지, 또 어떻게 노출시킬 것인지에 대해 고민하고 그에 따라 SNS 마케팅 전략을 면밀히 점검해봐야 한다.

■ 지역별 일반음식점, 휴게음식점 통계 (2020년 기준)

지역	경기	서울	경남	경북	부산
일반음식점	141,524	122,192	49,063	46,415	42,543
휴게음식점	39,727	36,435	12,198	11,782	10,230
총음식점 수	181,251	158,627	61,261	58,197	52,773

지역	충남	인천	대구	강원
일반음식점	31,840	30,685	30,500	30,297
휴게음식점	6,948	8,393	8,468	5,960
총음식점 수	38,788	39,078	38,968	36,257

지역	전남	충북	전북	대전	광주
일반음식점	28,416	24,956	24,782	19,358	17,848
휴게음식점	5,405	5,295	6,618	4,619	4,345
총음식점 수	33,821	30,251	31,400	23,977	22,193

지역	울산	제주	세종	전체
일반음식점	15,259	14,086	3,442	673,206
휴게음식점	3,796	4,081	958	175,258
총음식점 수	19,055	18,167	4,400	848,464

출처: https://www.foodsafetykorea.go.kr 식품의약품안전처 현황판 (이하 동일)

■ 지역별 1개 음식점당 인구수 (2020년 기준)

지역	경기	서울	경남	경북	부산
지역 인구 수	13,351,891	9,715,429	3,347,637	2,644,001	3,402,776
음식점당 인구 수	94	80	68	57	80
휴게음식점 포함	74	61	55	45	64

지역	충남	인천	대구	강원
지역 인구 수	2,120,692	2,945,565	2,428,022	1,540,094
음식점당 인구 수	67	96	80	51
휴게음식점 포함	55	75	62	42

지역	전남	충북	전북	대전	광주
지역 인구 수	1,853,339	1,597,936	1,808,044	1,470,225	1,454,709
음식점당 인구 수	65	64	73	76	82
휴게음식점 포함	55	53	58	61	66

지역	울산	제주	세종	전체
지역 인구 수	1,141,362	671,913	346,217	51,839,852
음식점당 인구 수	75	48	101	77
휴게음식점 포함	60	37	79	61

■ 2018년~2020년 지역별 음식점 개 · 폐업 수 (2020년 기준)

지역	경기	서울	경남	부산	경북
신규 개업 수	39,591	32,783	10,917	9,497	9,072
폐업 음식점 수	32,965	31,260	9,442	8,363	9,824

지역	인천	충남	대구	강원
신규 개업 수	8,510	7,736	7,456	7,102
폐업 음식점 수	7,874	7,077	6,529	6,425

지역	전남	충북	전북	대전	광주
신규 개업 수	6,840	6,198	5,244	4,719	4,560
폐업 음식점 수	6,213	5,187	4,300	4,824	3,849

지역	울산	제주	세종	전체
신규 개업 수	4,088	4,009	1,665	169,987
폐업 음식점 수	3,439	2,426	1,302	151,299

한국 프랜차이즈의 위기 극복할
대안 찾기 토론회 열자

우리나라에서 일원화 물류 시스템, 로열티를 기반으로 한 프랜차이즈가 본격 시작된 시점은 1979년 서울 소공동 롯데백화점에 롯데리아 1호점이 오픈하면서 부터라고 할 수 있다. 그 외에도 1977년 명동 신세계백화점에 문을 연 림스치킨, 1979년 서울 동숭동 샘터 빌딩에 문을 연 커피 전문점 난다랑 등을 한국 프랜차이즈 산업의 태동으로 꼽을 수 있다.

1990년대에 들어서면서 주식회사 놀부의 대표 브랜드 '놀부보쌈'이 한식 프랜차이즈 시대의 문을 열었다. 그랬던 주식회사 놀부는 현재 세계적인 투자금융사인 모건스탠리가 주인장으로 바뀐 지 오래다. 비단 이 회사뿐만이 아니다. 요즘 막대한 자본을 투자해서 공격적인 출점을 하고 있는 브랜드들의 면면을 살펴보면 외국계 사모펀드가 주도하고 있는 브랜드가 한두 개가 아니다. 바야흐로 한국 외식업 시장은 외국계 투기성 자금의 먹잇감으로 전락한 느낌이 들 정도다.

● 프랜차이즈를 제대로 이해하려면 역사부터 되짚어보자

프랜차이즈가 한국 시장에서 두각을 나타내던 1990년대 초반, 당시 외식 아이템 중에서는 놀부보쌈과 같은 한식 프랜차이즈나 '크라운베이커리', '고려당', '신라명과'와 같은 빵집 브랜드, '베스킨라빈스'와 같은 아이스크림 브랜드가 각광을 받았다. 입자 아이템 중에서는 단연 의류 브랜드가 대세였다. '헌트', '브랜따노'와 같은 수많은 중저가 캐주얼의류 브랜드, 주병진 씨가 운영했던 '보디가드', '제임스딘', 여성 창업자들의 경우 아기를 키워본 경험으로 도전했던 '아가방', '베비라', '꼼바이꼼'과 같은 브랜드 매장이 당시 초보 창업자들에겐 손쉽게 창업 시장을 노크할 수 있는 괜찮은 브랜드에 속했다. 'LG25', '훼미리마트'와 같은 편의점 브랜드가 선을 보인 것도 이 무렵부터다.

세월이 흘러 1997년 말 외환위기 그리고 2000년 밀레니엄 시대를 거치면서 수많은 중소형 프랜차이즈가 생겨나기 시작했다. 각종 치킨 브랜드, 테이크아웃으로 대변되는 커피 브랜드가 연달아 생겨나기 시작했다. 2002년 한일월드컵 특수를 지나 2008년 리먼 브라더스 사태로 인한 금융위기를 겪으면서 한국 프랜차이즈 시장은 또한 번의 격동기를 맞았다. 이제 2010년이 지나고 다시 10년이 지나 2020년대의 터널을 지나고 있다.

● 창업자들에게 있어 프랜차이즈는 과연 어떤 존재일까?

1990년대 놀부보쌈과 같은 한식 프랜차이즈의 출현은 재래식 한식당의 몰락을 가져온 측면도 있다. 당시 쇠퇴 업종을 조사해보면 늘

옛날식 한식당을 꿈는 의견이 많았다. 요즘은 어떨까? 놀랍게도 프랜차이즈 가맹점 폐점 점포가 일반 독립점 폐점 점포보다 훨씬 많은 비중을 차지한다. 이와 관련해 언론에서는 "프랜차이즈발 자영업 위기"를 논하는 뉴스를 쏟아내고 있다.

2020년 9월 공정거래위원회가 입법예고한 가맹사업거래의 공정화에 관한 법률(약칭 가맹사업법) 개정안이 이러한 변화를 반영하고 있다. 한마디로 프랜차이즈 사업의 진입 장벽을 높이겠다는 취지다. 즉 프랜차이즈 가맹점 투자자를 모집하기 위해서는 본사가 한 개 이상의 직영점을 1년 이상 운영한 다음 가맹점 모집에 나서야 한다. 그 영향으로 새로운 법령이 시행되기 전에 사업을 등록하려는 브랜드가 급증하고 있음도 미루어 짐작할 수 있다.

평균적인 프랜차이즈 가맹점의 창업 비용은 1억 269만 원이라고 한다. 필자는 다양한 채널을 통해서 프랜차이즈 시장의 과열 현상 및 부작용 문제를 지적한 바 있다. 사실 국내 프랜차이즈 산업의 부작용 문제는 어제오늘의 일은 아니다. 이미 수년 전부터 예고된 일이었다. 기획형 부동산 업체와 기획형 프랜차이즈 업체의 난립은 프랜차이즈 가맹점의 급속한 공급과잉을 부채질했다. 2~3년도 안된 신생 브랜드가 가맹점 1,000개를 오픈하는 것을 미덕으로 생각하는 시장이 과연 정상적인 시장일까? 지금도 프랜차이즈 박람회에 가보면 단기간 내 400호점 달성, 500호점 달성을 자랑인양 플래카드를 내걸고 영업을 하고 있다. 단기간에 수백 개 매장이 오픈하면 본사의 초기 수익구조는 좋아질 수 있다. 하지만 가맹점주들의 가게 수명은 그만큼 짧아진다. 무엇보다도 소비자 입장에서 본다면 '원 오브 뎀(One of them)'일 뿐인 브랜드에 대한 구매가치는 계속해서 하락할 수밖에 없다.

그럼에도 불구하고 너도나도 급속히 늘어나는 프랜차이즈 브랜드에 고개 숙여가면서 가맹점 계약서에 도장을 찍었던 이유는 과연 무엇일까? 여러 가지 시각이 있다. 먼저 초보 창업자의 시각과 건물주의 시각, 분양 대행사의 시각이다. 각자 조금씩 차이가 있다. 퇴직 후 뭔가 벌이는 해야 하는데, 박람회장에 가보니 노하우가 없어도 운영할 수 있다는 말에 혹해서 가맹점 계약을 하는 경우도 많다. 정말 안타까운 일이다. 창업자 입장에서는 잘 모르니까 프랜차이즈 가맹을 하면 본사가 알아서 영업을 해줄 것이라고 믿는 사람들이다. 프랜차이즈 본사가 무슨 자선사업단체 정도로 착각하는 창업자들과 그들을 대상으로 영업에 열을 올리는 본사들의 니즈가 잘 맞아떨어진 결과라고 볼 수 있다. 그래서 단기간에 800개 가맹점, 1,000개 가맹점을 오픈하고, 그 후 2~3년도 안 돼서 브랜드 수명이 곤두박질치는 모습도 자주 포착되었다.

시장 전문가 입장에서 본다면 한국 프랜차이즈의 위기는 부동산 시장 거품과 연동되어 있다. 전국의 수많은 혁신도시, 택지 개발지구가 개발되면 부동산 시행사, 시공사, 분양 대행사 입장에서는 하루빨리 상권 활성화를 이루어야 한다는 명제가 기다리고 있다. 그 최전선에서는 온갖 프랜차이즈 브랜드가 상권 활성화의 첨병 역할을 하고 있다. 상가 투자자들은 또 그 번듯한 브랜드를 보고 투자도 결정하고, 창업도 결정하게 된다. 한국 프랜차이즈 시장에서는 이와 같은 사례가 허다하게 벌어지고 있다. 제도적 보완이 필요한 부분이다.

● 한국 프랜차이즈의 위기, 그 해법을 찾아야 한다

프랜차이즈의 급속한 공급과잉을 부채질한 것은 놀부보쌈과 같은 한국을 대표했던 한식 브랜드가 외국계 투자금융사의 투자 대상으로 바뀐 점도 한몫했다. 한국 자영업 시장변화의 시발점이었다. 요즘 외국계 투자금융사들은 여차하면 한국의 외식 프랜차이즈 업체들을 사들이고 있다. 유명한 순대국밥집, 유명한 치킨집 브랜드도 모두 사모펀드의 먹잇감이 되고 있는 현실이다.

이들은 왜 외식 프랜차이즈 업체를 M&A 대상으로 타켓팅하고 있을까? 사모펀드와 같은 투자금융사들의 니즈는 무엇일까? 한국 외식업 발전을 위한 정성과 노력의 일환으로 해당 브랜드들을 인수하는 것일까? 그럴 리 만무하다. 철저하게 투자의 대상으로만 보고 있다는 이야기다. 1,000억 원에 특정 브랜드를 사들였으면 1,500억 원 정도는 받고 빠지고 싶은 마음이 굴뚝 같을 것이다. 상황이 이렇다 보니, 요즘 창업 시장에서는 브랜드를 사고파는 일에 관여하는 업체들도 늘어나는 실정이다.

아직도 일각에서는 프랜차이즈 시장의 활성화를 부르짖는 목소리가 있다. 미국과 일본에 비해서는 아직도 시장이 크지 않다는 주장이다. 하지만 미국은 3억 명의 내수시장을, 일본은 우리보다 두 배가 큰 1억 2,700만 명의 내수시장을 보유하고 있지 않은가? 우리는 고작 해봐야 5,000만 명의 내수시장이 전부다. 이런 이유로 필자는 우리나라도 이제는 가맹점 수가 적더라도 오랫동안 살아남는 장수 프랜차이즈가 우대받는 시대로 전환할 때라고 늘 주장해 왔다.

● 자영업 생태계 되살릴 끝장토론 필요하다

개인적으로는 한국 프랜차이즈 시장의 대혁신, 과감한 피보팅 전략이 필요한 시점이라고 판단한다. 프랜차이즈의 양적 팽창이 창업 시장의 건전화와 질적 수준을 담보하진 않는다.

한국 프랜차이즈는 황금알을 낳는 거위가 아니다. 무엇보다도 단기간에 가맹점 늘리기에만 혈안인 브랜드들에 대한 창업자들의 신중한 접근이 요구된다. 이들 브랜드들을 제제하는 제도적 장치도 있어야 한다. 수십 년간 한 개 매장을 꿋꿋하게 운영하고 있는 독립 점포 창업자들에 대한 우대 정책 역시 필요하다고 본다. 10년 된 가게, 20년 된 가게, 하물며 30년 된 작은 가게는 더 말할 것도 없다. 이제는 이러한 오래된 가게에 주목해야 할 때다. 그들의 가치와 철학을 공유해야 한다.

근본적인 문제점에 대한 공론화도 필요하다. 부동산 문제와 연동된 창업 시장의 문제, 단기간의 교육에 치중하는 정부 주도의 창업 교육 시장의 문제점, 창업 관련 콘텐츠 시장의 문제점, 창업 컨설팅 시장의 문제점, 무엇보다도 창업자들의 올바른 위상 찾기에 대한 대안 모색 등 창업 관련한 속내들을 하나씩 오픈해서 다 같이 해결점을 모색하는 끝장토론이라도 해야 할 판이다. 성찰 없는 보여주기식 정책 만들기는 또 다른 창업 실패자를 양산할 수 있기 때문이다.

혼술집, 혼밥집 창업으로 행복하려면?

요즘 상권에서는 1인 고객을 타깃으로 하는 아이템들이 줄줄이 쏟아지고 있다. 나 홀로 테마가 창업 시장에서 본격적으로 부상하기 시작한 것은 2012년 말 무렵이다. 당시 서울대 소비트렌드 분석센터에서 발표한 《트렌드 코리아 2013》에서 처음 '나 홀로 고객'이 언급되기 시작했다. 통계 데이터를 보면 당시 우리나라 총 1인 세대 수는 480만 세대였다. 이때부터 1인 음식점을 비롯한 1인 미용실, 1인 피부관리숍 등의 출현을 예고했다. 급기야 《트렌드 코리아 2017》에서는 '1코노미'라는 파격적인 트렌드 키워드를 발표했다. 나 홀로 고객이 새로운 시대의 파워 컨슈머(Power consumer)로 자리매김한다는 이야기다. 나 홀로 소비에 집중하는 개인주의 시대가 팽배하고 있음을 알려주는 트렌드로도 읽혔다.

현재 우리나라의 1인 세대수는 무려 520만 세대에 육박하고 있다. 이에 발맞춰 요즘 국내 외식 창업 시장에서는 혼밥집, 혼술집이라는 키워드가 급부상 중이다. 프랜차이즈 시장에서도 혼술, 혼밥을 내세우는 신규 외식 브랜드가 생겨나고 있다. 이런 브랜드가 많이 생겨나는 데는 이유가 있다. 하지만 그 속내를 찬찬히 들여다볼 필요는 있다.

● 1인 고객을 공략하는 사업형태 3가지

그렇다면 국내 외식업 시장에서는 혼밥, 혼술 트렌드가 어떻게 사업화되고 있을까? 그 형태는 크게 3가지로 정리할 수 있다.

첫째는 기존 음식점에서 1인 고객들을 위한 테이블이나 시설을 갖추는 방향이다. 일본의 '요시노야', '마츠야', '스키야' 같은 덮밥집에서 볼 수 있는 나 홀로 칸막이 좌석도 출현하고 있다.

기존의 4인 테이블이 전부인 식당에서는 2인 테이블, 1인 테이블을 배치하느라 분주하게 움직이는 곳이 많다. 셰프와 마주보고 앉는 바(Bar) 카운터, 이른바 '다치노미' 형태의 좌석을 신규로 설치하

▲ 혼밥집으로 유명한 일본의 덮밥 체인점 마츠야

는 음식점들도 나타나고 있다. 바 카운터를 주방 입구에 설치하거나 재정비하는 경우도 있다.

1인 고객을 타깃으로 하는 바 카운터 공간을 신규 제작하거나 리뉴얼할 때 주의할 점도 있다. 충분한 테이블 폭과 편안한 입식 의자를 배치해야 한다는 사실이다. 고급 일식집의 바 카운터는 가장 특별한 고객이 차지하는 경우가 대부분이다. 마찬가지로 1인 고객을 타깃으로 하는 바 카운터를 제작한다면 편안한 의자와 충분한 테이블 폭을 확보함으로써 편의성을 높여야 한다. 자칫 불편한 1인 의자로 인해서 외면받을 수도 있기 때문이다.

어느 정도 공간 확보가 가능하다면 바 카운터 뒤쪽으로는 낮은 높이의 파티션이라도 설치하는 것이 좋다. 아늑한 분위기를 연출해 나 홀로 고객의 만족도를 높이는 효과로 이어질 수 있기 때문이다.

● 메뉴판 수정을 통한 1인 고객 불러 모으기

둘째는 1인 고객을 위한 메뉴판 수정이다. 요즘 상권에 나가보면 '2인분 이상 가능'이라는 메뉴가 많았던 집들도 빠르게 '1인분 주문 가능'이라고 고쳐 쓰는 음식점들이 늘고 있다. '놀부 부대찌개' 같은 프랜차이즈 음식점에서도 '1인 부대찌개' 메뉴가 출현한 것은 매우 시사하는 바가 크다. 즉, 기존의 2인분 이상 주문 메뉴에서 나 홀로 고객들도 주문해서 마음 편하게 먹을 수 있는 1인분 메뉴 구성으로 바뀌고 있는 것이다.

언젠가 광양불고기집에 혼자 방문했다가, 2인분 이상 주문해야 한다고 해서 씁쓸한 표정으로 돌아섰던 기억이 있다. 영광굴비 한정식집에서도 1인분 메뉴는 팔지 않는다고 했다. 이제 그런 풍경은 사라질 공산이 크다. 어떤 메뉴라도 1인 메뉴를 서비스해야 하는 분위기는 거부할 수 없는 물결과도 같다. 520만 1인 세대주들이 만들어내는 나 홀로 구매 파워는 날로 증가하고 있다.

물론 경영자 입장에서는 1인 고객 메뉴를 서비스하기에 여러모로 불편한 점도 많다. 그럼에도 1인 메뉴를 판매하기 위한 슬림한 1인 상차림의 격식을 갖추는 것은 불황을 극복하는 데 있어 중요한 화두로 작용할 수 있다.

● '1인 음식점' 간판을 내걸어야 할까?

셋째는 '1인 전문 음식점'의 출현이다. 최근 1인 보쌈 전문점을 테마로 한 프랜차이즈 브랜드가 출현한 것이 대표적인 케이스다. 하지만 이 부분에 대해서 필자의 의견은 신중할 수밖에 없다. 1인 고객, 나 홀로 고객들의 식생활과 라이프 스타일 관점에서 판단해야 할 문제이기 때문이다.

1인 고객들이 영화를 보고(혼영족) 나 홀로 여행을 떠나는 것(혼행족)과 나 홀로 음식점에 가는 것(혼밥족)은 차이가 있다. 전면 간판에 '1인 음식점'이라고 대문짝만 하게 써 붙인다고 해서 1인 고객들이 줄을 서는 것은 아니라는 점이다. 1인 고객 입장에서 본다면 혼자 1인 식당에서 밥 먹는 것을 대외적으로 널리 자랑할 필요는 없다. 나 홀로 바쁘게 일상생활을 하다 보니까 어쩔 수 없이 혼자 밥 한 끼, 혼자 술 한 잔 먹게 되는 경우인데 그 시점에서 '1인 음식점'이라고 크게 써 붙인 음식점을 군이 좋아서 방문할 리는 없다. 혼자

생활하는 그 자체를 대외적으로 소문내고 싶을 정도의 라이프 스타일을 향유하고 있진 않기 때문이다. 그저 자신들의 익명성을 보장받으면서 조용히 나 홀로 라이프를 영위하고 있을 뿐이라는 점에 주목해야 한다.

● 1인 고객들을 위한 작은 배려에 신경 써야 한다

1인 고객 수요 증가는 요즘 같은 어려운 시대에 중요한 불황 극복의 도구가 될 수 있다. 기존 외식 창업자라면 1인 고객들을 위한 세밀한 배려에 신경을 써야 한다. 예를 들어, 그들이 밥을 먹거나 술을 먹을 때 스마트폰이 유일한 친구 역할을 한다는 점에 주목한다면 테이블 곳곳에 충전기나 콘센트를 배치하는 것을 고려해볼 수 있다.

2인 이상의 일반인 고객과 1인 고객들이 자유롭게 어우러질 수 있는 '1인 고객존'을 적절히 배치하는 것도 의미가 있다. 나 홀로 고객이 4인 테이블에 앉아서 눈치 보면서 먹어야 하는 상황을 커버해 주는 세심한 배려가 될 수 있기 때문이다.

나 홀로 고객의 만족도를 높이기 위해서는 홀 서비스 관리에 있어서도 세심함이 필요하다. 애프터(After) 서비스 보다는 비포 (Before) 서비스를 일상화해야 하는 것은 기본이다. 나 홀로 고객들과의 따뜻한 미소 나누기, 말벗 서비스 등은 1인 고객들의 만족도를 배가시켜줌은 물론 자발적인 SNS 마케팅으로 이어질 수도 있다. 말로만 1인 음식점이 아닌 그들을 위한 디테일과 서비스 향상에 집중했을 때 비로소 불황 극복을 위한 매출 상승의 길도 열릴 것이다.

브이노믹스 시대,
국내 프랜차이즈 시장 궁금증 열한 가지

국내 창업 시장의 한 축은 프랜차이즈 시장이 담당하고 있다. 코로나 시대를 겪으면서 프랜차이즈 창업 시장은 어떻게 변모하고 있을까? 프랜차이즈 창업 시장은 창업자들에겐 창업 시장의 현주소를 가장 잘 보여주는 분야이자 시장의 변화에 가장 민감하게 반응하는 곳이기도 하다. 브이노믹스 시대 프랜차이즈 창업 시장의 현주소를 Q&A로 정리했다.

Q1 | 우리나라 프랜차이즈 시장의 연도별 브랜드 수 추이는?

A1 | 2012년까지만 해도 우리나라 프랜차이즈 총 브랜드 수는 3,311개에 불과했다. 본사는 2,678개였다. 이후 7년이 지난 2019년 말 기준으로 프랜차이즈 본사는 5,175개, 브랜드 수는 6,353개에 달할 정도로 급팽창했다. 직영점을 포함한 가맹점 수 또한 2012년

구분	2012년	2013년	2014년	2015년	2016년
가맹본부 수	2,678	2,973	3,482	3,910	4,268
브랜드 수	3,311	3,691	4,288	4,844	5,273
가맹점 수	176,788	190,730	194,199	208,104	218,997
직영점 수	11,326	12,619	12,869	15,459	16,854

구분	2017년	2018년	2019년	
			현황	증감(%)
가맹본부 수	4,631	4,882	5,175	6.0
브랜드 수	5,741	6,052	6,353	4.9
가맹점 수	230,955	243,454	254,040	4.3
직영점 수	17,135	17,315	16,114	−6.9

출처: 공정거래위원회 가맹사업거래 홈페이지 (이하 동일)

18만 8,000개에서 2019년 27만 개 매장으로 늘어났다.

Q2 | 창업자 입장에서는 브랜드와 가맹 본사를 평가할 수 있는 기준이 여러 가지일 것 같다. 연간 새로 생기는 브랜드와 없어지는 브랜드는 어느 정도일까?

A2 | 2019년 말 기준, 외식 브랜드는 1년간 새로 생기는 브랜드가 1,112개, 없어지는 브랜드는 961개에 달한다. 판매업 브랜드는 62개가 생기고, 70개가 없어진 반면, 서비스업 브랜드는 259개가 새로 생기고, 188개가 없어졌다.

Q3 | 프랜차이즈 본사의 수익 구조는 어떻게 될까?

A3 | 프랜차이즈 본사의 수익 구조는 크게 보면 개설 마진과 유

업종	브랜드 증가 수 (증가율)	브랜드 신규 등록 수 (신규등록률)	브랜드 소멸 수 (소멸률)	브랜드 평균 영업 기간
평균	71.3 (2.1%)	477.7 (18.1%)	406.3 (16.3%)	8년 6개월
외식	151 (3.19%)	1,112 (19.53%)	961 (16.88%)	6년 9개월
도소매	−8 (−2.62%)	62 (16.53%)	70 (18.67%)	10년 2개월
서비스	71 (5.77%)	259 (18.27%)	188 (13.26%)	8년 8개월

통 마진으로 나눌 수 있다. 개설 마진으로는 가맹금, 인테리어 마진 등을 들 수 있고, 유통 마진으로는 원재료 납품으로 발생하는 수익금을 들 수 있다. 대부분의 프랜차이즈 본사에서 가맹점의 양적 확대에 혈안일 수밖에 없는 이유다.

Q4 | 창업자 입장에서 좋은 프랜차이즈 브랜드 선정법이 있다면?

A4 | '공정거래위원회 가맹사업거래' 홈페이지에 들어가면 주요 브랜드의 경영 데이터를 확인할 수 있다. 특히 가맹점의 영업 기간, 가맹점의 연간 평균 매출액, 폐점률 등을 유심히 살필 필요가 있다. 프랜차이즈 본사 사장의 이력에 대해서도 알아볼 필요가 있다. 가장 좋은 브랜드 선정법은 주요 가맹점 사장님을 직접 인터뷰해보면서 현장 분위기를 감지하는 것이다.

Q5 | 프랜차이즈 브랜드 가운데는 장수 브랜드도 있고 신생 브랜드도 있다. 영업 기간에 따라 조사 방법에 차이가 있다면?

A5 | '공정거래위원회 가맹사업거래' 홈페이지를 보면 주요 업종

별, 업태별 특정 브랜드의 가맹사업 기간을 확인할 수 있다. 길게는 30년 넘는 브랜드도 있고, 10년, 20년 된 브랜드도 있다. 창업자 입장에서는 오래된 브랜드의 경우 최근 1~2년 사이의 영업 성과 지표를 위주로 살펴볼 필요가 있다. 반면 신생 브랜드(1년 미만)의 경우 정보공개서 데이터가 없는 경우가 대부분이다. 직접 상권 현장에 나가 영업 성과를 측정해보고 점주 인터뷰, 소비자 조사도 해본 후에 가맹 여부를 결정해야 한다.

Q6 │ 외식업의 경우 주요 업태별 브랜드 가맹 본부의 평균 영업 기간은 어느 정도라고 봐야 할까?

A6 │ 외식업 전체 가맹점의 평균 영업 기간은 6년 6개월이다. 도소매업 11년 3개월, 서비스업 7년 9개월에 비해 외식업의 가맹본부 영업 기간은 매우 짧은 편이다. 외식업 브랜드 중 가장 영업 기간이 긴 브랜드 분야는 아이스크림으로 8년 6개월이고, 패스트푸드가 8년 4개월, 치킨 8년 2개월, 제과제빵 7년 9개월, 피자 7년 3개월이다. 가장 짧은 외식 브랜드 분야는 서양식 5년 4개월, 커피음료 5년 5개월, 일식 5년 7개월 순이다.

Q7 │ 코로나 시대, 언택트 소비자를 타깃으로 하는 프랜차이즈 브랜드의 움직임은 무엇이 있을까?

A7 │ 최근 코로나 시대 프랜차이즈 창업 시장의 가장 큰 특징이라면 배달 전문 브랜드가 급격히 늘고 있다는 점을 들 수 있다. 전통적인 배달 업종인 치킨, 피자, 족발, 분식, 중화요리와 같은 아이템 외에도 한식, 중식, 일식, 양식에 이르기까지 모든 분야에서 비대면

소비자를 대상으로 하는 배달 관련 브랜드가 늘고 있는 상황이다. 최근엔 매장 1개에 2~5개 메뉴군을 동시에 운영하는 브랜드들도 생겨나는 추세다,

Q8 | 외국계 사모펀드 브랜드가 요즘 단기간에 수백 개 가맹점을 확장하는 사례가 많은 지금, 사모펀드 브랜드를 선택하는 창업자 입장에서 주의할 점이 있다면?

A8 | 외국계 사모펀드 자본을 창업 시장 관점에서 본다면 한국 창업 시장을 볼모로 한 투기자본의 성격으로 분류할 수 있다. 쉽게 이야기하면 돈 되는 곳에 투자하고, 여차하면 빠지는 전략을 앞세우는 브랜드가 많다. 단기간에 가맹점을 확장하고, 지속 경영을 꾀하기보다는 재빠르게 제2의 브랜드를 론칭하면서 가맹점 확장에 열을 올리는 분위기다. 이들 브랜드의 경우 단기간 내 다점포 전략을 내세우기 때문에 순간적으로 이슈는 되지만, 사실은 단기간에 브랜드 수명이 곤두박질치는 경우가 많다. 이른바 상투 잡고 들어가서 피해만 보는 사례도 늘고 있다.

Q9 | 프랜차이즈 본사와 가맹점 간의 주요 분쟁 유형은?

A9 | 가맹점 인테리어 분쟁 사례 등 불공정 거래 행위로 인한 분쟁 사례가 2019년 한 해만 해도 154건으로 가장 많다. 두 번째로는 허위, 과장 정보 제공 금지 의무 위반 126건, 정보공개서 사전제공 의무 위반 120건, 부당한 계약 해지 또는 계약 종료 관련 내용 61건, 영업지역 침해 24건 등이다. 분쟁 조정 절차는 당사자의 신청에 의한다. 공정거래위원회에 분쟁 조정 신청을 서면으로 제출하면, 10

일 이내에 한국공정거래조정원에서 사실 확인 조사 후 조정 작업을 진행한다.

Q10 | 가맹거래사 제도를 활용하는 방법은?

A10 | 가맹거래사 제도는 2008년 8월 가맹사업법이 발효되면서 생겼다. 현재는 18년째 가맹거래사 제도가 시행 중이며, 매년 100명 남짓의 가맹거래사가 배출되고 있다. 가맹거래사란 엄밀히 말하면 가맹 본사와 가맹점 간의 원활한 가맹 거래를 지원해주는 전문 자격증 소지자이다. 하지만 현실적으로는 가맹거래사 없이 가맹 거래가 이루어지고 있으며, 가맹거래사는 본사의 정보공개서 등록을 대행하는 업무를 주력으로 하고 있다. 일부 가맹거래사들은 창업 컨설팅 업무나 인테리어 업무로까지 업무 영역을 확대하면서 영업하는 사례들도 생겨나고 있다.

Q11 | 코로나 시대 국내 프랜차이즈 시장을 전망한다면?

A11 | 코로나 여파로 인해 경기가 어려워지면서 가맹점 출점 비율이 높지 않은 브랜드가 많다. 따라서 가맹점 확장에만 열을 올리는 브랜드는 점차 줄어들 전망이다. 가장 우려스러운 것은 프랜차이즈 가맹점에 대한 고객 신뢰도가 하락하는 부분이다. 특히 외식업 브랜드의 경우 프랜차이즈 가맹점이 맛집으로 등록된 경우는 거의 없다. 창업자들이 주목해야 할 대목이라고 본다. 코로나 시대에 적합한 1억 원 미만으로 창업할 수 있는 중소형 브랜드가 당분간 강세를 띨 전망이다. 또한 다점포에 목매는 브랜드보다는 장수 브랜드를 우대하는 풍토로 시장이 바뀔 가능성도 크다.

NEW NORMAL
SMALL BUSINESS

COVI

코로나 시대 피보팅 전략①
잘 실패하는 창업이 답이다

코로나 시대를 극복하는 키, 전환창업!
바이러스 대유행병의 시대는 자영업 구조조정을 가속한다.

변화하지 않으면 살아남을 수 없는 시대.
현장에 와 닿지 않는 이론이 아닌,
자영업 시장에서 숨 쉬고 있는 소상공인, 점주의 입장에서
바라본 코로나 시대의 현실적인 창업 시장 접근 방안.

잘 망하는 창업자가
성공한다

'승패병가지상사(勝敗兵家之常事)'라는 말이 있다. 중국 고전《당서(唐書)》,〈배도전(裵度傳)〉에 나오는 말이다. 전쟁에서 이기거나 지는 일은 흔히 일어날 수 있는 일이라는 이야기다. 이기는 것보다는 지는 것에 방점이 있다. 요즘 시대 우리나라 창업 시장 현실을 그대로 보여주는 고사성어라는 생각이 든다. 코로나 여파로 인해 문닫는 가게가 늘었다. 실패하는 창업자가 급증하고 있다는 이야기다. 실패의 고배를 경험하고 있는 분들에게 이 고사성어는 작은 위로가 될 수 있다. 흔히 있는 실패이기에 그 실패를 딛고 새로운 성공을 향한 발걸음을 떼야 한다는 의미로 읽히기 때문이다.

● 실패 경험 없는 성공 창업자는 없다

필자는 1990년대부터 대한민국 창업 시장에서 괄목할만한 성과를 내고 있는 성공 창업자들을 상권 현장에서 직접 만나 왔다. 성공 창업자라고 하면, 본인이 성공했다고 크게 소리치고 다니는 사람이 아닌 타인이 성공했다고 칭하는 사람들이다. 이들을 진정한 성공 창업자라고 생각한다. 성공한 창업자들을 만날 때면 두 가지 관점에서 그들을 살펴보곤 한다.

첫 번째는 "그들이 거둔 경제적 성과 외에 그들의 창업 인생 또한 행복한가?"라는 관점이다. 돈은 벌었지만, 인생이 행복하지 않은 분들도 많기 때문이다. 돈은 벌었지만, 병들어서 장렬하게 생을 마감하는 창업자들도 존재한다. 창업은 성공했지만, 인생은 성공하지 못한 분들일 것이다.

두 번째 필자가 중요하게 살피는 관점은 창업 성공의 뒤안길이다. 성공 창업자의 과거에 대해 관심을 가져보는 것이다. 성공 창업자의 지나온 창업 여정을 따라가다 보면 반드시 실패 스토리가 존재한다. 창업 실패나 사업상 시행착오 경험 없이 성공 고지에 오른 창업자는 거의 없다고 해도 과언이 아니다.

성공한 사람들의 인터뷰에서 가장 많이 듣는 이야기가 있다. "예전에 힘들었다"는 말이다. 그들이 하나같이 힘들었던 시절의 이야기를 하는 이유는 뭘까? 실패한 경험이 오늘의 성공을 이끈 중요한 밑바탕이었음을 토로하는 것이다. 창업 시장에서의 성공과 실패는 늘 하나의 마당에 존재하고 있음을 알게 해주는 대목이다. 지나온 사업 경험이 쌓이면서, 일정 정도 시행착오를 감내해야 오늘의 성공을 이룰 수 있다는 의미로 해석된다. 창업 성공을 위해서는 반드시 다양한 실패의 과정이 있어야만 한다는 작은 결론을 얻을 수 있다.

● 청년 시절의 실패는 돈 주고도 경험해야 한다

그렇다면 잘 실패하는 방법은 무엇일까? 먼저 연령대별로 본다면 20세에서 39세까지의 청년기 시절에 반드시 창업 실패를 경험해보라고 말하고 싶다. 청년기의 실패 경험만큼 좋은 창업 교과서는 없다고 보기 때문이다. 무엇보다도 청년기의 실패를 권장한다고 말하는 이유는 따로 있다. 실패를 경험하게 되면 창업 시장을 바라보는 자세가 매우 겸손하게 변한다. 창업 인생의 중요한 가치, 즉 창업이라는 게 생각대로 잘 진행되는 일도 있지만, 마음먹은 대로 풀리지 않는 경우가 더 많다는 사실도 금방 깨닫게 되는 계기가 된다.

또 하나 청년기의 실패가 중요한 이유는 실패했다고 하더라도 그 실패를 만회하기 위해 요구되는 시간이 길지 않기 때문이다. 애초에 가진 것이 많지 않기 때문에 오뚜기처럼 금세 털고 일어설 수 있다. 반대로 50세 넘어서 쓰라린 실패를 경험하는 분들은 어떨까? 실제로 중장년 창업자들이 겪는 실패는 자칫 황혼이혼으로 이어질 수 있는 위험성도 있다. 무엇보다도 이 시기에 큰 사업 실패를 경험하게 되면 그로 인해서 발생할 수 있는 압박감은 청년에 시절 느끼는 무게감보다 최소한 두 배 이상 크다고 볼 수 있다. 실패를 만회하려는 의지는 강하지만, 실패를 딛고 다시 재기하는 데 필요한 시간과 노력도 청년 시절보다 훨씬 많이 든다. 지금까지 쌓아온 재산과 사회적 지위가 위협받기 때문이다. 창업 실패는 청년 시절에 경험하는 게 낫다고 강하게 주장하는 이유다. 창업을 공부하는 입장에서 본다면 잘 창업하는 방법도 중요하지만 잘 망하는 방법을 미리 공부하는 것도 중요하다.

● 초기 창업 자금의 50%만 날리는 '잘 망하는' 창업법?

자금 운용 측면에서 '잘 망하는 창업법?'은 무엇일까? 우리나라는 연간 100만 명의 신규 창업자가 발생하고, 연간 80만 명 이상의 창업 실패자가 나타난다. 코로나 시즌엔 연간 100만 명 이상의 창업 실패자가 속출하고 있다.

신규 창업자들의 평균 창업 자금은 약 7,500만 원에서 1억원 정도이다. 이 중 25% 정도는 금융기관의 대출을 통해 충당하는 경우가 많다. 여기서 주목해야 할 잘 망하는 비법은 최소한의 종잣돈 (Seed money)을 보존하는 폐업법이다. 쉽게 이야기하자면 실패한다고 하더라도 초기 창업 자금의 최소 50% 이상은 보존하는 창업법이라고 할 수 있다.

처음부터 무리한 사업 운용으로 초기 창업 자금의 80~90% 이상을 날리는 우를 범하지 말아야 한다는 이야기다. 자금을 잃게 되면 재기하는 것조차 불가능해지는 현실에 직면할 수 있다. 하지만 초기 창업 자금의 50% 정도만 확보할 수 있다면 실패하더라도 다시 그 자금을 종잣돈 삼아서 한 번 더 도전할 수 있는 기회가 주어진다.

점포 층별 창업 시장에서 1층 10평 창업이 2층 30평 창업보다 안전한 창업법이라고 지적하는 이유가 여기에 있다. 1층 10평의 경우 점포 보증금과 권리금, 시설 투자 금액을 합하면 총 투자 금액의 50~60%는 고정 투자 금액으로 들어간다. 실패한다고 하더라도 10평 인테리어 비용 정도만 날리고, 보증금과 권리금은 그대로 보존할 수도 있다.

반면 2층 30평의 경우 보증금, 권리금은 저렴하지만 30평 인테리어 비용으로 전체 창업 자금의 80% 이상이 투자되는 경우가 많다. 실패하게 되면 총 투자 금액의 80% 이상을 날리게 되는 셈이다. 초보 창업자 입장에서 본다면 창업 자금이 동일할 경우, 1층 10평 창업이 2층 30평 창업보다 안전한 창업법이라고 강조하는 이유다.

● **현재 점포를 운영 중인 창업자들이 알아야 할 잘 폐업하는 법**
코로나 사태 등 여러 내외부적 요인에 의해 기존 창업자들에게 다가온 실패는 당장 눈앞의 현실이다. 먼저 실패 징후부터 빨리 포착하려는 노력이 중요하다. 창업 실패의 첫 징후는 매월 손익계산서를 체크하면서 발견하게 된다. 매출액 대비 이익보다 비용이 많아지는 현상, 하물며 장사를 해서 남는 게 아니라 적자가 3개월 이상 이어진다면 실패를 감지하게 된다. 결국 적자를 만회할 뾰족한 수가 보이지 않는다면 폐업을 심각하게 고려할 수밖에 없다.

식당 경영 측면에서 본다면, 주방장 인건비보다 주인이 가져가는 순이익이 적다면 1차적인 실패 징후라고 이야기하곤 한다. 그래도 얼마라도 가져가면 다행이다. 잠시 유지할 수는 있기 때문이다. 하지만 적자 경영이 계속된다면 6개월 안에 폐업 절차를 밟는 게 일반적인 수순이다.

관건은 폐업 이후의 대안 찾기다. 대안 찾기의 전제 조건은 재기를 위한 종잣돈에 대한 점검이다. 실패에 대한 대비가 없었기에 가용할 수 있는 자금이 많을 리가 만무하다. 아직 갚지 못한 은행 빚도 남아 있을 것이다. 힘들게 매장을 정리하고 남은 최소한의 비용을 가지고 할 수 있는 재기 아이템을 찾게 된다.

사실상 상황은 최악이다. 종잣돈이 적다면 내 몸이 힘든 창업 아이템을 쳐다보는 게 진리다. 예로부터 불멸의 재기 아이템은 정해져 있다. 푸드트럭 같은 노점 아이템, 배달 아이템 그리고 100% 영업형 아이템이라고 할 수 있는 무점포 사업 아이템이다. 몸은 힘들겠지만 재기를 위한 발판을 마련하는 일이 급선무다. 사업에 실패한 사장님들의 한결같은 심정은 실패를 하루빨리 만회하고 싶은 마음일 것이다. 실패의 흔적을 빨리 지우고 정상궤도로 복귀하고픈 생각에 마음도 급해진다. 이때 조심해야 할 것이 있다. 사장님들의 불안한 심리를 이용해서 소위 투자하겠다고 나서는 주변 사람들의 달콤한 목소리에 솔깃해 오히려 더 큰 손해를 보는 경우다. 본인이 직접 투자자를 물색하는 경우도 있다. 하지만 그 투자가 과연 나를 위한 투자인지, 투자자를 위한 투자인지부터 면밀히 따져봐야 한다. 자칫 투자자의 장단에 춤추다가 더 큰 화를 불러올 수 있다는 사실을 잊어선 안 된다.

우리나라처럼 시장 변동성이 높은 창업 시장에서, 성공과 실패는 비일비재하게 발생할 수 있는 어찌 보면 흔한 일이다. 혹여 창업에 실패한다고 해서 인생마저 끝낼 수는 없는 노릇이다. 따라서 처음부터 '잘 실패하는 창업', '잘 망하는 창업'에 주목해야 한다. 이를 위해서는 청년기의 실패를 두려워해서는 안 된다. 길게 본다면 평생에 걸친 창업 인생에 귀중한 보약이 될 수 있기 때문이다. 실패하더라도 재기가 수월한 영리한 창업법을 선택하자. 2층의 큰 가게 창업보다는 1층 작은 가게 창업이 좋다. 실패하더라도 최소한의 종잣돈을 회수하면서 재기의 발판을 마련할 수 있고, 성공으로 갈 수 있는 버팀목을 확보하는 셈이기 때문이다. 무슨 일이든 첫술에 배부를 수는 없다.

실패의 정석,
출구전략이 대안일까?

사업을 한다는 것은 늘 오르막과 내리막의 연속이다. 우리의 인생 그래프와 음식점의 수익성 그래프는 어쩌면 닮아있는지도 모른다. 부침이 심한 시대일수록 음식점 경영자 입장에서는 실패를 공부해야 한다고 본다.

어쩌면 실패한 가게의 자세한 속내와 패인을 면밀하게 분석하는 것보다 대박 가게의 성공 노하우를 학습하고, 벤치마킹하는 것이 더 쉬운 일인지도 모른다. 실패하지 않는 창업으로 가기 위한 비밀이 숨겨져 있는 실패가 쉽사리 정답을 내줄리도 없다. 하지만 누구나 한 번쯤은 실패의 쓴잔을 마실 수 있다. 관건은 실패가 실패로 끝나선 안 된다는 점이다. 실패는 또 다른 성공을 시작하는 전환점이 되어야 하기 때문이다. 실패의 정석을 공부해야 하는 이유다.

● 경쟁구도 변화로 인한 실패 예감

상권 현장에서 음식점 경영의 어려움을 겪고 있는 사장님들을 만나 보면 하나같이 매출 부진의 이유를 나름대로 구구절절 설명하는 경우가 많다. 여러 이유가 있겠지만, 가장 많이 듣는 이유로는 경쟁 구도의 문제를 지적할 수 있다. 주변에 새로운 가게가 생기면서 손님을 뺏기고 있다는 하소연이다. 새로운 경쟁 음식점이 생기면서 우리 가게에 왔던 손님들이 옆집으로 이동하고 있다는 이야기는 곧 소비자들의 선택 우선순위에서 내 가게가 밀리고 있다는 증거다.

막강한 경쟁력을 가진 점포가 주변에 생기면 일단 한두 달은 주시하게 된다. 하지만 3개월 이상 매출 하락세가 지속된다면 사장님들의 고민은 깊어질 수밖에 없다. 매출 부진의 대책을 세우지 못한다면 실패로 갈 수밖에 없다. 방법은 간단하다. 지금의 대표 상품에 대한 손님들의 반응부터 살펴야 한다. 예전에 왔던 손님들이 지금은 오지 않는 이유가 우리 가게의 대표 상품 경쟁력이 떨어지기 때문인지, 단순히 가격 저항의 문제인지, 서비스 만족도의 문제인지

▲ 불황기의 자영업 돌파구, 폐업도 하나의 전략이다

를 꼼꼼하게 체크하는 것이 필요하다. 현장 컨설팅 과정에서 주변 고객들을 중심으로 소비자조사를 실시하는 이유다.

하지만 특별한 자구책 없이 관망만 하고 있을 경우 매출 하락세가 자연스러운 반등세로 이어지기는 어렵다. 최소 비용을 투자한 후 현실적인 돌파구를 찾느냐, 아니면 실패를 그대로 받아들이느냐 양자 간 결단을 해야 하는 시점이 오게 된다.

● 신규 고객이 늘지 않는다면 실패의 첫 신호다

음식점 매출 부진 사례를 꼼꼼히 분석하다 보면 "오는 사람만 온다"라고 말하는 사장님들을 종종 만나곤 한다. 자주 오는 사람만 온다는 것은 단골손님들이 일으키는 매출이 전체 매출의 90% 이상이라는 이야기다. 일단 단골손님들이 일으키는 매출 볼륨이 두터우면 상관없는 일이긴 하다. 단골손님만 가지고도 일정 매출을 담보할 수 있다면 전혀 문제 될 것이 없기 때문이다.

하지만 아는 사람 몇 명 외에 새로운 고객이 늘어나지 않는다면 실패의 위험 신호라고 보는게 타당하다. 즉, 장사 안되는 음식점의 공통점을 살펴보면 신규 고객이 늘지 않는 케이스가 의외로 많다. 따라서 매출 하락을 겪고 있는 음식점이라면 매출 하락의 근본 원인 규명을 위해 고객 특성부터 파악해야 한다. 하루 방문 고객 중에서 신규 고객의 볼륨이 어느 정도인지를 체크해 보자. 주인이 모르는 새로운 고객이 생겨나야만 그 신규 고객으로 인해서 또 다른 고객이 잉태되기 때문이다.

신규 고객을 늘리기 위한 구체적인 방안도 모색해야 한다. 입지에 따른 온·오프라인 고객 유입 전략, 마케팅 전략은 천차만별일 수밖에 없다. 상품력에 자신이 있고 단골손님들의 구매만족도는 전혀 문제가 없다고 한다면, 남은 것은 내 가게 맞춤형 마케팅 전략이다. 섬세한 마케팅 전략을 잘 구현한다면 신규 고객 늘리기는 얼마든지 가능하다고 본다.

● 수십 년 경력의 오래된 음식점이 겪은 실패 사례

최근 경기 하락 여파로 인해, 수십 년간 성공 가도를 달려왔던 오래된 가게들마저 휘청거리는 사례가 늘고 있다. 김영란법 시행 이후 서울 강남 지역의 유명한 일식집이나 객단가 높은 고급 음식점이 차례로 문을 닫은 사례와 같은 원리일 수 있다. 오래된 가게의 실패 유형을 살펴보면 몇 가지 특징을 발견할 수 있다.

첫째는 시장이 변하는데 가게는 변하지 않는 경우다. "오직 맛 하나만으로 승부한다"라고 한다. 문제는 오늘날 소비자들이 그 맛 하나에 만족하지 못한다는 사실이다. 한 달에 몇 번씩 방문했던 단골손님들이 자주 오지 않음으로 인해서 매출 하락세가 이어졌고, 결국 실패하는 사례가 늘고 있다. 물론 예외도 있다. 오래된 가게의 분위기 자체가 '장충동 왕족발집'처럼 워낙 유명세를 탔던 모습이라면 그 모습 그대로를 유지하는 것이 경쟁력일 수 있다. 하지만 가까운 주변 사람들 정도만 아는 가게였는데, 단지 오래되었다는 사실 하나 때문에 변하지 않는다면 소비자들은 그 가게를 점차 외면하기 시작할 것이다. 하다못해 소비자들의 만족도를 높이기 위한 입식 테이블이라도 들이고, 간판 천갈이는 물론 가게의 조명등이라도 새롭게 바꾸면서 "시즌2 경영", "일신우일신(日日新又日新)"을 외쳐야 한다. 그래야만 신규 고객들이 유입되고, 오래된 가게의 명성 또한 계속 이어지기 때문이다.

오래된 가게의 실패 사례 중에는 2세 경영 체제로 넘어가면서 경영난에 봉착하게 된 사례도 많다. 기존 1세 경영자에서 2세 경영자로 주인장이 바뀌면서 미묘한 맛의 변화가 생기는 것이다. 단골손님들은 귀신같이 그 지점을 감지하게 되고, 결국 발길을 끊게 되는 현상을 자주 목격하게 된다. 2세 경영자로서는 시설도 바꾸고, 서비스도 새롭게 했다고 말한다. 하지만 정작 중요한 단골손님들의 섬세한 혀끝과 1세대 경영자의 손님들을 향한 숭고한 마음이 유지되지 못했을 경우 자연스럽게 실패로 이어지곤 한다.

● 결국 사람 때문에 실패하는 음식점이 많다

실패의 정석에서 빼놓을 수 없는 것은 역시 사람 변수이다. 음식점 경영에서 사람 변수라고 하면 첫째는 '주인장 변수', 둘째 '직원 변수', 셋째 '고객 변수'이다. 주인장 변수라고 하면 일정 수준 이상의 매출을 올리는 성공 음식점의 경우 음식점 주인장의 얼굴을 매장에서 볼 수 없는 경우가 많다. 이유는 개인적인 여가 생활 때문일 수도 있지만, 지금까지 수십 년을 매장 경영에 몰두한 나머지 건강이 악화돼 음식점에 나오지 못하는 경우라고 봐야 한다.

주인이 매장에 집중적으로 투여하는 시간이 적으면 적을수록 가게 분위기도 달라지게 된다. 자연스럽게 충성 고객들의 만족도 하락으로 이어진다. 물론 뛰어난 경쟁력을 갖춘 대박 음식점 사장님처럼, 사장이 없어도 매장이 원활하게 돌아갈 수 있는 인력 시스템을 갖추었다면 문제될 것이 없다. 하지만 주인장의 분신 역할을 수행할 수 있는 전문 매니저가 아닌 단순 파트타임 인력이 사장의 빈자리를 대체할 경우, 고객 만족도는 현저히 떨어지게 되고 결국 충성고객들마저 하나둘 가게를 외면하게 된다.

직원 변수로 인한 실패 유형도 있다. 특히 안주인 역할을 담당했던 전문 매니저와 같은 중량급 직원이나 음식 맛을 책임졌던 조리 인력이 갑자기 퇴사함으로 인해 매출 하락이 발생하는 경우다. 중량급 직원이라고 하면 주인장과 긴밀한 관계를 유지하면서 수년간을 파트너 관계로 지내온 매장의 핵심 인물을 말한다. 그나마 대체 인력이라도 마련하고 퇴사한다면 다행이지만, 그렇지 않을 경우 고객 만족도 하락으로 이어지고, 매출 하락의 도화선이 될 수 있다.

● 현명한 출구전략의 방법은?

음식점 경영에 어려움을 겪다 보면 조용히 타인에게 가게를 양도하고 싶다는 사장님들도 심심찮게 만나게 된다. 현명한 출구전략이 필요한 시점이다. 일단 부동산 중개업소를 통하거나, 주변인 중에서 적당한 양수인을 수소문해야 한다. 이때 기본적인 서류는 준비해둬야 한다. 직전 6개월 동안의 포스데이터는 반드시 챙겨야 한다. 신규 양수인에게 보여줄 수 있는 정량적인 성과 지표이기 때문이다.

하지만 오랜 기간 인생 고락을 함께한 가게를 아무 사람에게나 넘기고 싶지 않다는 사장님도 있다. 금전적인 문제를 떠나서 내 음식점의 가치를 그대로 승계해서 운영해줄 경영인을 찾고자 한다. 이때는 새로운 2세 경영인 찾기를 위해 온오프라인 '방'이라도 써 붙여야 한다. 후계자가 생긴다면 제대로 된 전수 기간을 거쳐, 양도 절차를 마무리해야 한다. 하지만 과도한 권리가치를 요구하다 보면 이마저도 쉽지 않다.

또한 출구전략으로 경영에 손을 떼기 직전까지는 매장 경영에 집중하면서 이전의 매출곡선을 유지하는 전략도 필요하다. 하락세가 끝없이 이어지는 매장은 권리가치도 문제지만, 신규 인수자 또한 쉽게 인수를 결정하지 못하기 때문이다. 음식점 출구전략, 결코 쉬운 일은 아니다.

코로나 시대의
자영업 폐업과 재기 전략

자영업 시장의 폐업 릴레이, 어느 정도일까? 국세청이 발표한 '2020년 국세 통계 1차 조기공개' 자료를 살폈다. 2019년 한 해 동안 폐업 신고를 한 사업자는 92만 2,159명에 달한다. 해당연도 신규 창업자 수 131만 6,360만 명과 비교되는 수치다. 자영업에 속하는 개인사업자 기준으로 본다면, 총 개인사업자 704만 3,264명 중 폐업자 수는 85만 2,572명으로 집계됐다. 반면 신규 창업한 개인사업자 수는 117만 8,769명이다.

2015년부터 2019년까지 자영업 폐업자 수는 매년 증가일로를 보여주고 있다. 창업자 수가 줄어드는 것과 상반되는 수치다. 아마도 코로나 사태로 어려움을 겪고 있는 2020년 말 기준 자영업 통계 자료는 보지 않아도 짐작할 수 있다. 개인사업자 폐업자 수는 100만 명을 훌쩍 넘어설 것으로 예상되기 때문이다.

● 국내 자영업 폐업 증가의 근본 원인은?

그렇다면 국내 자영업 폐업 증가에 대한 구체적인 원인부터 살펴보자. 1차적인 원인은 코로나 방역과 사회적 거리두기로 인한 소비자들의 라이프 스타일 변화다. 대면 소비가 줄어듦으로 인해 매출 감소를 겪는 가게들이 늘었다는 이야기다. 오프라인 매출에 의존하던 가게들은 월세, 인건비 같은 고정비용도 감당하기 어려운 지경에 이르렀다.

국내 자영업 시장은 2000년 이후 지속적인 양적 팽창이 이어졌다. 수요층은 늘지 않는데, 가게만 늘어난다면 궁극적으로 구조조정이 일어날 수밖에 없다. 이런 상황에서 온라인 시장의 급팽창, 500개에 달하는 대형 할인 마트 공세, 매머드급 복합 쇼핑몰의 지

▲ 불황기일수록 늘어만 가는 폐업, 이제는 어떻게 창업하느냐가 아니라 어떻게 폐업하느냐가 관건인 시대가 되었다고 해도 과언이 아니다

속적 출점, 거기다가 최근엔 TV 홈쇼핑 채널이 자영업 영토를 꾸준히 침범하고 있다.

그뿐만 아니다. 외국계 사모펀드를 후광에 엎은 다점포 프랜차이즈의 증가로 인해서 자영업 시장의 양적 팽창은 가속화되었다. 결국 코로나를 계기로 그간 미뤄둔 자영업 폐업, 구조조정이 본격화되고 있는 형국이다. 문제는 폐업 이후의 삶이다. 어떻게 살아가야 할까? 대략 4~5가지 방향이 정해지는 것으로 보인다.

첫째는 취업의 문을 노크하는 길이다. 하지만 청년 창업자들과 달리 중장년 창업자들은 취업할 수 있는 곳이 많지 않다. 자연스럽게 재창업 시장에 눈을 돌리는 경우가 대부분이다. 귀농, 귀촌, 귀어 등 시골에 내려가거나 그곳에서 시골 창업을 진행하는 분들도 있다. 예전 같으면 국내 사업 실패 후 동남아 등 해외로 나가는 경우도 많았다. 하지만 코로나로 인해서 이마저 녹록지 않다. 폐업한 자영업 사장님들 중에는 폐업의 상처로 인해 기초생활수급자로 내려앉은 분들도 있다.

● 폐업 후 재창업 전략은?

폐업자들이 가장 많이 찾는 선택지는 원하든 원치 않든 재창업의 문을 노크하는 방안이다. 따라서 재기를 노리는 현실적인 방안을 찾으려는 자영업 사장님들이 늘어날 수밖에 없다. 하지만 재창업을 둘러싼 사업 환경은 더 어려운 상황이다. 먼저 투자 비용이 여유롭지 않다. 경계해야 할 부분도 있다. 실패에 대한 리스크가 그대로 존재하는 상황에서 대부분 후다닥 재창업을 서두르는 경우가 종종 목격되곤 한다. 하지만 섣부른 재창업은 더 큰 화를 부를 수 있다는 점을 잊어선 안된다. 특히 타인에게 자금을 투자받아서 재창업을 시도하는 경우를 조심해야 한다. 이들의 공통점은 단기간 내에 실패를 만회하려는 욕구가 매우 강하다. 결과적으로 그릇된 판단을 내릴 가능성도 크다.

재창업의 로드맵은 차분하게 진행되어야 한다. 빅 아이템을 찾기보다는 상권 입지를 평가해보고 저평가된 점포의 경쟁력을 먼저 살펴보는 시간도 필요하다. 재창업을 위한 틈새 아이템 선정, 상권 입지 및 점포 결정에 이르기까지 꼼꼼히 살펴봐야 한다. 또한 시행착오를 줄인다는 측면에서 전문가 집단의 목소리에 귀를 기울이는 일종의 다면평가를 거친 후에 최종 액션의 방향을 결정해야 한다.

귀농과 귀촌, 귀어 등 시골 창업으로 선회하는 분들도 있다. 시골 창업의 조건은 시골에 지역적 기반이 있는 경우와 전혀 없는 경우로 양분된다. 시골에 고향집이라도 있는 경우 얼마든지 귀촌 개념으로 접근한 다음 시골 창업을 기획해볼 기회 요인도 있다. 하지만 귀농귀촌을 막연한 환상으로 생각하면서 시골로 내려갔을 경우의 실패 사례는 이미 많이 알려진 바 있다. 따라서 시골 창업을 실행하기 전 면밀한 시장조사를 거치고 농업기술센터와 같은 기관에서 충분히 전문기술 습득 과정을 이수한 후에 시골 생활에 접근하는 전략이 필요하다.

● 폐업 후 인생 로드맵은? 새판짜기 필요하다
폐업 후 그냥 놀겠다는 분들도 있다. 최근 만난 60대 중반 창업자는 폐업 후에 그냥 산에 다니면서 놀겠다고 한다. 자녀들은 이미 결혼도 했고, 이제 60대 부부만 향후 황혼 인생을 잘 살아가면 된다는 이야기다. 생활 자금은 국민연금 수급액과 아파트를 은행에 맡겨서 나오는 모기지론을 용돈처럼 받아서 살아가겠다는 말씀도 하셨다.

개인의 인생과 삶의 가치에 대해서 이러쿵저러쿵 훈수 둘 일은 아니다. 하지만 쉴 때는 충분히 쉬고 일이 필요하다고 생각한다면 다시 몰입할 수 있는 나만의 일, 일로서의 창업, 소일거리로서의 창업 시장을 찾아보는 것도 필요하다고 생각한다.

창업과 폐업은 매우 가까이 맞닿아 있다. 필자 역시 24년 차 사업자이지만, 지금까지 몇번의 폐업 신고를 한 적도 있다. 폐업 당사자가 된다면 일단 폐업 후 2~3개월은 푹 쉬는 게 타당하다. 하지만 당장 먹고 살아야 하기에 폐업하자마자 또 다른 사업에 베팅하는 사장님들도 많다. 빠른 시간 안에 이전 사업에 대한 실패를 만회하려는 시도다. 문제는 그러다가 더 큰 수렁에 빠질 수 있다는 점이다. 매우 조심해야 하는 부분이다. 따라서 폐업 당사자라면 인생에 대한 현실적인 눈높이 교정부터 해야 한다. 나를 성찰하면서 차분히 시장을 돌아보는 시간을 갖자는 이야기다. 동시에 향후 인생 로드맵을 다시 점검하고 재기의 계획을 정리한 다음 힘찬 액션을 취하는 게 현명한 방법이라고 조언하고 싶다.

피보팅 전략은
선택이 아닌 필수다

우여곡절 끝에 폐업을 하거나 폐업까지 가진 않더라도 현 매장의 경쟁력 하락에 대한 원인을 파악했다면 다음 수순으로는 사업의 수익성을 제고하기 위한 피보팅 전략으로 눈을 돌려야 한다. 2020년대를 살아가는 대한민국 창업 시장의 중요한 화두 중 하나는 '피봇(Pivot)'이다. 코로나 사태로 인해 영업 환경이 악화하지 않은 매장을 찾기가 힘들어졌고 국내 자영업자들은 너나 할 것 없이 어떻게든 현 상황을 타개할 특단의 대책을 요구받고 있다.

앞으로 코로나 시대를 살아가야 할 자영업자들에게 있어서 피보팅 전략이란 단순히 사업 아이템을 바꾼다거나 사업 구조를 다변화하는 정도에 머무르지 않는다. 창업을 하는 마음가짐(소확행 전략)에서부터 구체적인 신규 사업 아이템 선정에 이르기까지 전반적인 '환골탈태'를 요구하고 있다. 어쩌면 지금 우리는 지금까지와는 다른 '새로운 창업 인류'의 탄생을 목전에 두고 있는지도 모른다. 뒤에 이어지는 다양한 분석을 통해 하나하나 정리하겠지만 우선 창업자 입장에서 현재 트렌드로 떠오르고 있는 피보팅 전략이란 무엇인지에 대해 개괄적으로 짚어보도록 하자.

실리콘밸리의 창업가인 에릭 리스[1](Eric Ries)와 서울대학교 소비자학과 김난도 교수가 피봇의 유형을 잘 설명하고 있다. 문제는 대한민국의 570만 소상공인 창업자 관점에서 피보팅 전략을 어떻게 이해할 것인가다. 실제 매장 안에서 사업 아이템으로 적용 가능한 몇몇 피보팅 전략 방법론을 구체적으로 정리해보았다.

● 창업자 입장에서의 피보팅 전략을 학습하자

먼저 기존 창업자 관점에서의 피보팅 전략은 어떤 것이 있을까? 첫째는 '줌인(Zoom-in)과 줌아웃(Zoom-out) 피보팅' 전략이다. 소상공인 입장에서 보자. 기존의 식당 경영자에게 줌인 피보팅 전략이란 식당의 기본 콘셉트에서 잘나가는 메뉴를 중심으로 추가적인 신상품을 출시하는 전략이다. 불황기에 적합한 가치 소비 코드를 공략할 수 있는 프리미엄 메뉴를 출시하는 것이나 기능성 메뉴라고 할 수 있는 다이어트 메뉴를 출시하는 방법도 줌인 개념의 피보팅 전략이다.

줌아웃 피보팅 전략은 기존의 식당 메뉴에서 파생되는 새로운 콘셉트의 상품을 출시하는 방법이다. 앞서 설명한 식당 경영자라면

---

1 에릭 리스, 《린 스타트업》, 인사이트, 2012.

기존 고객들을 대상으로 외식 메뉴 외에 계산 카운터 옆에 주고객층이 좋아할 만한 액세서리 코너, 소품 코너를 마련해서 전혀 다른 상품을 연계 판매하는 전략이라고 말할 수 있다.

둘째, '고객세분화(Customer-segmentation) 피보팅' 전략이다. 몇 년 전 발표된 소비트렌드 키워드 중 '울트라 니치마켓[2]'이 회자된 적이 있다. 당시 여성 고객이 주도하는 국내 화장품 시장의 니치마켓은 남성 화장품 시장이다. 여기에 울트라 니치마켓에 해당하는 군인 화장품 시장이 뜬다고 뉴스화되기도 했다. 고객세분화 피보팅 전략은 어쩌면 기존의 핵심 고객층 중에서 전략적인 고객층을 압축해서 그들에게 맞는 맞춤형 상품을 새롭게 출시하는 방법을 말한다고 할 수 있다. 소상공인 창업자 입장에서도 내가 공략하려는 주 고객층과 핵심 고객층이 누구인지를 정밀하게 세분화할 필요가 있다. 동시에 그들의 니즈를 충족할 수 있는 유니크한 신상품을 출시하는 전략도 불황기를 이겨내는 중요한 고객 니즈 피보팅 전략이라고 할 수 있겠다.

셋째, 소상공인입장에서는 '사업 구조 피보팅' 전략도 필요해 보인다. 어려운 시기일수록 경영자 입장에서는 다양한 수익 모델을 고민할 수밖에 없다. 예를 들어 지금까지는 고이윤, 소규모 시장을 노린 창업아이템이었다면 피보팅 전략을 통해서 저이윤, 대규모 시장으로 바꿀 수도 있는 유연성도 필요해지고 있다. 요즘 지역의 관록 있는 음식점들이 TV 홈쇼핑 시장을 노크하는 경우도 있다. 최근

---

2 시장에 기존의 유사한 상품은 많이 있지만 수요자가 요구하는 특정 상품이 없어서 틈새처럼 공급이 비어 있는 시장.

서울 송파구의 한 중화요리집은 탕수육 제품을 홈쇼핑에서 판매하면서 대박을 터트린 사례도 있다. 식당 운영자 입장에서 홈쇼핑 시장에 진출하면 개별 상품에 대한 마진율은 매우 낮다. 하지만 공장을 통한 대량 생산, 홈쇼핑을 통한 대량 판매를 통해 고수익으로 연결할 수 있는 새로운 기회 요인이 발생한다.

물론 누구나 홈쇼핑 모델을 구현할 수 있는 것은 아니다. 여러 사업 구조 피보팅 중 한 사례일 수 있다. 사업 구조 피보팅 전략 측면에서 B2B(기업과 기업 간에 거래하는 형태) 전략이라는 새로운 트랙을 만들 필요도 있다. 소상공인들의 수익 모델은 대부분 직접적인 소비자를 공략하는 B2C(기업과 소비자 간에 거래하는 형태) 모델이 대부분인 경우가 많다. 하지만 사업 구조 피보팅을 통해서 B2B 모델을 새롭게 추가하는 피보팅 전략이 구현된다면 새로운 사업 기회를 만들 수도 있다.

넷째, 사업 구조 피보팅과 함께 마케팅 피보팅 전략은 필연적이다. 기존의 오프라인 채널 외에 네이버 스마트 스토어나 유튜브 채널 등을 통한 온라인 마케팅 피보팅으로 새로운 수익 창출을 도모해야 하기 때문이다. 이를 위해서는 소상공인 스스로 온라인 판매망 구축에 대한 기본적인 시스템과 운용 절차를 학습하는 과정이 필요하다. 외식업 사업자라면 기존의 식당 공간 외에 대량 생산을 책임질 수 있는 생산 공장과의 접목이라든지, 새로운 패키지 포장 기술과 온라인 상품에 대한 브랜딩 전략도 뒤따라야 한다.

● 매출 증대를 꾀할 수 있는 4가지 피보팅 전략

서울대 소비트렌드분석센터를 이끄는 김난도 교수 역시 불황기를 이겨내는 새로운 피보팅 전략의 방법론을 압축 설명하고 있다.[3] 첫째는 '핵심역량 피보팅'을 적극 타진해봐야 한다. 예를 들어 피시방 사업자라면 지금까지의 핵심역량은 컴퓨터의 사양이나 피시방 편의성에 방점을 두었다. 하지만 이제부터는 피시방 이용자들의 먹거리 메뉴인 '간식 차별화'를 내세움으로써 매출 증대를 노려볼 수 있다.

둘째는 '하드웨어 피보팅'이다. 기존의 확보하고 있는 점포나 사무실 등의 하드웨어 공간에 새로운 용도를 추가하거나 새롭게 비즈니스 아이템을 접목하는 방안을 적극적으로 타진해봐야 한다. 호텔 공간을 단순히 숙박 공간이 아닌 업무 공간으로 활용하는 것 또한 하드웨어 피보팅의 한 예시다. 기존의 소상공인 사업자라면 이미 월세를 내고 있는 기존의 점포 공간을 둘로 분할해서 신규 간판을 거는 것도 유연성 있게 판단할 필요가 있다. 불황기를 이겨낸 일본의 음식점 중에는 낮과 밤 간판을 따로 보이게 하는 롤링 간판 가게도 있다. 낮에는 밥장사 간판, 저녁 시간에는 술장사 간판을 회전식으로 롤링하게 하면서 카멜레온 샵 영업을 하는 경우다. 하드웨어 피보팅의 사례 중 하나라고 할 수 있다.

셋째는 '타깃 피보팅'이다. 소상공인 창업자 입장에서 이미 확보하고 있는 기존의 고객 리스트를 활용해서 코로나 시대에 적합한 새로운 수익 모델을 만들어보자는 이야기다. 기존 단골손님을 대상

---

3 김난도 외,《트렌드 코리아 2021》, 미래의창, 2020.

으로 건강 먹거리 여행 상품을 출시하거나, 곁들이찬 통신판매 고객으로 확장할 필요가 있다는 뜻이다. 타깃 피보팅 전략을 구현하기 위해서는 기존에 확보된 고객 데이터베이스부터 새롭게 정리하고 필터링해야 한다. 그 후에 할 일은 고객들의 맞춤형 니즈에 걸맞는 새로운 매출 증대 상품을 개발하는 일이다.

마지막으로는 '세일즈 피보팅' 전략이다. 기존 판매 채널이 아닌 새로운 판로 개척, 판매 루트의 다각화는 필수적이다. 소상공인 경영자 입장에서도 불황기를 헤쳐나갈 수 있는 새로운 개념의 영업망 확보에 온 힘을 쏟아부어야 한다. 예를 들어서 오프라인 영업망 확보라는 측면에서는 유동인구가 어느 정도 확보된 가게일 경우, 고객들의 시선을 주목시키는 '예쁜 매대(판매대)'를 점포 외부 또는 내부에 별도로 설치하는 것이다. 요즘 상권에 가보면 곁들이찬을 별도로 판매하는 쇼케이스를 설치하는 음식점들이 늘고 있다. 객단가를 높이면서 매출 증대를 꾀할 수 있는 일이다. 비단 곁들이찬이 아니더라도 계산대 옆에 원산지 직송 특산품 매대를 설치하는 곳도 있다.

피보팅 전략은 불황기를 이기는 중요한 매출 증대 전략이라고 볼 수 있다. 특히 소상공인 피보팅 전략은 궁극적으로 소상공인 창업자들의 회생 전략이자 지속 가능 경영으로 이어질 수 있는 중요한 생존 전략임을 잊어선 안 된다.

베테랑 사장들도
종종 실패하는 이유?

"원숭이도 나무에서 떨어진다"는 우리 속담이 있다. 상권에 나가서 현재 실패한 혹은 시행착오를 겪고 있는 소상공인 경영자들의 면면을 살펴보면 사업적인 역량이 떨어지는 초보 창업자만 실패하는 게 아니라는 사실을 금방 알게 된다. 수십 년간 한 분야에만 종사해온 오랜 경력을 가진 베테랑 창업자들도 실패나 시행착오를 겪는 사례가 많다. 최근 국내 상권의 속내를 꼼꼼히 살펴보면 초보 창업자 못지않게 베테랑 창업자로 통하는 이른바 선수 창업자들의 실패 사례도 심심찮게 발견되곤 한다. 그 이유는 뭘까?

● 국내 외식 프랜차이즈 실패 사례는 부지기수
앞서 살펴본 바와 같이 1990년대 초 놀부보쌈이 국내 한식 프랜차이즈 시대의 문을 연 이래로 수많은 브랜드가 생겨나고 사라지기를 반복하고 있다. 프랜차이즈 업계야말로 베테랑 선수 창업자들의 경연장이라고 해도 과언이 아니다. 그렇다면 프랜차이즈 시장에서 누구나 알만한 브랜드를 운영하는 유명한 외식업체들이 신규로 내 거는 브랜드마다 승승장구일까? 현실은 그렇지 않다.

사실 국내 프랜차이즈 CEO들의 경우 초보 창업자는 별로 없다. 그럼에도 불구하고 그들이 시행착오, 실패를 경험하는 사례는 어렵지 않게 찾을 수 있다. 유명 보쌈 전문점을 운영하던 회사에서 2차 브랜드로 수입육 전문점을 오픈한다거나, 치킨집을 운영하는 업체에서 신규 브랜드로 패밀리 레스토랑, 떡볶이 전문점을 오픈하기도 한다. 김밥 전문점을 운영하던 유명한 업체에서 신규 브랜드로 해산물 전문점을 오픈했지만, 성과를 내지 못하고 철수한 사례도 있다. 즉, 국내 외식 프랜차이즈 시장에 발을 담그고 있는 베테랑 외식 경영자 중 상당수가 제2브랜드, 제3브랜드에서는 큰 성과를 내지 못한 사례가 흔하다. 이와 같이 베테랑 창업자라고 해도 야심차게 시장에 새 브랜드를 내밀었다가 조용히 간판을 철수한 사례가 많다는 점에 주목해야 한다.

● 성공한 고깃집 사장님이 새로 오픈한 냉면 전문점의 초라한 성적표

필자가 아는 한 선수 사장님 이야기를 덧붙이고자 한다. 그는 수도권 주택가 상권에서 고깃집 식당을 10년 넘게 운영하면서 큰 성과를 이룬 50대 초반 음식점 사장님이다. 그를 만날 때마다 늘 자신감 넘치는 표정에 압도되곤 했다. 아무리 경기가 어려워도 본인이 운영하는 고깃집만은 문제없다는 자신감이 표정에서 역력하게 드러

났기 때문이다.

남북정상회담 특수가 시작될 무렵 그는 기존 고깃집을 그대로 운영하면서 신도시 아파트 상권을 배후에 둔 도로변 상권에 새롭게 대형 냉면 전문점을 오픈했다. 평양냉면의 기세가 하늘 높이 치솟던 시점이기도 했고, 기존의 고깃집과 비교한다면 식재료 원가 비율이 매력적인 냉면 전문점 창업을 통해서 또 다른 성과 창출을 모색하려는 움직임으로 비쳤다.

그 후 몇 개월이 지나 우연히 그 사장님이 오픈했다는 냉면집 앞을 지나칠 기회가 있었다. 그냥 갈까 하다가 그 사장님의 승승장구하는 모습을 구경하고 싶다는 생각에 다시 차를 돌려서 냉면집을 방문했다. 선수 사장님이 새로 오픈한 냉면집에 들어가 대표 메뉴인 1만 2,000원짜리 평양냉면 한 그릇을 주문하고 매장 안을 살폈다. 매장 분위기가 심상치 않음을 직감했다. 새로 오픈한 지 5개월째를 맞고 있는 냉면 전문점치고는 매장 안은 한눈에 봐도 썰렁한 분위기 그 자체였기 때문이다. 냉면 아이템 특성상 최대 성수기 시점이라는 점, 그것도 가장 바빠야 할 주말 저녁 피크시간대임에도 불구하고 70~80평 남짓의 홀 공간은 빈 좌석이 더 많았다. 고개를 갸웃하는 순간이었다. 선수 창업자가 오픈한 두 번째 음식점이 이토록 썰렁한 분위기라는 게 의아할 뿐이었다.

원인이 무엇일까를 생각했다. 요즘 같은 불경기에 장사 안되는 매장 이야기는 사실 뉴스거리도 아니다. 그냥 지나치면 될 것을 굳이 그 매장에 들어가서 성과 창출을 하지 못하고 있는 원인을 찾으려는 필자의 수십 년간 이어진 컨설턴트 직업병을 스스로 책망하기도 했다. 얼핏 듣기로는 월 임차료가 800만 원이 넘는다는 매장이었다. 평양냉면 한 그릇을 먹으면서 몇 가지 생각을 정리했다. 선수 창업자 입장에서 승승장구하는 모습을 유지하는 게 얼마나 어려운 일인지를 다시 한 번 일깨워준 매장이라는 생각도 들었다. 상권 입지 특성과 아이템 경쟁력, 냉면 맛의 품질, 구매 파워와 연결지을 수 있는 매장 내외부 사인물과 홍보 마케팅 등 여러 부분을 조목조목 살펴보고서야 냉면집 매출 부진의 1차 원인을 간파할 수 있었다.

● 성공 창업자의 성공 이력이 현재 사업의 발목을 잡는다?

상권 현장에서 만나는 선수 창업자들의 유형은 다양하다. 한 번의 성공 케이스를 기반으로 탄탄대로를 달리는 창업자도 물론 존재한다. 하지만 외식업 인생을 살아가는 비즈니스맨 입장에서 본다면 한 번의 성공 그 자체에 머물려는 창업자는 많지 않다. 어떤 방법으로든 성공한 사업을 밑천 삼아서 사업을 확장하거나, 하나의 성공 케이스를 통해 발견한 성공 가치의 확대 재생산 코드를 모색하는 경우가 대부분이다. 그런 측면에서 새로운 음식점을 추가로 오픈하거나, 성공한 모델을 프랜차이즈화 하면서 기업형 사업으로 전환하기도 한다. 하지만 생각대로 되지 않는 경우가 다반사다. 이유는 간단하다.

성공 창업자의 실패 유형 중 가장 흔한 케이스는 자신이 거둔 성공 이력에 대한 자만심과 스스로에 대한 과신으로 인한 실패 케이스다. 세계적인 경제 석학 피터 드러커는 "성공 창업자의 성공 이력이 현재 사업의 발목을 잡는다"라고 지적한 바 있다. 성공 창업자들은 자신이 지금껏 공들여서 쌓아온 사업 성과에 대한 과신과 자만

이 넘치는 경우가 많다. "누구든 내 말만 잘 들으면 무조건 성공할
수 있다"라며 확신에 찬 주장을 하는 사장님도 종종 만나볼 수 있다.

하지만 지금까지 거둔 성공적인 사업 이력이 새로운 사업을 진행
하는 데는 오히려 도움이 안 되는 경우도 있다. 첫 번째 사업 아이템
을 그대로 장소만 바꿔서 새로 진행한다고 해도 이전과는 다른 수
많은 상권 변수가 장벽으로 작용한다. 더욱이 첫 사업과는 전혀 다
른 신규 아이템을 진행할 경우, 첫 번째 사업에서 했던 방식대로만
진행하면 성과가 나올 것 같지만 현실에서는 생각만큼 성과 창출로
이어지지 않는 경우가 더 많다.

● 성공 창업자일수록 분야별 전문가 집단의 목소리와 소통해야 한다
한 번 성공한 창업자들의 실패하는 또 다른 이유는 주변에서 들려
오는 애정 어린 충고에 그다지 귀기울이지 않고 자신만의 생각을
고집해서다. 내 방식대로 진행하면 충분히 성과로 이어질 수 있다
는 확신이 강해서 종종 그릇된 결정을 내리게 된다.

초보 창업자들과는 달리 선수 창업자들이 가지는 장점도 있다.
기대했던 성과가 나오지 않는다고 판단되면 매장을 정리하는 데도
과감하고 속도감 있게 진행한다. 안되는 매장 붙잡고 허송세월을
보내지 않는다는 사실이다. 불황기의 창업 시장에서는 대박을 치기
보다는 무엇보다 시행착오를 줄이려는 노력이 중요하다.

상권 현장에서 벌어지는
안타까운 컨설팅 사례 두 가지

필자는 1997년 이래 지금까지 작은 컨설팅회사를 운영 중이다. 인터넷 닉네임은 '창업통'이고 컨설팅 브랜드는 '스타트비즈니스'다. 그리고 현재 운영하는 회사 이름은 '(주) 스타트컨설팅'이다. 난데없이 본인의 이야기를 하는 이유는 적어도 창업통과 인연이 되는 분들만이라도 허무하게 실패하지는 않았으면 하는 작은 바람 때문이다.

● 컨설팅 사례1〉 어느 대학가 상권 사장님의 업종 변경 실패 사례

서울의 한 대학가 상권에 출동했다. 수년간 그 대학가 상권에서 음식점 영업을 하고 있는 젊은 창업자를 만나기 위함이다. 월 임차료가 무려 700만 원에 육박하는 음식점에서 8년간 영업하고 있는 베테랑 음식점 사장이기도 하다. 이 사장님은 얼마 전 고깃집으로 전면적인 업종 변경을 했다. 요즘 같은 불경기에 무려 5,000만 원 이

상을 들여서 시설을 전면적으로 개보수한 후 가게를 재오픈한 것이다. 하지만 1개월째를 맞고 있는 지금, 전혀 성과가 나오지 않는다고 하소연이다.

다급한 창업자의 전화를 받고 창업통은 오후 6시에 현장에 도착했다. 원인 분석에 착수했다. 창업통이 내린 첫 번째 실패 원인은 아이템 특성과 수요층의 불일치였다. 여성고객을 잡아야 하는 상권에서 남성 고객을 타깃으로 한 특수부위 고깃집을 타이틀로 올렸다는 점이 심각한 문제라고 판단했기 때문이다. 요즘 별로 사용하지 않은 하향식 덕트를 시공한 것도 패착이라고 판단했다. 순간적인 판단 미스로 비싼 비용을 들여 하향식 덕트를 설치했지만, 정작 혀끝의 만족도로는 연결되지 않는 약점이 있었다. 메뉴 구성과 가격 정책에서도 문제점을 발견했다. 해당 상권 트렌드와 일치하지 않는다는 점을 문제점으로 확인할 수 있었다.

이 아이템과 브랜드를 어디서 알게 되었는지 질문했다. 한 인터넷 고깃집 커뮤니티에서 알게 되었다고 한다. 해당 고깃집 커뮤니티는 가입자만도 수만 명에 달한다. 물론 순기능도 있다. 웬만한 창업 정보를 서로 공유할 수 있는 등 장점도 많다. 반면, 영업 목적만을 앞세운 얄팍한 업체들도 많이 가입된 커뮤니티로 알려져 있는 곳이었다. 이 분 역시 그 커뮤니티 활동을 하면서 알게 된 지방의 한 고기 업체로부터 업종 변경 제의를 받고 시설 개선 후 오픈을 했지만 월세 700만 원에 달하는 가게임에도 하루 매출액이 20~30만 원에 불과한 큰 실패 앞에서 넋을 놓을 수밖에 없는 상황이었다.

엄청난 시행착오라고 판단했다. 대안을 찾아야 했다. 이제 와 전문가 붙잡고 하소연한들 또 다른 콘셉트로 빠르게 바꾸는 수밖에는 달리 대안을 찾을 수 없는 게 현실이다. 필자는 최소 비용을 들여서 회생할 수 있는 새로운 업종 변경 방법을 제시했다.

● **"돈 들어가기 전에 한 번쯤 검증하세요. 선수 창업자라도 장렬하게 망할 수 있습니다."**

이런 사례를 만날 때마다 창업통은 가슴이 아프다. 아이템을 최종 결정하기 전, 해당 업체를 계약하기 전, 아니면 최소한 인테리어 공사에 들어가기 전인 시점이라도 창업통에게 전화 한 통 주었더라면 하는 아쉬움도 크기 때문이다. 그 고깃집 사장님 표현에 의하면 그때는 확신이 있었다고 한다. 운영 모델을 새롭게 개선하려는 업체의 영업 상황을 보면서 자신감이 생겼다고 했다. 하지만 관건은 해당 업체의 운영 모델이 과연 내가 운영 중인 상권 입지, 내 가게에 적합한 아이템인지에 대한 타당성 검증이다. 이 과정은 전혀 없었음을 간과할 수 있었다.

아예 초보 창업자라면 처음부터 주변의 전문가를 수소문했을 수도 있다. 하지만 이미 8년 이상이라는 업력을 가진 나름 베테랑 창업자이기에 확신을 가졌고, 결국 재오픈한 지 1개월도 안 된 시점에서 또 다른 아이템으로 업종 변경을 해야 하는 안타까운 상황에 직면한 케이스다. 필자는 다음과 같이 조언했다.

"제발 앞으로라도 창업 인생을 살아가는 데 있어서 돈 들어가기 전, 계약하기 전에 반드시 창업통에게 전화 한 통 걸어서 전화 검증이라도 거친 후 진행하세요. 현장 전문가와의 격의 없는 전화 한 통화만으로 수천만 원, 수억 원을 날리는 것을 사전 예방할 수 있습니다."

● 컨설팅 사례2〉 인터넷 광고 앞세운 여러 전수창업 전문업체들, 조심하세요.

선릉역 사무실로 찾아온 한 창업자 이야기다. 요즘 인터넷에서 광고도 많이 하는 전수창업 컨설팅 업체의 피해 사례를 이야기하기 시작했다. 무려 500만 원 넘게 들여서 메뉴도 전수받고, 그 업체에서 시설 개선 및 오픈에 관한 컨설팅까지 받았다고 한다. 그 업체의 경우 홍대 상권에서 유행하는 웬만한 음식 아이템은 모두 전수해줄 수 있다고 했고, 그 업체 홈페이지에는 수십 년 경력의 전문 조리장들 사진까지 게시되어 있었다고 한다. 이들 전문 조리장들이 직접 메뉴를 전수해주기 때문에 어떤 음식이라도 금방 전수받을 수 있다는 이야기다. 이 창업자는 실속 있는 전수창업이라는 말에 결정을 내렸고, 그 업체를 통해서 오픈했지만 오픈 3개월 만에 문을 닫고 말았다. 이유는 뭘까?

필자는 1998년 MBC '일요일 일요일 밤에'〈신동엽의 신장개업〉 코너를 컨설팅하면서 '전수창업'이라는 말을 처음 사용했던 당사자다. 당시 전수창업이란 창업 한번 해본 적 없는 조리장에게 단순히 메뉴 레시피를 배우는 방법이 아니라 반드시 사업성이 검증된 매장에서 창업자가 자신 있을 때까지 조리 메뉴얼과 운영 메뉴얼을 전수받아서 오픈하는 창업법이라고 정의했다.

즉 전수창업의 핵심은 첫째, 상권에서 사업성이 검증된 모점포 사장님과의 커뮤니케이션이다. 한 달이든, 두 달이든 자신 있을 때까지 조리 메뉴얼과 매장 운영 메뉴얼을 전수받는 것은 기본이다. 둘째, 전수 절차상의 진실성을 담보하기 위해서 검증된 전문가가 모점포를 직접 컨트롤할 수 있어야 한다. 셋째, 음식 운영 메뉴얼은 모점포 사장님에게 전수받지만, 오픈과 관련된 상권 입지 판단, 점포 결정, 사업계획서 작성, 브랜드 네이밍, 인테리어와 익스테리어 콘셉트 결정 및 시설 코칭, 홍보 마케팅 등 여러 디테일한 부분은 검증된 전문가의 컨트롤하에 진행해야 한다.

요즘 인터넷이나 SNS상에 광고하면서 '전수창업'이라는 키워드를 내세우는 여러 업체들이 과연 이렇게 전수창업을 실행하고 있을까? 부디 창업을 결정하고 실행하기 전, 돈들어가기 전에는 반드시 제대로 된 전문가에게 사전 검증을 받기 위해 전화 한 통 해보자. 몇 가지 검증 과정을 거치고 제대로 알아본 후 결정해도 늦지 않다는 이야기다. 창업 인생은 100미터 달리기가 아닌 마라톤임을 늘 되새길 필요가 있다.

NEW NORMAL
SMALL BUSINESS

COVI

코로나 시대 피보팅 전략②
소확행 창업에 주목하라

코로나 시대를 극복하는 키, 전환창업!
바이러스가 선사한 새로운 시대, 뉴노멀(New Normal)
그리고 '소확행 창업' 시대.
자영업 사장님들이 알아야 할 소확행 코드란 무엇이고,
왜 지금 소확행 코드에 주목해야 하는가?

소확행 코드로 무장한 새로운 창업 인류의 탄생.
'부자 되세요'의 창업 시대는 저물고,
'행복하세요'의 창업 시대가 온다.

D-19

소확행 창업자들의 꿈,
리치맨이 아니다

필자의 휴대전화기에는 1만 명 가까운 사람들이 전화번호가 저장
돼 있다. 1992년부터 상권 현장, 창업 현장에서 만난 창업자들의
전화번호가 대부분이다. 수많은 자영업 사장님들의 인생을 만났
다. 1988년부터 1990년대 초반의 경기 상승기, 1990년대 5대 신도
시와 전국 단위 아파트 상권이라는 신(新)상권 출현기도 있었다.
벤처기업 붐도 일었던 시기다. 당시 창업통이 업종분석, 상권 분석
을 위해서 전국의 상권을 땀나도록 쏘다니기 시작했던 시기이기도
하다.

새로운 상권에 가면 상·중·하급지는 어디인지, 급지별·층별
업종 분포는 어떠한지, 뜨는 아이템과 지는 아이템은 무엇인지, 창
업자들은 과연 어느 정도 투자해서 한 달에 어느 정도를 벌어들이

는지, 향후 이 동네의 개발 계획은 어떤지, 상권 내 성공 사례와 실패 사례는 무엇인지 등등을 열심히 조사하고 분석하던 시기였다.

그러면서 늘 생각했다. "상권 현장에서 이렇게 열심히 영업하고 있는 창업자들의 꿈은 과연 무엇일까?" 당시 상권 현장에서 내린 결론은 '리치맨(Richman)'이었다. 당시 방송가에서는 "부자 되세요"라는 TV 광고가 유행하기도 했다. 당시 창업을 한다고 하면 "와우, 부자되시겠네요!"라는 덕담을 해주곤 했던 시기였다. 지질한 이미지의 셀러리맨이 아닌 당당한 '사장님'에 대한 로망도 있었던 시기였기 때문이다.

● 창업통 또한 우리나라 창업자 중 한 사람

1997년 봄, 동료 2명과 함께 작은 스몰비즈니스 컨설팅사 '스타트비즈니스'를 창업했다. 이때부터 필자 역시 창업자 인생을 살기 시작했다. IMF가 터지기 직전이었다. 1990년대 초중반기의 호황기를 유지하던 경기 흐름은 1997년 말 IMF와 함께 곤두박질쳤다. 국가부도라는 사상 초유의 사태는 뜻하지 않게 수많은 자영업 사장님들을 양산하기도 했다.

당시 창업통은 제대로 된 컨설팅을 위한 '내공 쌓기'라는 목적과 안정적 수익 모델 창출에 대한 고민을 타파하기 위해 직접 직영음식점 경영에 나섰다. 서울 삼성동 무역센터 인근과 교보타워 뒷골목에 고급 음식점을 차리고 직영과 위탁으로 운영하면서 새벽부터 가락시장과 노량진시장에 사입하러 다니는 등 자영업 사장님들의 속내를 뼛속까지 호흡했던 시기이기도 했다.

컨설팅사와는 별도로 작은 프랜차이즈 본사와 유통법인을 운영하기도 했다. 그리고 2000년 밀레니엄 시대의 개막, 2002년 한일월드컵 개최와 함께 매장들을 정리하고, 컨설팅 업무에만 주력했다. 현장 컨설팅 노하우들을 모아서 10권 정도의 창업 관련 도서 집필에 시간을 투여하기도 했다.

● **서른 살 풋내기 컨설턴트에서 시작해 50대 창업자로 사는 가치는?**
필자 역시 우리나라 창업 시장에서 잔뼈를 조금씩 키우면서 지금까지 창업 인생을 살고 있다. 현장 컨설팅을 지향하면서 오랫동안 컨설팅사를 운영했다는 것은 그만큼 많은 케이스를 접했다는 이야기다. 통계와 데이터의 정리 분석, 콘텐츠 만들기에 주력했다. 한때는 필자 역시 리치맨, 부자를 꿈꾼 적도 많다. '나 때문에 부자 되고, 건물주 된 사람은 많이 봤는데, 나는 무엇일까?'라는 자괴감이 들 때도 있었다.

하지만 개인적으로 40대 중반을 넘기면서 이러한 고민들은 어느 정도 정리됐다. 대한민국에서 스몰비즈니스 컨설턴트로 살아가면서 돈 많이 버는 부자 되기만을 고집했다면, 사업 아이템 특성상 아마도 '큰집(?)에 한 번 정도는 갔다 오지 않았을까?'라는 쓴웃음도 지어 보곤 한다. 지금도 이름 석 자와 컨설팅 브랜드, 법인명, 인터넷 닉네임인 '창업통'을 내걸고 자유롭게 활동하고 있는 것은 어쩌면 구린 돈 받지 않고 정직하게 상권 현장을 지켜왔기 때문인지도 모른다.

50대 스몰비즈니스 컨설턴트이자 작은 회사 창업자로 살아오면서, 요즘이 어쩌면 컨설턴트로서의 어깨가 더 무거워지고 있는 시기임을 절감한다. 창업 현장, 상권 현장의 옳고 그름의 수많은 변수는 갈수록 많아지고 있기 때문이다. 2020년 이후 코로나 시대와 브이노믹스 시대가 도래하면서 우리나라 창업 시장에서 무언가를 판단하고 결정하기 위해서는 더더욱 촉각이 예민해져야 한다. 필자는 온오프라인으로 만나는 사람들만이라도 허무하게 실패하지 않는 세상이 되길 희망하곤 한다. 꾸준히 칼럼을 쓰고, 유튜브 영상을 만드는 또 다른 이유 중 하나다.

● 1990년대 창업자와 2020년대 창업자의 차이점?

1990년대의 창업자들의 꿈은 단연 리치맨, 부자가 되는 것이었다. 하지만 요즘 창업자들도 리치맨이 꿈일까? 물론 그럴 수 있다. 하지만 현재 우리나라의 경제 구조상 자영업자가 정상적인 방법으로 거대한 부자가 되는 것은 극히 일부의 케이스로 제한될 수밖에 없다고 본다. "부자까지는 아니더라도 최소한 한 달에 1,000만 원 정도만(?) 현금을 셀 수 있으면 행복할 수 있을 것 같아요"라고 말하는 자영업 사장님들을 자주 만나곤 한다. 하지만 이 역시 결코 만만한 일은 아니다. 우리나라 자영업자의 평균 순이익은 200만 원에 불과하기 때문이다.

창업 현장에서는 자영업으로 부자는 되었는데, 경제적인 성공 수치와는 별개로 불행한 인생을 살아가는 창업 성공자들도 의외로 많다. 단기간에 큰돈을 벌면서 경제적으로는 성공하는 듯했지만, 피치 못한 불행이 엄습하면서 삶의 질이 곤두박질하는 창업자들이 부지기수다. 경제적인 성공이 곧 인생 전체의 성공은 아니라는 것을 실감하곤 한다. 돈은 벌었는데 중병에 걸렸다거나, 돈은 벌었는데 가정이 행복하지 못하거나, 돈은 벌었는데 주변 사람들에게 욕받이가 되는 경우는 상권 현장에서 종종 볼 수 있는 케이스다.

● 스스로에게 행복하다고 말할 수 있는 '소확행 창업자'

그렇다면 2020년대 대한민국 창업자들의 꿈은 무엇일까? 바로 '행복한 창업자'가 요즘 시대 자영업 사장님들의 꿈이라고 생각한다. 필자 역시 창업자로서 나만의 행복 찾기를 위해 다양한 행복 코드를 발견하는 일이 사업의 첫 번째 가치이자 철학이다. 나 자신이 행복해야만 컨설턴트로서 크리에이티브한 아이디어 개발은 물론 어려움에 처한 창업자들에게 힘찬 에너지도 불어넣을 수 있기 때문이다.

대한민국 창업자들의 꿈은 첫째도 둘째도 셋째도 '행복한 창업 인생'이다. 행복한 창업 인생이야말로 소확행 창업자들의 첫 번째 성공 조건이라고 볼 수 있다. 한때 창업통이 베트남 상권 시장조사를 비롯해 동남아 국가와 일본, 홍콩, 대만, 네팔 카트만두 상권까지 열심히 시장조사를 했던 이유 중 하나는 결국은 나만의 행복 찾기 코드와 맞닿아 있다고 볼 수 있다. '나는 과연 행복한 창업자인가?' 요즘처럼 어려운 시기일수록 다시 한번 가슴에 손을 얹고 곰곰이 되새겨야 할 지점이다.

브이노믹스 시대 첫 번째 창업 트렌드, 소확행 창업

코로나 시대는 금방 멈출 기세가 아니다. 국내 창업 시장은 새틀짜기에 들어간 형국이다. 코로나가 즐거운 가게도 있지만, 문 닫는 가게도 계속 늘고 있다. 상권에 따라서 희비가 엇갈리는 측면도 있다. 폐업 점포가 늘어간다는 것은 또 다른 개업 점포가 생겨날 것이라는 의미기도 하다. 간판을 바꾸고 업종 전환을 서두르는 가게들도 눈에 띈다. 현재 아이템으로 코로나 시대를 버티는 데는 한계가 있다고 판단하는 가게들이다.

코로나 시대가 자영업 구조조정의 신호탄이라는 시각도 있다. 600만 소상공인들의 꿈도 달라지고 있다. 부자되는 게 꿈이 아니라는 이야기다. 그렇다면 자영업 사장님들의 지향점은 무엇일까? 창업자가 건강하고 행복한 실속 창업, 큰 부자는 아닐지라도 내가 하고 싶은 일을 하면서 지속 가능한 창업 인생을 누릴 수 있는 이른바 '소확행 창업'이 새로운 트렌드로 떠오르고 있다.

● 왜 소확행 창업인가?

1990년대까지만 해도 누구나 부자가 된다면 행복할 수 있다고 생각했는지도 모른다. 2000년 밀레니엄 시대를 지나 또 20년이 흘렀다. 국내 창업 시장의 온도는 현격히 달라졌다. 축구장 70배 규모의 신세계 '스타필드'가 들어선 이후 대형화·전문화를 무기로 대형 점포가 주도하는 창업 시장은 이제 더 이상 국내 소비자들에게 뉴스거리는 아니다. 그저 '원 오브 뎀'일 뿐이다.

오히려 운치 있는 골목 안쪽의 앙증맞은 작은 가게가 더 큰 뉴스거리다. 원도심의 골목상권을 찾아다니는 신세대 매니아 소비자들이 늘고 있다. 80년대 스타일의 복고 아이템이 다시 주류로 부상하기도 한다. 시장을 분석하는 입장에서 본다면 '레트로(Retro)[1]'를 넘어서 '뉴트로(New-tro)[2]' 감성과 연계된다. 전국에 500개 넘게 오픈한 이마트, 롯데마트, 홈플러스 류의 대형마트와 대형 쇼핑몰 소비에 대한 반등 작용으로 보이기도 한다.

그 와중에 '코로나19'라는 외부적 악재가 우리에게 다가왔고, 창업자들은 당황할 수밖에 없는 상황에 처했다. 무엇보다도 세상 사람들의 라이프 스타일이 급변하고 있다. 모든 사람들의 삶의 가치까지 새판을 짜는 분위기다. 소비자들이 지갑을 열게끔 해야 하는 창업자들은 생각이 많아진다. 결국 창업자들의 삶과 인생도 코로나 시대에 맞게 새 틀을 짜지 않으면 생존하기 어렵다는 위기 경보까지 켜졌다. 한편으로는 아무리 돈을 많이 벌어도 코로나로 인해 건

---

1 복고주의를 지향하는 하나의 유행이나 패션 스타일.

2 새로움(New)과 복고(Retro)를 합친 신조어로 복고를 새롭게 재해석해 즐기려는 경향.

강이 위협받는다면 모든 게 무의미해지는 상황이 되었다. 창업자들도 이제는 내가 건강하고 행복한 창업을 꿈꿀 수밖에 없다. 소확행 창업에 주목하는 이유다.

● 내게 맞는 실속 창업 시대, 주목하는 상권과 아이템은?

소확행 창업은 다점포 출점을 지향하는 얄팍한 프랜차이즈 가맹점 창업과는 거리가 멀다. 기존에는 나의 의지와 무관하게 유행 정도에 따라 브랜드의 수명 곡선이 결정되곤 했다. 반면 소확행 창업의 첫 단추는 나만의 상호를 거는 독립 창업 스타일의 작은 가게 창업에서 시작한다. 투자 금액 또한 지금까지는 1억 원 내외의 창업이 많았다면 이제는 5,000만 원 내외의 소자본 창업자가 늘 것으로 보인다. 점포 규모 또한 10평 내외의 소점포 창업 형태가 지배적인 콘셉트이다.

결국 소확행 창업의 가장 중요한 조건은 반짝 유행하는 아이템을 좇기보다는 오랫동안 지속 가능한 장수 창업 콘셉트를 추구하는 것이라고 볼 수 있다. 영업 일수 측면에서도 창업자의 행복 지수를 위해 1주일 중 하루 정도는 꿀맛 같은 휴일을 정해야 한다. 재충전 없이 건강 지수를 높이는 건 불가능한 일이기 때문이다.

그렇다면 소확행 창업을 실행할 수 있는 상권은 어디일까? '슬세권'이라는 소비 트렌드 키워드에 주목할 필요가 있다. 슬세권 소비자란 슬리퍼 신고 다니면서 집과 가까운 동네 상권 가게들 소비에 집중하는 슬리퍼족 소비자를 말한다. 창업자 입장에서는 저평가된 동네 상권이 어디인지 늘 주목할 필요가 있다.

한편으로는 동네 상권이라도 오랜 세월 동안 나름의 깊은 콘텐츠가 녹아 있는 골목상권이라면 금상첨화다. 세계문화유산으로 지정된 수원 화성 뒷골목 상권인 행궁동 골목상권에 주말이면 신세대 소비자들이 몰리는 것 또한 동네 상권의 재발견이라고 볼 수 있다.

동네 상권은 배달 수요가 밀집한 배달 상권과 궤를 같이한다. 서울과 지방을 연결하는 관문상권인 KTX, SRT 역세 상권 또한 주목할만한 상권이다. 당분간 국내 소도시 여행 수요는 갈수록 늘어날 가능성이 있다고 보기 때문이다.

소확행 아이템은 천차만별, 부지기수다. 외식업 중에서는 식사류와 딱 한 잔 콘셉트에 주목할 필요가 있다. 동시에 을지로 골목에서 손님들로 인산인해를 이루는 복고풍 주점 콘셉트는 당분간 많이 생겨날 가능성이 높다. 판매업 아이템 중에서는 온라인 매출로 연계할 수 있는 슬로푸드(Slow food)[3] 아이템에 주목할 필요가 있다. 식품제조가공을 기반으로 한 O2O[4] 유통 아이템이나 아날로그 푸드인 저장발효식품, 장류 아이템, 즉석 반찬류 제조 판매 시장도 확대될 전망이다.

● 소확행 창업 실행 시 유의할 점

소확행 창업 시장은 거부할 수 없는 물결과도 같다. 자영업 구조조

---

3 '패스트푸드'와 대비되는 말로 천천히 시간을 들여서 만들고 먹는 음식.

4 'Online to Offline' 즉 온라인이 오프라인으로 옮겨온다는 뜻으로, 예를 들어 온라인에서 주문하고 오프라인에서 상품을 수령하는 식의 온오프라인 통합형 시스템이다.

정기를 거치고 난 후에도 코로나 시대 창업법의 실체와 가치에 주목할 필요가 있다. 작은 가게라도 나만의 변별력 있는 시장 노하우와 경쟁력을 갖춘 사람만이 생존할 수 있다는 뜻이다. 또한 큰돈을 버는 것이 절대 목표가 아닌 창업자인 내가 즐겁고 재밌고 의미 있는, 지속 가능한 창업 시장의 도래를 예측할 수 있다. 덩달아 일로서의 창업 시대, 두 번째 잡(Job)으로서의 창업 시장 또한 활짝 열릴 것으로 보인다.

소확행 창업 시장은 빨리빨리 창업과는 거리가 멀다. 오히려 느린 창업 시장과 궤를 같이 한다. 제대로 된 핵심 기술을 배워서 차근차근 준비하고 오픈하는 창업 시장이라는 의미다. 정부 차원에서도 소확행 창업 교육장과 같은 인프라를 구축하는 사업이 시급하다. 창업자를 오랫동안 살아남는 알짜배기 가게의 주인으로 성장시킬 수 있는 교육 프로그램 역시 필요하다.

소확행 창업은 온오프라인을 겸비한 컨버전스(Convergence)[5] 창업 시장의 성격도 갖는다. 창업자 역시 온라인 시장에서 나만의 콘텐츠를 개발하고 서비스할 수 있는 역량 만들기에 치중해야 한다. 작은 가게일수록 디테일에 강해야 한다는 사실도 잊어선 안 된다.

---

5 여러 성능을 하나로 융합하여 하나의 제품이나 서비스 등을 만들어내는 일.

소확행 창업의 첫 단추는
창업을 바라보는 눈높이 교정부터다

코로나 시대는 창업에 대한 관점을 바꾸고 있다. 그 중 하나가 창업을 바라보는 개개인의 눈높이가 달라지고 있다는 점이다. 창업을 생각하고 있는 사람들의 현재 눈높이는 어디에 맞춰져 있을까? 창업 시장 밖에 있는 사람들이 생각하는 창업 눈높이와 창업 시장 안에 있는 사람들의 눈높이는 명확히 차이가 있다. 예비 창업자인 직장인들이 생각하는 창업의 눈높이는 대략 이렇다. '직장 생활보다는 스트레스 덜 받고 덜 힘들고 어렵지 않으면서 깨끗하다. 남 보기도 좋으면서 알토란 같은 내 돈을 투자하는 것이기 때문에 직장생활보다는 많이 벌어야 한다.'

이 정도의 눈높이는 창업을 막연하게 생각하는 직장인들이라면 누구나 생각할 수 있는 정도라고 볼 수 있다. 하지만 막상 창업 시장에 한 걸음 발을 들여놓은 창업자라면 이러한 직장인들의 시각에

헛웃음을 터뜨릴 게 뻔하다. 창업 시장에 발을 들여놓는 순간 상황이 녹록지 않음을 실감하기 때문이다. 더욱이 직장인 시절 막연하게나마 내 꿈을 이룰 수 있을 것이라며 자유롭게 상상의 나래를 펼치던 당시의 창업 모양새는 얼마나 허황된 욕망이었는지 금방 깨우치게 된다.

● 하루 100그릇 한정 판매 음식점이 늘어나는 이유

최근 창업 시장엔 하루 100그릇 한정 판매 음식점이 늘고 있다. 서울 강북 지역의 어느 중국집에서 하루 100그릇의 짜장면만 판매하고 나면, 바로 문 닫고 쉰다는 이야기가 회자된 적이 있다. 점심시간이 지나면 100그릇을 판매하고도 남기 때문에 보통 2~3시면 문을 닫는다고 한다. 나머지는 주인장의 개인 시간이라는 이야기다. 중국음식점을 하면서 하루에 수백 그릇을 판매하며 많은 돈을 버는 것도 즐거움이라 하겠지만, 이 집 주인장은 하루 100그릇의 짜장면만 판매하고 나머지 시간은 오롯이 주인장의 재충전시간, 여유 시간으로 활용한다.

　100그릇 한정 판매 뉴스가 나오면서 전국에서 100그릇 한정 판매 음식점이 늘고 있다. 세종특별자치시의 어느 뼈다귀탕집도 100그릇 한정 판매, 서울 양천구의 한 국숫집도 하루 100그릇 한정 판매를 전면에 내세운다고 한다. 물론 마케팅 수단일지라도 이러한 한정 판매 음식점이 늘고 있다는 것은 음식점 주인장 입장에서는 우리 가게를 찾는 손님 100명에게 정성을 다해서 최선의 서비스를 하고 나머지 시간은 나만의 시간을 누린다는 취지다. 100그릇을 통해서 올릴 수 있는 1차 목표 매출액을 달성했다는 이야기니, 그 나머지 시간은 주인장 개인의 취미생활이나 자신이 전적으로 좋아하는 일을 하는 데 쓸 수도 있다.

물론 음식점 경영과는 전혀 다른 또 다른 트랙의 비즈니스를 가동할 수도 있을 것으로 본다. 하지만 음식점 하나 운영하면서 24시간 꼼짝하지 않고 가게만 지키는 운영 시스템은 피하고픈 창업자들이 늘고 있는 추세라는 점은 분명해 보인다. 이러한 운영 사례야말로 주인장이 행복한 소확행 창업의 표본이라는 생각도 든다.

● **"저희 음식점은 프랜차이즈 사업 안 합니다"**
국내 외식업 시장은 대표적인 공급과잉 시장이다. 한정된 수요층에 비해서 음식점 수가 너무 많다. 적어도 이웃 나라 일본과 비교해보더라도 최소한 2.5배 이상은 경쟁이 치열하다. 상황이 이렇다 보니 자영업 사장님들끼리 벌이는 경쟁이 너무 심하다. 이웃집이 잘되면 내 가게는 안될 수 있다는 이야기다. 동시에 매장 하나로 올릴 수 있는 수익의 한계 또한 역력하다. 때문에 2000년 이후 우리나라 외식 창업 시장에서는 프랜차이즈가 마치 황금알을 낳는 거위인 양 추앙되기도 했다. 잘되는 음식점이 있으면 무조건 프랜차이즈화를 통해서 다점포로 확산시키고 개설 마진과 유통 마진을 챙기면 부자가 될 수 있다는 논리였다.

이런 이유로 자연스럽게 프랜차이즈 시스템은 창업자들의 로망 쯤으로 여겨지곤 했다. 하지만 최근 상권에 나가보면 "우리 음식점은 프랜차이즈가 아닙니다", "우리 음식점은 프랜차이즈를 하지 않습니다"라고 써 붙인 가게들을 종종 만나게 된다. 왜일까? 프랜차이즈 시스템을 통해서 단기간 내 다점포를 출점하게 되면 단기간에 벌어들이는 금액은 커질 수 있다. 하지만 롱런이라는 관점 즉, 장수 창업과 창업자 행복 지수라는 측면에서 본다면 결코 행복하지 않다는 사실, 업계 알만한 사람들은 다 아는 이야기다.

과거에는 매장 하나만 운영하는 가게 주인들을 왠지 시대에 뒤떨어진 사람으로 치부하기도 했다. 당연지사 매장의 업력이 늘고, 장사가 잘되면 이 가게를 프랜차이즈화해서 그 주인장은 점포 주인을 넘어서 프랜차이즈 기업을 운영하는 CEO 반열에 오르는 것이 정석이며, 곧 업계 미덕이라는 것이다. 하지만 이와는 반대로 최근 프랜차이즈에 대한 부작용도 많아지면서 오래된 가게들, 사업성이 검증된 알토란 가게의 사장님들 중에는 프랜차이즈를 하지 않겠다고 선언하는 사례가 늘고 있다. 오랫동안 운영해오던 가게 하나만이라도 초심을 잃지 않고 꾸준히 운영하겠다는 의지, 소확행 창업의 또 다른 사례라고 볼 수 있다.

● 내게 맞는 창업의 눈높이는 어디일까?

그렇다면 과연 내게 맞는 창업의 눈높이는 어디일까? 처해 있는 개인의 사업 환경에 따라서 천차만별일 수 있다. 첫째 내가 누려야 하는 최소한의 경제적인 목표를 정해야 한다. 쉽게 이야기하자면 한 달에 어느 정도의 수익은 벌어야 한다는 기준을 세우기 위해 정확히 시뮬레이션해야 한다는 뜻이다. 이를 위해서는 개인의 창업 인생과 관련한 라이프 스타일 파악이 선행되어야 한다. 생애 주기별로 필요로 하는 개인의 생활자금도 달라지기 때문이다. 이를 바탕으로 어느 정도의 수익을 올려야만 생활이 유지될 수 있는지를 정확히 산정해보는 것이 중요하다.

물론 다다익선이라고 이야기할 수 있다. 하지만 현재 우리나라 창업 시장의 생태계 특성상 결코 많이 벌 수 있는 시장이 아니라는 관점에서는 최대치가 아닌 최소치의 수익가치를 시뮬레이션해보고 창업하는 것이 좋다. 이를 위해서는 후보 아이템의 상권별 수익성 사례를 발로 뛰는 시장조사를 통해서 확인보는 것도 기본적으로 해야 할 일이다. 동시에 후보 아이템별 운영 스타일을 파악하고 나의 행복가치와도 부합하는지 따져봐야 한다. 몇 시에 문을 열고 몇 시에 문을 닫는지, 사람은 몇 명이 일해야 하는지, 휴일은 한 달에 며칠인지, 해당 아이템을 운영하는 선배 창업자들의 행복 지수는 과연 몇 점인지 등등을 꼼꼼히 따져보자는 이야기다. 이것이야말로 소확행 창업을 통해 웃음 지을 수 있는 지름길이다.

특수상권 창업은 소확행 창업을
해칠 수 있다

– 특수상권의 최소보장 임대료 문제 심각하다 –

소확행 창업을 거스르는 창업 콘셉트도 참 많다. 그 중 하나가 특수
상권 창업이다. 특수상권이라고 하면 일반 로드숍 상권이나 전통시
장 상권이 아닌 대형 유통매장, 대형 쇼핑몰, 백화점, 업무용 고층빌
딩, 고속도로 휴게소 등의 특수한 조건을 가지고 있는 상권을 일컫
는 말이다.

▲ 특수상권 창업, 과연 안전할까?

'특수상권 창업'이라는 키워드로 포털을 검색해보면 특수상권 창업을 부추기는 언론 기사는 넘쳐나는 수준이다. 해당 프랜차이즈 브랜드와 연계된 홍보성 기사라고 할 수 있다.

● 언론이 주목한 특수상권 피해 사례 3가지

한 방송사에서 '조물주 위 건물주'의 문제로 특수 상권의 피해 사례를 집중 조명했다.[6] 프로그램에서 첫 번째로 소개된 케이스가 다름 아닌 싱가포르투자청(GIC)이 소유하고 있는 서울 광화문 파이낸스센터 빌딩에서 닭갈빗집을 운영하고 있는 김일도 씨 사례였다. 김일도 씨는 닭갈빗집과 찜닭집, 고깃집 등을 운영하고 있는 성공한 외식 사업가이다. 김일도 씨는 서울 파이낸스센터에서 '일도씨 닭갈비'를 운영하면서 보증금 약 2억 5천만 원에 월 임차료 1,130만 원을 내고 있었으나, 5년 계약 기간 중 절반이 남았음에도 불구하고 보증금 4억, 월 임차료 1,666만 원으로 인상한다는 내용을 일방 통보받았다. 김일도 대표가 이 같은 내용을 거부했더니 김앤장 법률사무소로부터 내용 증명을 받았다는 사실이 방송 전파를 탔다.

두 번째로 특수상권에서 비일비재하게 볼 수 있는 '최소보장 임대료'의 피해 사례가 소개됐다. 특수상권 중 하나인 홍대입구 지하철역에 위치한 애경그룹 쇼핑몰에 쌀국수 프랜차이즈 가맹점을 오픈했다가 실패한 내용이었다. 구체적인 피해사례를 보면 최소보장 임대료가 적용된 계약서였다. 계약서를 보면 매출액의 12%를 월

---

6 MBC, 〈탐사기획 스트레이트〉, 108회, 2020. 11. 1.

임대료로 내거나 아니면 월 1,413만 원의 최소보장 임대료를 내도록 계약돼 있다. 그렇다면 장사가 안되더라도 1,413만 원과 부가세 141만 원, 관리비 646만 원, 기타 수수료 등을 포함하면 한 달에 건물주에게 내야 하는 총비용만도 2,424만 원에 이른다고 한다. 코로나 사태로 매출이 떨어진 상황에서 2천만 원 내외 매출로는 계속 적자만 보는 셈이다.

코로나 사태가 아니라고 가정하면 어떨까. 예를 들어 정상 매출액으로 예상되는 한 달 기준 8,000만 원의 매출을 올린다고 가정해도 원가 40%인 3,200만 원, 임대료와 관리비 2,424만 원, 인건비 1,600만 원만 계산해도 총 한 달 예상 비용은 7,200만 원을 넘으며 세전 순이익은 800만 원에도 못 미침을 알 수 있다. 세금까지 제외하면 한 달 순이익 500만 원도 안 될 수 있다는 것은 불을 보듯 뻔한 일이다. 최소보장 임대료 자체가 창업자들의 행복가치를 심하게 훼손하고 있음을 알 수 있는 대목이다.

세 번째로는 동대문 두타몰 상인들의 특수상권 피해 사례가 소개되었다. 두타몰 측에서는 코로나로 인해서 월별 10%~50%까지 임대료 감면을 지원했다고 했다. 하지만 한 구두 판매점의 손익계산서를 보면 8월 매출은 300만 원이 안 되는 상황임에도 월 임대료 670만 원, 관리비 118만 원을 포함하면 한 달 788만 원이 월 임대료 및 관리비로 지출되어야 한다. 심각한 수준이라고 볼 수 있다. 배보다 배꼽이 큰 사례다. 동시에 새로 제정된 상가 임대차보호법의 비현실성을 꼬집고 있다. 코로나 사태와 같은 외부적인 악재로 인해 청구인이 임대료 감액을 청구한다고 한들, 임대인이 응하지 않으면 무용지물이라는 이야기다. 결국 소송으로 가서 이기는 수밖에 없다.

● **외부적 악재에는 임차인과 임대인, 정부가 함께 고통을 분담해야**

코로나 사태에 대응하는 해외의 자영업 대책 관련 사례도 소개됐다. 캐나다의 경우 코로나19로 인해서 피해를 보고 있는 임차인들에게 임대료의 25%만 내도록 하고, 50%는 정부가 지원해주고 있었다. 건물주 입장에서는 임차인에게 임대료를 감면해주면서 3자와 함께 고통을 분담하고 있음을 알 수 있는 대목이다. 호주의 경우 건물주가 임대료를 인하해주면 정부에서는 세금감면 혜택을 주고, 만약 임차인과 분쟁이 발생할 경우 소송에 들어가기 전 단계인 분쟁조정절차에 건물주가 의무적으로 참석해야 함을 명시하고 있다.

하지만 우리나라는 어떨까? 상가 임대차보호법 개정안을 보면 6개월 동안 임대료를 못 내더라도 세입자를 내보낼 수 없고, 임차인에게 임대료 감액청구권을 부여한다고 했다. 하지만 유명무실한 조항이다. 임차인이 임대료 감액을 청구하더라도 건물주가 받아들일 의무는 없고, 임차인이 분쟁조정절차를 신청하더라도 건물주가 참여를 거부하면 각하된다. 결국 폐업을 고민하며 하루하루 버티기 힘든 임차인들에게 몇 년이 걸릴지 모를 소송으로 문제를 해결하라는 이야기다. 현실성이 결여된 법령으로 보인다.

● **온라인 시장 급팽창이 더 큰 문제다**

최근 코로나19로 인한 비대면 소비가 활성화되면서 오프라인 소비는 갈수록 위축되고 있다. 산업통상자원부의 2020년 3월 데이터를 보면 우리나라 유통업체 매출의 50%는 쿠팡, 지마켓 등의 온라인 소비에 집중되고 있다. 대형마트 17.9%, 편의점 16.2%, 백화점

11.2% 순이다. 이러한 소비스타일은 코로나가 없어지는 상황이 온다고 해도 그 판도가 쉽게 바뀌지 않을 것이라는 게 전문가들의 공통된 의견이다. 결국 이 같은 상황을 고려해본다면 향후엔 건물주마저도 힘들어지리라는 것은 누구나 예측할 수 있는 부분이다. 조물주 위 건물주의 시대도 끝날 수 있다는 이야기다. 창업자 없는 건물주는 결코 행복할 수 없기 때문이다.

● 그렇다면 향후 시장은 어떻게 변해갈까?

온라인 시장의 확장이라는 대세는 거스르기 어려울 것으로 보인다. 동시에 오프라인 소비의 위축세는 커져만 가고 있다. 대형마트와 백화점 매출도 줄어들 수밖에 없다. 자연스럽게 자영업 시장의 폐업률은 당분간 더 큰폭으로 증가할 수밖에 없다.

자영업 시장 구조조정도 가속화할 것으로 보인다. 신규 창업자들의 창업 스타일도 소확행 창업을 염두에 둔 실속 창업 쪽으로 수요가 몰릴 것이라는 판단이다. 특히 최소보장 임대료와 같은 불합리한 계약이 만연한 특수상권 창업 시장은 더 급격히 침몰할 가능성이 크다. 만에 하나 특수상권에 창업을 하더라도 최소한 코로나 사태 등 내외부적인 경기 변수를 감안해 면밀한 예상 수익성 분석 절차를 반드시 거쳐야 한다.

반면 전통시장 등 최소 비용을 들여서 안정적인 창업을 할 수 있는 소확행 상권에 대한 관심도는 높아질 전망이다. 창업 스타일도 변화할 조짐이다. 틈새 아이템 찾기도 중요하지만 그에 앞서 소확행 상권 찾기에 골몰하는 창업자가 더 늘어날 것으로 여겨진다.

1,437개 전통시장 상권에서
소확행 창업의 길을 묻다

특수상권의 위험 요인은 이미 잘 알려져 있다. 그렇다면 상대적으로 창업자들에게 저평가된 상권은 어디일까? 창업자 입장에서 소확행 창업과 가장 가까이 있는 상권은 또 어디일까? 필자는 전국의 1,437개가 넘는 전통시장 상권을 주목해 볼 것을 권유하고 싶다. 아파트 단지가 늘고, 아파트 상가가 많아질수록 상대적으로 구매력이 높아지는 곳이 바로 전통시장 상권이기 때문이다. 창업자 입장에서 우리나라 1,437개 전통시장의 현주소를 정리했다.

● 전통시장 창업의 매력과 현황

코로나 시대는 시장의 판도를 변화시키고 있다. 새로운 스타일의 아이템이나 상권이 출현하기도 하지만, 어려운 시대, 불황기일수록 전통적인 복고 트렌드가 강세일 수밖에 없다. 상권 역시 신도시 상

▲ 불황기에 살아나는 복고 트렌드, 전통시장은 그 자체로 '뉴트로'의 보고다

권 같은 신흥 상권보다는 오래된 상권이 유리하다. 그런 측면에서 우리나라 사람들의 원초적인 라이프 스타일이 묻어 있는 전통시장 상권은 매우 유의미한 상권이다.

새로운 복고 스타일이 곧 구매가치로 연결된다는 뉴트로 관점에서 전통시장 상권은 신세대 소비자에게도 어필할만한 상권이다. 정부 역시 막대한 자금을 투여해서 전통시장에 대한 시설 개선 및 다양한 지원프로그램을 진행하고 있기 때문에 신규 창업 예정자는 물론 기존 창업자들도 전통시장 상권의 틈새를 노려봄직하다.

2019년 정부에서 발표한 전국 전통시장 실태조사 보고서에 따르면 우리나라에는 총 1,437개 전통시장이 성업 중이다. 17개 지자체별 전통시장 수를 보면 서울이 211개로 가장 많고, 부산 173개, 경남 157개, 경북 143개, 경기도 140개, 대구 113개, 전남 100개, 충북 60개, 강원 59개, 전북 58개, 충남 57개, 인천 45개, 울산 40개, 대전 28개, 광주 26개, 제주 23개, 세종 4개 순이다.

그렇다면 전통시장 종사자 수는 어느 정도일까? 그리고 점포 수는 몇 개나 될까? 2018년 말 기준으로 전통시장 상인 수는 총 35만

(단위: 개, %)

구분	서울	부산	대구	인천	광주	대전	울산	경기	강원
시장	211	173	113	45	26	28	40	140	59
비율	14.7	12.0	7.9	3.1	1.8	1.9	2.8	9.7	4.1

구분	충북	충남	전북	전남	경북	경남	제주	세종	계
시장	60	57	58	100	143	157	23	4	1,437
비율	4.2	4.0	4.0	7.0	10.0	10.9	1.6	0.3	100.0

출처: 소상공인시장진흥공단 〈2018년 전통시장·상점가 및 점포경영 실태조사 결과보고서〉, 2020년 4월 (이하 동일)

9,049명이다. 점포 상인들이 18만 4,412명, 종업원 수가 13만 665명, 노점 상인 수가 4만 3,972명이다. 전통시장 상인 수는 2016년부터 본다면 조금씩 줄어드는 양상이다. 특히 종업원 수는 지속적으로 줄고 있는 상황이다. 나 홀로 창업자들이 많다는 이야기다.

전통시장 점포 수도 2017년까지 20만 9,884개였다가 2018년 말 기준으로는 20만 5,271개로 줄어든 상황이다. 영업 중인 점포 수는 18만 4,400개, 빈 점포는 1만 7,500개 정도다. 창고나 사무실 등 영업 이외의 목적으로 활용되는 점포는 3,270개 수준이다. 신규 창업자 입장에서는 비어있는 점포에 관심을 가질 필요가 있다.

(단위: 명, %, %p, %)

조사 시점 구분	2016년		2017년	
	종사자 수	구성비	종사자 수	구성비(A)
총 상인*	368,930	100.0	363,660	100.0
점포 상인	188,774	51.2	190,286	52.3
종업원	139,535	37.8	133,149	36.6
노점상인**	40,621	11.0	40,225	11.1

조사 시점	2018년			
구분	종사자 수	구성비(B)	증감(B-A)	증감률
총 상인*	359,049	100.0	–	△1.3
점포 상인	184,412	51.4	△0.9	△3.1
종업원	130,665	36.4	△0.2	△1.9
노점상인**	43,972	12.2	1.1	9.3

* 총 상인: 점포 상인 + 종업원 + 노점상인
** 노점상 구성비는 '(노점상인÷총상인)×100'으로 산출

조사시점	2016년		2017년	
구분	점포 수	구성비	점포 수	구성비(A)
전체	209,193	100.0	209,884	100.0
영업 점포	188,774	90.2	190,286	90.7
빈 점포	18,807	9.0	17,504	8.3
기타 점포*	1,612	0.8	2,094	1.0

조사시점	2018년			
구분	점포 수	구성비(B)	증감(B-A)	증감률
전체	205,271	100.0	–	△2.2
영업 점포	184,412	89.8	△0.8	△3.1
빈 점포	17,587	8.6	0.3	0.5
기타 점포*	3,272	1.6	0.6	56.3

* 창고 및 사무실 등 영업 이외의 목적으로 활용되고 있는 점포

● 새로운 기회의 땅, 전통시장

전국에서 영업하는 전통시장 상인들의 연령대는 어떨까? 전체 전통시장 상인들의 연령대를 살펴보면 50대 33%, 60대 32.1%, 70대 이상 14.4% 등 50대 이상 중장년 창업자가 전체 전통시장 상인들의 79.5%를 차지하고 있다. 전반적으로 고령화 추세가 강한 것으로 볼

구분	연령 성별	전체	29세 이하	30세 ~ 39세	40세 ~ 49세	50세 ~ 59세	60세 ~ 69세	70세 이상	평균 연령
2018년	전체	100.0	1.0	5.4	14.1	33.0	32.1	14.4	58.0
	남자	100.0	1.4	9.0	17.0	31.0	28.6	13.1	56.3
	여자	100.0	0.8	3.3	12.5	34.2	34.1	15.1	59.0
2017년	전체	100.0	0.8	4.9	15.6	37.8	30.2	10.7	57.2

※ 점포주의 평균 연령은 58.0세로 2017년 57.2세에서 0.8세 증가 (단위: %, 세)

수 있다. 하지만 창업 시장 관점에서 본다면 오랜 기간 장사를 해온 장수(長壽) 창업자가 많다는 해석도 가능하다.

실제로 일반 상권에 비해서 영업 연수가 길다는 것이 특징이자 전통시장 상권의 가장 큰 강점이라고 볼 수 있다. 평균 영업연수는 18.6년에 달한다. 일반 로드숍 상권의 가게들과 비교되는 수치다. 구체적인 영업연수를 보면 10년~19년이 28.1%로 가장 많다. 다음으로는 20~29년이 22.3%에 달한다. 전통시장 상인들의 50%는 최소 10년 이상 영업한다는 이야기다. 30년~39년 사이가 14.8%, 40년 이상 창업자도 6.8%에 달한다. 장수 가게가 많다는 이야기다. 전통시장 상권의 가장 큰 매력이다.

반면 전체 연령대 중 40대는 14.1%, 30대는 5.4%, 20대 이하는 1.4%에 불과하다. 2030 창업자들의 전통시장에 대한 관심도를 높

(단위: %, 년)

구분	전체	5년 미만	5년 ~ 9년	10년 ~ 19년	20년 ~ 29년	30년 ~ 39년	40년 이상	평균 업력
2018년	100.0	13.3	14.7	28.1	22.3	14.8	6.8	18.6
2017년	100.0	13.5	17.3	32.5	20.6	11.5	4.6	16.7

일 필요가 있다. 전통시장은 고령화된 곳이라는 편견을 깨면 여러 가지 기회 요인도 생길 수 있다고 본다.

실제로 손님들의 발길도 꾸준히 이어지고 있다. 전통시장을 방문하는 고객 수와 점포당 고객 수 추이를 살펴보면, 먼저 연도별 고객 수는 다음과 같다. 시장당 1일 평균 고객 수는 2015년 4,349명이었다. 2016년은 4,486명, 2017년은 4,554명, 2018년은 5,164명 등이다. 지속적으로 시장을 방문하는 소비자들이 증가하고 있는 추세다.

점포당 매출액과 직결되는 점포당 고객 수도 꾸준히 늘고 있다. 점포당 방문객 수는 2015년 하루 33.5명이었는데, 2018년 데이터는 40.2명에 달한다. 객단가 1만 원만 잡더라도 최소한 하루 매출액이 40만 원은 넘는다는 이야기다.

(단위: 명, %)

구분	2015년	2016년	2017년	2018년	증감(2017년 대비)	
					명수	비율
시장당 일 평균 고객 수	4,349	4,486	4,553	5,164	611	13.4
점포당 일 평균 고객 수	33.5	34.2	34.7	40.2	5.5	15.9

수익성은 어떨까? 전통시장의 매출액 데이터를 확인해보자. 전통시장의 시장당 평균 매출액은 연도별로 증가하는 추세다. 2015년도엔 시장당 1일 평균 매출액이 4,812만 원이었는데 2016년에는 4,988만 원, 2018년엔 5,409만 원에 달할 정도로 매출액이 늘고 있다. 전통시장 상인들의 수익성 지표라고 할 수 있는 점포당 1일 평균 매출액 역시 2015년 37만 1,000원이었던 것이 2018년 말 기준으

구분	2015년	2016년	2017년	2018년	증감(2017년 대비)	
					금액	비율
시장당 일 평균 매출액	4,812	4,988	5,125	5,409	284	5.5
점포당 일 평균 매출액	37.1	38.0	39.1	42.2	3.1	7.9

(단위: 만 원, %)

로 42만 2,000원으로 늘었다. 월평균으로 따져본다면 평균 1,200만 원 남짓의 매출액을 올리고 있는 것으로 판단된다.

● 전통시장 창업 시 들어가는 비용과 참고할 점

전통시장 가게들의 평균 보증금은 1,792만 원 수준이다. 연도별 보증금 추이를 보면 2015년 2,052만 원에서 2016년 2,077만 원, 2017년 2,083만 원으로 상승하다가 2018년부터는 1,792만 원으로 하락세다. 1,000만 원 이상 2,000만 원 미만인 점포가 전체 점포의 31%로 가장 많은 비율을 차지하고 있다. 문제는 권리금이 별도 책정된 점포가 많은 편이라는 점이다. 따라서 점포 구입 비용은 더 늘어날 수 있다.

전통시장 점포들의 평균 임대료 추이는 2015년 74만 원에서 2018년 80만 원 정도로 완만한 상승세를 보이고 있다. 그럼에도 일

(단위: %, 만 원)

구분	전체	500만 원 미만	500만 원~ 1천만 원 미만	1천만 원~ 2천만 원 미만	2천만 원~ 3천만 원 미만	3천만 원 이상	평균 보증금
2018년	100.0	15.5	16.6	31.0	16.6	20.3	1,792.6
2017년	100.0	8.5	15.4	37.1	18.3	20.7	2,083.9

구분	전체	25만 원 미만	25만 원 이상 ~ 50만 원 미만	50만 원 이상 ~ 75만 원 미만	75만 원 이상 ~ 100만 원 미만	100만원 이상	평균 임대료
2018년	100.0	24.5	19.6	19.7	7.9	28.3	80.2
2017년	100.0	22.6	19.8	21.8	8.6	27.2	76.0

(단위: %, 만 원)

반 신도시 상권 등 로드숍 상권에 비해서는 현저히 저렴한 편이라고 할 수 있다. 한 달 임차료가 50만 원 미만인 점포도 44.1%에 달한다. 50만 원 이상에서 100만 원 미만인 가게들까지 포함한다면 약 72%가 100만 원 미만이다.

비교적 저렴한 비용으로 창업을 할 수 있는 안정적인 시장인 셈이다. 특히 전통시장 창업을 고려하는 창업자라면 정부의 여러 가지 전통시장 지원 사업에 주목할 필요가 있다. 점포를 물색할 때 지붕이 있는 전통시장을 상권을 택하라는 것도 그런 이유다.

전통시장의 지붕 설치 사업은 전통시장 활성화 차원에서 국민들

(단위: 개, %, 점)

구분		사례 수	아케이드 보유		노후도	아케이드 미보유		필요도
			사례 수	%		사례 수	%	
전체		1,437	889	61.9	3.16	548	38.1	3.10
외부 형태	건물형	732	425	58.1	3.25	307	41.9	3.02
	노점형	20	11	55.0	3.27	9	45.0	3.10
	장옥형	160	113	70.6	3.47	47	29.4	2.94
	상가주택 복합형	525	340	64.8	2.97	185	35.2	3.27
개설 주기	상설	1,022	581	56.8	3.05	441	43.2	3.13
	정기	137	91	66.4	3.36	46	33.6	2.98
	상설+ 정기	278	217	78.1	3.36	61	21.9	3.08

▲ 지붕이 설치된 전통시장의 강점은 날씨에 구애받지 않는다는 점이다

의 세금을 바탕으로 정부가 지원하는 사업이다. 전체 1,437개 시장 중에서 지붕 즉 아케이드가 설치된 전통시장은 889개에 달한다. 약 62%가 지붕이 있는 전통시장인 셈이다. 지붕이 있는 전통시장의 강점은 쇼핑 편의성이 높다는 점이다. 비나 눈이 오는 악천후에도 날씨에 구애받지 않고 상품을 구매할 수 있다. 따라서 반드시 지붕이 설치된 전통시장 상권이 어디인지 잘 살펴볼 필요가 있다.

● 업종 선택의 노하우와 전통시장 창업의 강점

업종 분포 측면에서 가장 많은 비율을 차지하는 분야는 전통시장 특성에 맞는 1차 식품이다. 농산물 15.4%, 정육점 등의 축산물 3.3%, 수산물 8.3%로 총 27%를 차지한다. 그다음으로 의류 및 신발이 19.7%를 차지하고 음식점업은 13% 수준이다. 1차 식품류와 그 외 다양한 판매업이 골고루 분포돼 있음을 알 수 있다.

창업자 입장에서 눈여겨볼 만한, 출점 타당성이 높은 창업 아이템을 정리해보자면 우선 농산물 관련 아이템은 스테디셀러 아이템

구분	농산물	축산물	수산물	가공식품	의류 및 신발	가정 용품	음식 점업	기타 소매업	근린생활 서비스
2018년	15.4	3.3	8.3	9.8	19.7	5.2	13.0	14.6	10.8
2017년	14.8	3.8	7.9	9.4	19.5	5.1	12.8	16.0	10.7
2016년	15.7	3.5	8.2	10.0	19.4	5.2	13.1	13.6	11.4

(단위: %)

으로 판단된다. 특히 야채가게나 과일가게를 단독으로 하는 경우 아니면, 야채와 과일을 같이 취급하는 매장 등도 눈여겨볼 필요가 있다. 사실 1차 식품 아이템 중에는 생선 가게도 눈여겨볼 만하다고 본다. 오히려 경쟁이 덜 치열한 아이템 중 하나다.

전통시장 상권에서 안정적인 매출을 올리는 대표적인 아이템 중 하나는 정육점이다. 정육점은 형제들이 운영하는 경우가 많다. 각종 식품 판매점도 안정적인 아이템 중 하나다. 두부 판매점, 어묵 판매점, 김치 및 반찬 판매점과 같은 각종 식품 판매점은 전통시장의 단골 아이템이다. 의류·신발 같은 잡화류는 온라인과 연계해야 하며, 족발집, 순대국밥집, 칼국수집, 길거리음식점과 같이 손님들의 구미를 당기는 각종 음식점들도 꾸준히 인기를 누리는 아이템이다.

전통시장 창업의 가장 큰 장점은 무엇일까? 첫째는 상인회가 활성화되어 있어 정부 지원을 많이 받을 수 있을 뿐만 아니라 상인들끼리의 끈끈한 커뮤니티가 잘 형성된 시장이 많다는 점이다. 둘째는 비교적 반짝하고 사라지는 가게보다는 대를 잇는 장수 아이템, 장수 가게가 많은 편이다. 코로나 시대의 창업자라면 겉은 번듯하지만 비싼 월세에 시달려야 하는 특수상권에 창업하는 것보다는 전통시장의 오래된 가게, 오래된 창업자들이 지켜온 패러다임을 함께 호흡해보는 것도 창업 인생에 있어 중요한 코드이다.

▲ 각종 식품 판매점도 전통시장의 인기 업종 중 하나다

전통시장의 전체적인 시장 규모도 꾸준히 늘고 있다. 2010년 21 조 원에서 2018년엔 24조 원으로 증가 추세에 있다. 대형마트 33.5 조, 온라인 114조와 비교되는 수치다. 거래 수단 역시 카드 매출보 다는 현금 매출 비중이 높은 상권이다. 56.7%가 현금 매출, 신용카 드 매출은 38.7%다.

전통시장 상권에 창업을 염두에 두고 있다면 기존 상인들과의 친 화력 및 커뮤니케이션 능력도 키워야 한다. 사람 사이의 두터운 정 이 가장 중요한 곳이 전통시장이니만큼 간과해서는 안될 요소다. 또한 전통시장 업종이라고 해서 온라인화라는 대세를 비껴갈 수는 없다. 향후 온라인 운영은 갈수록 점포 운영의 필수 요소가 될 전망 이다. 즉 오프라인 전통시장이지만, 온라인 수익 모델 창출을 겨냥 한 컨버전스 수익 모델 개발이 필수다. 이를 위해서는 전통시장 창 업 전 인터넷 및 SNS 활용 역량을 높이는 훈련이 요구된다.

소확행 창업자의 글쓰기 역량을 높이는 방법

새롭게 변화해가는 창업 시장 환경 속에서 창업자들에게 꼭 필요한 역량은 무엇일까? 물론 한둘이 아니다. 세상을 바라보는 안목, 변화무쌍한 비즈니스 시장을 분석하는 냉철한 시각도 있어야 하고 세상이 변해가는 속도도 체크할 줄 알아야 한다. 근면과 성실, 열정과 끈기는 기본 중의 기본이다. 대외적으로는 아주 착하다는 소리도 들어야 한다. 정부 정책을 이해하고, 활용할 줄 아는 혜안도 필요하다. 여차하면 사업의 시작과 끝에 대해서도 생각하고, 판단하고 결정해야 한다. 여기에 한 가지를 더 추가한다면 무엇이 있을까? 필자의 의견으로는 글쓰기의 습관화를 주장하고 싶다.

● 창업자를 위한 비즈니스 코칭장에서 생긴 일

어느 시중 은행에서 지원하는 비즈니스 맞춤형 코칭장에 다녀온 적이 있다. 새로운 비즈니스 모델을 세팅해서 론칭하려는 30대 청년 창업자들을 대상으로 비즈니스 코칭을 하기 위함이다. 다들 똑똑함과 성실함, 재기 발랄함까지 갖춘 창업자들이라는 것을 한눈에 알 수 있었다. 20대 때는 국내외를 넘나들며 열정적으로 생활했던 흔적들도 확인할 수 있었다. 이러한 경험을 바탕으로 새로운 스타일의 독립 창업을 준비하고 있는 중이었다.

당장 돈이 되는 것에 대해서 이야기해보기로 했다. 내가 하고 싶은 일과 돈이 되는 일은 서로 결이 통할 수도 있지만, 통하지 않을 수도 있기 때문이다. 필자는 코칭 프로그램에 참여한 30대 청년들의 사업계획서와 사업 스토리를 들어보면서 안타까운 마음이 들었다. 안정적인 수익가치 창출을 위한 근본적인 사안을 도외시한 채 당장 고객들을 어떻게 불러들일 것인가에 대한 문제에만 골똘하고 있었기 때문이다.

이제 세상에 첫발을 내딛는 창업자들이 이효리와 같은 유명한 연예인일 리는 만무하다. 대외적인 공신력도 갖추고 있지 않다. 그렇다면 무엇이 필요할까? 무엇보다 고객들을 향해 고객 니즈에 적합한 콘텐츠를 보여주어야 한다. 콘텐츠는 영상, 그림과 사진, 글쓰기로 분류할 수 있다. 특히 글쓰기를 통한 콘텐츠 만들기는 창업자의 비즈니스 가치를 정리하고 집대성하는 일이자, 가장 적은 비용으로 나만의 무기를 만드는 일이다. 따라서 창업을 진행하는 초보 창업자들이라면, 글쓰기 콘텐츠만이라도 예상 고객들에게 꾸준히 그리고 지속적으로 노출시키고 서비스해야만 한다. 그래야 갈 곳 많은 고객들의 작은 관심이라도 끌 수 있다. 특히 지식 서비스업을 포함한 서비스업 창업의 경우, 해당 분야에 대한 전문성을 기반으로 한 발로 뛰는 콘텐츠 만들기가 선행되어야 한다고 본다.

● 글쓰기를 통한 콘텐츠 만들기는 비즈니스 가치 상승과 연동된다

창업자에게 있어 글쓰기는 매우 중요한 코드이다. 다들 머릿속에는 수만 가지 아이디어와 콘텐츠들이 켜켜이 쌓여있기 마련이다. 하지만 정작 그 콘텐츠를 구독하고, 이해하고, 관심을 가져야 할 고객들은 그 내용을 잘 모른다. 고객들을 향한 콘텐츠는 당장 돈이 되는 것과 연결되지 않아도 된다. 꾸준히 같은 시간대에 자신의 목소리를 담아서 정성스럽게 콘텐츠를 서비스하다 보면 어느새 신규 고객들은 한 사람 두 사람 늘어나게 된다. 블로그건 유튜브 영상 콘텐츠건 마찬가지 시스템이다.

주의사항도 있다. SNS 글쓰기는 결코 단기적인 100미터 달리기가 아니다. 흡사 마라톤과 같은 장기적인 글쓰기가 필요하다. 우리들의 인생 역시 전력 질주해야 하는 100미터 달리기라기보다는 오래달리기, 즉 가늘고 길게 살아가는 마라톤과 닮아 있다. 이러한 글쓰기가 곧 창업자의 비즈니스 가치와 연결되면서 결국 수익가치 창출로 이어진다.

● 콘셉트 있는 글쓰기가 필요한 시대

글쓰기에 대해 하소연하는 사람들도 있다. 너무 어렵다고 이야기한다. 그렇다면 맘에 드는 문장, 맘에 드는 책 한 권이라도 베껴 쓰는 연습부터 하라고 권유하곤 한다. 창업자들 입장에서는 콘셉트 있는 글쓰기가 필요하다. 최근 주목받고 있는 소비 트렌드 중 하나는 허접한 '마케팅'이 아닌 날카로운 '콘셉팅'에 주목하라는 것이다. 내가 하고자 하는 이야기의 핵심만을 간추려서 말하고 글쓰는 연습이 필

요한 시대라는 이야기다.

"말은 되는데 글이 안 되면 어떡하나요?" 이렇게 질문하는 창업자도 있다. 충분히 그럴 수 있다고 본다. 말은 얼마든지 되는데 그 말을 글로 옮기기가 어려운 경우, 먼저 말하는 내용을 녹취하고 그대로 글로 옮겨보는 연습을 해보자. 요즘 시대의 콘텐츠 패러다임은 말하기도 글쓰기처럼, 글쓰기도 말하기처럼 해야 하는 시대다.

● 글의 품격은 진정성과 발로 뛰는 취재, 글쓰기의 습관화에 달렸다

일단 글쓰기의 진정성이 가장 중요하다. 화려한 미사여구는 필요치 않다. 문학적 글쓰기를 하자는 것이 아니기 때문이다. 내가 하고 있는 창업 모델을 두고 고객을 향한 글쓰기가 이루어져야 한다는 이야기다.

우리 가게 이야기부터 우리 가족의 이야기까지, 사람 이야기를 정리하는 것부터 시작해 볼 수 있다. 음식점 사장님이라면 우리 음식점의 식재료 이야기만 해도 100꼭지는 쓸 수 있다고 본다. 서비스업 창업을 고려한다면 고객들의 가려운 점을 콕 집어 긁어주는 콘텐츠가 먼저 서비스되어야 한다. 나의 고객들이 요구하는 지점이 어디인지를 꼼꼼히 되새기면서 타깃 고객들이 관심 있어 하는 부분을 짚어주는 글쓰기가 진정성 있는 글쓰기다.

마지막으로 진정성 있는 글쓰기의 성공 여부는 발로 뛰는 취재에 달려있다. 현장에 나가야 한다는 이야기다. 현장의 수많은 현상들을 기록하고, 사진 찍고, 영상으로 촬영한 다음 그것을 글쓰기의 소재로 활용하면 된다. 그때그때 떠오르는 수많은 생각들을 메모하는

습관도 필요하다. 핸드폰이나 포털 사이트에서 제공하는 메모장은 펜이 없어도 매우 유용하게 활용할 수 있는 필기도구다. 창업자의 글쓰기는 습관이다. 처음엔 넋두리 같은 글쓰기를 하더라도 점차 습관이 발전하면 감동 있는 글쓰기, 실속 있는 글쓰기로 변해갈 수 있다. 브이노믹스 시대를 살아가는 소확행 창업자에게 필요한 지혜는 글쓰기의 습관화라고 해도 과언이 아니다.

불황기 자영업 사장님들의 외로움 타파법

자영업 인생의 첫 단추는 어떻게 끼워지는가? 우리 시대의 자영업은 생존 수단에 가깝다. 물론 자영업으로 미래가치를 실현하기 위해 자신의 꿈을 베팅하는 분들도 많다. 하지만 처음부터 자영업을 하고 싶어서 이 시장을 노크했던 사람은 생각보다 많지 않다. 청년 세대의 경우 좋은 직장이 없기 때문에 차선책으로 자영업 시장을 노크하기도 하고, 시니어 세대의 경우 조기에 정년을 맞이한 후 경제활동 기간을 연장하는 의미에서 자영업 시장에 편입되는 경우도 많은 게 현실이다. 즉, 어쩔 수 없이 자영업 시장에 진입한 경우가 상당수를 차지한다.

● 외부적인 악재가 불어닥치면, 사장님들은 가장 먼저 외로워진다
1990년대의 자영업과 2000년대의 자영업 그리고 2020년대의 자영업 시장은 완전히 다르다. 요즘 자영업 인생들의 면면을 살펴보면

그저 오래 살아야 하는 시대의 마지막 자존감 유지의 수단이자, 최소한의 개별적 경제활동을 위한 도구에 가까울 뿐이다. 이런 상황에서 전혀 예상하지 못한 악재를 만날 때는 가슴이 미어진다. 조류독감, 광우병 파동, 구제역 파동, 메르스 파동, 만두 파동 등등 외식업 시장에는 참 악재도 많다. 그럴 때마다 자영업 사장님들은 피눈물을 흘리면서 폐업을 하기도 하고, 재기를 위해 몸부림을 치기도 했다.

2020년 초부터 시작된 코로나 사태는 상상을 초월하는 악재다. 폐업 점포가 늘어나고 있다. 폐업까지는 아니더라도 외부적인 악재가 닥치면 자영업 사장님들은 늘 폐업까지 염두에 둘 수밖에 없다. 외로움이 물밀 듯 몰려오는 지점이다. 최근 사회적 거리두기 2단계, 2.5단계를 거치면서 이른바 '멘붕'을 경험하는 자영업 사장님들이 참 많다. 그들은 한결같이 외롭기 그지없다. 그들이 겪는 진한 외로움은 사회적 안전망 유지 차원에서도 누군가 어루만져줄 필요가 있다고 본다.

● 스스로 '외로움 타파전략'을 수립하자
먼저 내 사업 코드와 무관한, 오직 내 몸과 내 마음이 좋아하는 일이 무엇인지부터 생각해봐야 한다. 고상한 취미는 아니어도 "나는 그 일을 할 때가 제일 즐거웠어"라고 말했을 때의 그 일을 다시 찾아야 한다. 내가 좋아하는 일은 곧 내 마음을 둘 곳이기도 하다. 이렇게 어려운 시기에는 특정한 종교도 여기서 말하는 마음 둘 곳에 해당할 수 있다.

두 번째는 나와 같은 상황에 있는 주변 사장님들이 모인 작은 커뮤니티도 필요하다고 본다. 전국의 상인회, 상가번영회는 특히 중요한 역할을 한다고 본다. 하지만 상인회치고 잘 돌아가는 곳이 생각보다 많지 않은 게 현실이다. 반면 전국의 전통시장 상인회는 대부분 잘 세팅된 경우가 많다. 소상공인 입장에서 전통시장 상권을 잘 주시해야 하는 이유다.

세 번째는 앞서 짚어본 것처럼 나의 생각과 철학을 머릿속으로만 정리하지 말고, 직접 표현하는 연습을 해야 한다. 때론 글로 표현하고 말로 표현하고 영상으로 외칠 필요가 있다. 소상공인 유튜버들의 가장 큰 만족도는 바로 그 지점에 있다고 보인다. 꼭 유튜브가 아니더라도 내 생각을 글로 쓰고, 말로 정리하다 보면 나에게 다가온 스트레스와 진한 외로움의 정체는 점차 사그라질 수 있다.

● 외로움과 친해지는 외로움 친화 전략이 필요하다

이와 동시에 외로움 코드와 친해질 필요가 있다. 정호승 시인의 '외로우니까 사람이다'라는 시구를 떠올리지 않더라도 자영업 인생 그 자체가 외로운 삶일 수밖에 없다. 특히 요즘처럼 자영업 생태계 자체가 위협받고, 생태계 컬러가 카멜레온처럼 수시로 변화되는 세상에서는 늘 외로움과 사투를 벌어야 한다. 생각대로 안 되는 일이 정말 많아질 수 있는 시대다.

코로나 사태와 같은 대형 외부적 악재가 터질 때면 더더욱 그렇다. 1990년대의 자영업 사장님들은 그저 열심히, 성실히, 한눈 안팔고, 집과 가게만 왔다갔다하다 보면 어느새 돈도 쌓이고, 내 꿈을 이루기도 했다. 하지만 2020년대를 사는 자영업 사장님들은 다르다. 시장 환경 자체가 달라졌다. 자칫 이 소용돌이 속에서 나만 희생양으로 전락할 수 있다는 불안감도 엄습해 온다. 그래서 늘 안테나를 세우고, 시장의 변화 양상을 체크하기 바쁘고, 변화하는 시장의 눈높이를 따라잡기도 버겁다. 외로울 수밖에 없다. 하지만 이제는 그 외로움마저 친구라고 생각할 때다. 외로움과 친해졌을 때 비로소 외로움이라는 감정을 다스리는 경지에 다다르기 때문이다.

● **최악의 상황을 염두에 두면 마음이 편안해진다**

주변에 어려움을 호소하는 자영업 사장님들을 만날 때면 늘 최악의 상황에 대비해야 한다고 조언한다. 작은 삶의 지혜이기도 하지만 어떤 어려움이 닥칠 때 그 어려움으로 발생할 수 있는 가장 최악의 그림을 생각하고, 그 상황에 맞닥뜨렸을 때의 복안까지 만들어놓으면 마음이 편해짐을 느낀다. 현재가 바닥이라고 안심해도 안된다. 여차하면 바닥 밑 지하로 내려갈 수 있는 게 인생이기 때문이다. 지하 1층에서 멈춘다는 보장도 없다. 자칫 지하 10층까지 곤두박질칠 수도 있다.

이때 '만약 내 창업 인생이 지하 10층에 내려가게 되면 나는 그때 무슨 일을 하리라'라는 복안을 세우고 나면 마음이 편해진다. 즉 어려움이 닥칠수록 그 어려움의 가장 최악의 상황을 늘 고려하면서 창업 인생을 살아갈 필요가 있다는 이야기다. 코로나 시대를 겪으면서 폐업 위기에 내몰린 자영업 사장님이 속출하고 있다. 그들에게 꼭 전해 드리고픈 말씀이다.

NEW NORMAL
SMALL BUSINESS

COVI

5

코로나 시대 피보팅 전략③
브이노믹스 시대,
틈새 아이템에 주목하라

코로나 시대를 극복하는 키, 전환창업!
어렵고 힘든 자영업 시장이지만 '위기는 곧 기회'다.
'IMF 시대', '세계금융위기의 시대', '코로나 사태' 등
매번 반복되는 불황기에도 빛나는 틈새 아이템은 있다.

내 사업을 안정 궤도에 올려놓을 현실적인 대안 모색,
위기에 강한 사업 전략, 새로운 창업 이론이 필요하다.

나 홀로 창업,
나 홀로 고객이 뜬다!

'싱글턴(Singleton)'이라는 단어가 부상하고 있다. 싱글턴이란 '결혼 안 한 독신자'를 뜻하는 말이다. 최근에는 혼자 사는 1인 가구를 뜻하는 말로도 쓰이고 있다. 앞으로는 '싱글턴'이라는 이 짧은 단어가 창업 시장을 대표하는 키워드 중 하나가 될 수 있다고 본다.

최저임금 상승기를 거친 후의 인건비 상승은 창업 시장의 주요한 화두일 수밖에 없다. 여러 가지 리스크를 안고 창업해야 하는 현 상황에서 하나의 대안이 되고 있는 1인 창업도 생각해볼 시점이다. 창업자 스스로 행복할 수 있는 소확행 창업 측면에서도 1인 창업은 매우 주목할만한 분야다. 창업을 준비 중이거나, 점포를 운영 중인 소상공인들이 왜 싱글턴에 주목해야 하는지, 나 홀로 시대의 1인 창업법, 1인 고객을 사로잡는 법을 정리했다.

● 1인 가구의 증가세, 과연 얼마나 빠르게 증가하고 있을까?

통계청이 발표한 〈2019년 인구주택총조사 결과〉 보도자료에 따르면 1인 가구 비율은 1990년 9.0%에서 2010년 23.9%, 2019년 말 기준으로는 30.2%를 돌파했다. 전체 일반가구 2,034만 세대 중 614만 8,000 가구에 달하는 수치다. 2010년에 400만 가구를 돌파한 이래 9년 만에 200만 가구가 늘어난 것이다. 1인 가구의 폭발적 증가세가 무서울 정도다. 반대로 과거 우리 사회에서 흔히 관찰되던 4인 이상 가구는 점차 줄어들고 있다. 지난 2014년에 이미 4인 이상 가구의 수가 1인가구 보다 줄어들었고 20년 후에는 10% 대 이하로 줄어들 것으로 예상된다.

혼인 기간이 20년 이상인 부부의 '황혼 이혼'이 크게 증가하면서 고령 세대의 나 홀로 고객도 늘고 있다. 또한 만혼 분위기가 심화하면서 30대 중후반에서 40대의 미혼 세대가 늘고 있는 것도 1인가구 증가의 한 원인으로 분석된다. 이러한 현상은 우리나라만의 문제는 아니다. 일본에서는 2011년에 이미 '1인 나 홀로 세대'가 전체

연도별 1인 가구 규모(2000년~2019년)

세대의 30%를 돌파하며 사상 처음으로 부모와 자녀가 함께 사는 전통적인 가정을 제치고 최다 세대로 부상했다. 코로나 시대를 살고 있는 한국 창업 시장에서도 1인 고객을 대상으로 한 다양한 창업 전략이 요구되는 시점이다.

● 2020년 이후 1인 창업 시장의 현주소

1인 고객을 대상으로 한 다양한 창업 아이템과 1인 고객을 유치하기 위한 창업 전략이 중요해지고 있다. 1990년대 우리나라 사람들이 일본 여행을 가면 가장 많이 사오는 상품이 있었다. 다름 아닌 '코끼리 밥통'이었다. 하지만 요즘은 1인 세대수가 늘어나면서 코끼리 밥통 같은 큰 밥통이 필요없는 시대로 바뀌고 말았다.

최근 1인 세대수가 급증하면서 가장 큰 재미를 본 상품은 '햇반'이라는 이야기도 들린다. 외식 창업 시장만 놓고 보더라도 예전에는 4인 가족 단위의 고객들을 주 고객으로 하는 영업 전략이 주효했다면, 최근에는 1인 고객 혹은 2인 고객을 타깃으로 하는 음식점이 부쩍 늘어나는 추세다. 1인 고객들이 불편하지 않게 식사할 수 있도록 1인 고객들을 위한 다양한 배려 프로그램도 만들어지고 있다.

스몰비즈니스 시장에서도 나 홀로 창업 수요가 갈수록 커지고 있는 추세다. 1인 창업은 모든 계층에서 활발히 부상하고 있다. 골드미스(Gold Miss) 창업이나 시니어 창업 시장 역시 나 홀로 창업 시장의 한 축이다. 이들은 작은 카페를 혼자 운영하거나 특색있는 의류점 및 판매업 시장에도 뛰어들고 있다. 특히 온라인 창업 시장은 나 홀로 창업이 대세라고 할 수 있다.

창업 시장 환경의 변화도 한몫하고 있다. 최근 창업 시장의 가장 큰 문제점 중 하나는 순이익률 감소다. 치솟는 임차료와 함께 과도한 인건비로 인해서 남는 것이 없다고 하소연하는 자영업자들의 목소리가 커지고 있다. 나 홀로 창업은 인건비를 줄일 수 있다는 측면에서 시니어 창업, 여성 창업, 청년 창업 시장 모두에서 주목받는 새로운 창업법이 될 것으로 전망한다.

● 1인 창업, 누가 도전하면 좋고 아이템은 어떤 것이 있을까?

1인 창업은 혼자만의 자생력을 키우는 것이 관건이다. 이런 측면에서 최소한 한 분야에 대한 전문성과 기술력을 담보할 수 있는 창업자에게 유리한 창업 모델이라고 할 수 있다. 충분한 현장 경험이 있는 멀티플레이형 창업자가 1인 2역 이상을 소화하면서 성과를 내는 알토란 창업법이기 때문이다. 따라서 단순히 인건비를 줄이기 위해 혼자 운영한다는 개념보다는 혼자 운영할 수밖에 없는, 나만의 확실한 무기를 갖추기 위한 사전 준비단계가 필요하다.

외식업 시장에서는 5평 내외의 실내포차, 테이크아웃 콘셉트의 간편식 매장, 미니 카페, 배달 음식점 등을 생각할 수 있다. 혼밥집과 혼술집 또한 1인 창업 아이템의 단골 테마 중 하나다. 판매업 아이템으로는 차량을 이용한 1차 식품 판매업으로 야채가게, 과일가게, 생선가게나 온오프라인 점포를 겸비한 의류·잡화점, 편집숍 등을 생각해볼 수 있다. 서비스업 아이템으로는 차량을 이용한 찾아가는 집수리 서비스, 각종 청소 서비스업(입주 청소, 계단 청소, 친환경 청소, 오존 살균 세척업) 등이 있을 수 있고, 타로점이나 명리학 카페와 같은 라이프 코칭 카페도 1인 창업으로 시도해볼 수 있는 분야이다. 1인 미용실, 1인 피부관리실도 돋보이는 아이템이다.

● 1인 창업의 장점과 단점, 고객 유치 전략

1인 창업의 가장 큰 장점이라면 자금 면에서 최소 자본으로 창업을 시도해볼 수 있다는 점이다. 점포형이든, 무점포형이든, 소확행 코드를 앞세운 소자본 창업의 대명사로 통한다. 동시에 의사결정구조가 간단하고 빠르다. 작은 기업이 큰 기업을 이길 수 있는 조건은 빠른 순발력이다. 시장의 흐름을 빠르게 읽고 신속 유연하게 대처할 수 있다는 강점이 있다. 최근 트렌드 중 하나인 숏케팅[1]을 구현하는 데 있어 1인 창업자는 매우 유리한 지점에 있다.

반면 단점이라면 혼자서 의사결정을 하다 보니 불필요한 시행착오를 겪을 수 있다는 위험성이 상존한다. 동업이나 여러 사람이 같이 사업을 진행할 경우 수시로 구성 간의 커뮤니케이션이 이루어지기 때문에 문제점이 발생하더라도 최선의 대안을 찾기 수월하다. 하지만 1인 창업의 경우 혼자서 고민하고, 결정하기 때문에 문제점에 대처하는 시야가 좁을 수 있다는 약점이 있다.

일본에서는 요시노야 같은 덮밥집이나 맥도날드와 같이 아침 일찍 문 여는 가게가 많다. 앞으로 우리나라에도 아침 일찍 문 여는

---

1 시장 상황에 대한 예측이 불가능한 환경에서 100% 완벽한 마케팅보다는 약간 미완성이라도 빠르게 치고 빠지는 단기 마케팅 전략에 치중하는 현상.

음식점이 늘어날 전망이다. 지하철역 입구나 오피스 상권에서는 직장인의 아침밥을 해결해주는 해장국집, 가정식 백반집, 혼밥집이 속속 생겨나는 분위기다. 실례로 서울 서대문역 앞에는 직장인들의 아침을 해결해주는 맛집으로 소문난 3평짜리 콩나물밥집이 있다. 벽을 보고 앉는 구조에 등받이 없는 의자 7개로 영업하는 단출한 곳이지만 1일 평균 내점 고객 100~150명이 드나든다. 50대 주부 창업자 혼자서 운영하면서 주로 1인 고객들을 대상으로 하는 '저렴한 한 끼 해결' 식당인 셈이다.

혼밥집 콘셉트의 식당에서 1인 고객을 유치하기 위해서는 음식점 인테리어에 있어서도 4인 테이블보다는 1인 테이블 또는 2인 테이블 위주로 구성되어야 하는 것은 상식이다. 1~2인 고객들의 프라이버시를 감안한 편안한 공간 배치도 점차 중요해지고 있다.

코로나 시대, 틈새 배달 아이템 두 가지의 성공 코드

코로나 방역을 위한 사회적 거리두기는 외식업 시장을 급변시키고 있다. 기존 오프라인 중심의 전통적인 외식 아이템들은 울상인 반면, 배달 앱을 통한 새로운 스타일의 배달 음식점들은 즐거운 표정을 짓고 있다. 하지만 배달 음식 시장의 속내는 복잡하기만 하다. 일단 상권별로 희비가 엇갈리는 측면도 있다. 배달라이더 업체의 높아지는 콧대에 속 앓이를 하는 동네가 있는가 하면, 실직자들이 대거 배달라이더 시장에 몰리면서 배달하기 수월해졌다는 동네도 있다. 코로나 이전과 이후가 완전히 달라졌다는 게 실감 나는 부분이다. 외식업 시장에 변화를 몰고 온 코로나 시대 뜨고 지는 배달 음식 사례 및 핵심 트렌드를 정리했다.

● 코로나 시대가 즐거운 틈새 배달 음식은 따로 있다

사례1 | 최근 서울 지역 상권에서 배달 음식으로 호황을 누리는 음

식점을 찾았다. '뜸들이다'라는 브랜드를 내걸고 서강대 앞에서 2017년에 문을 연 음식점이다. 이 브랜드는 서울 강남구 역삼동 뒷골목 지하 1층, 성동구 성수동 1층, 서초구 반포동 중하급지 1층과 동작구 이수동 중하급지 1층, 송파구 송파동 중하급지 지하 1층에 분점을 내면서 배달 음식 판매에 열을 올리고 있다. '뜸들이다'라는 상호부터 이색적이다. 전북 김제 신동진 쌀을 이용해서 밥을 정성스럽게 짓는다는 의미가 함축된 상호이다.

메뉴 구성을 보면 명란마요 아보카도 덮밥 8,000원, 삼겹살 카레 7,400원, 어깨살 간장덮밥 7,400원, 마라덮밥 8,000원, 간장계란밥 4,900원이 전부다. 특이한 점은 시장조사를 통해서 수시로 메뉴가 바뀐다는 사실이다. 출점 상권은 주택가와 오피스 상권이 혼재된 중하급지 상권에서 최소 인원을 이용해 월 매출액 기준 3,000만 원 정도의 매출을 견인하고 있다. 투자 금액은 한결같이 5,000만 원이 넘지 않는다. 인테리어 비용과 집기류 비용에 대한 투자 금액은 1,200만 원 정도에 불과하다. 이 정도의 투자 금액으로 어떻게 3,000만 원의 매출을 올릴 수 있을까? 그 비결을 따져볼 필요가 있다.

사례2 | 서울 동대문구 용두동 중하급지 1층에는 카페배달 '까로치아' 매장을 만날 수 있다. 카페배달 하면 커피와 음료류 배달을 생각할 수 있다. 하지만 카로치아의 인기 배달 메뉴는 따로 있다. 1만 1,500원 밥브런치와 8,500원 빵브런치, 5,500원에 판매하는 1리터 보틀커피다.

세트 메뉴로 주문하면 여차하면 객단가 2만 원을 상회한다. 뜸들이다와 마찬가지로 배민라이더스를 통해서 배달 매출을 담보하고

▲ 카페배달 전문점 까로치아 ▶ 까로치아의 인기 메뉴인 밥브런치

있다. 한 달 기준 배달의민족 어플의 음식점 정보에 노출되는 배달 건수만도 1,000건이 넘는다.

까로치아는 특이하게도 배달 어플에서 검색해보면 '19금'이라고 표기된 메뉴가 있다. 19금 메뉴가 도대체 뭘까? 다름 아닌 국내산 캔맥주 3,000원, 유럽산 맥주 4,500원 내외, 그리고 1~2만 원대의 와인과 위스키. 보드카, 데킬라였다. 기존의 음식점 운영자 시각으로 본다면 고개를 갸웃할 정도다.

● 새로운 트렌디 키워드를 내세운 배달 음식을 배달 앱에 탑재

요즘 뜨는 배달 음식의 첫 번째는 특징은 특이한 메뉴다. 똑같은 메뉴로는 소비자들의 선택 우선순위에 들기 어렵다는 이야기다. 따라서 메뉴 이름도 예사롭지가 않다. '뜸들이다'의 경우 콘셉트부터가 뉴스라는 생각이 든다.

30대 청년 창업자 강진석 대표의 발랄한 아이디어가 응축되어 있는 뜸들이다는 메뉴 구성부터 마케팅, 운영 시스템까지 새롭지 않은 게 없을 정도다. 가장 특이한 것은 주문과 동시에 2분 안에 음

식이 나온다는 점이다. 주방 시스템을 보면 대형 전기밥통 4개가 눈에 띈다. 2개의 밥통에는 밥이 보관돼 있고, 다른 한 개의 밥통에는 카레가 있다. 또 다른 한 개의 밥통에는 돼지 어깨살 요리가 보관돼 있다. 여기에 모든 메뉴의 밥 위에 올려지는 수란, 아보카도 등 다양한 토핑이 재료의 전부다.

음식점 주인이 조리를 한다는 느낌보다는 아르바이트생도 한두 시간만 배우면 금방 판매가 가능한 한식 패스트푸드형 주방 시스템이다. 메뉴명도 재밌다. 요즘 신세대 소비자들이 좋아하는 명란 마요네즈, 아보카도, 어깨살, 삼겹살 카레, 마라 등의 트렌디한 키워드가 메뉴에 녹아있다.

용두동 까로치아 매장에도 새로운 트렌드 코드가 곳곳에서 발견된다. 그냥 도시락이 아닌 브런치 도시락, 그냥 브런치가 아닌 '빵브런치'와 '밥브런치'다. 도시락이라는 키워드를 전면에 내세우고 있다. 두 음식점의 공통점은 뉴스가치를 생산하면서 곧바로 온라인 구매가치로 이어진다는 사실이다.

▲ 배달 음식의 진화를 보여주는 도시락 컵밥 전문점 '뜸들이다' ▶ 주문과 동시에 음식이 나오는 독특한 시스템의 배달 메뉴

마지막으로 배달 앱 활용법이 돋보인다. 배달의민족 앱의 경우 소위 '울트라콜'이라 불리는 대표 광고정책으로 개당 8만 8,000원짜리 깃발을 꽂아 광고 효과를 높이고 있지만, 이들 음식점의 특징은 별도의 광고비 지출 없이 매출액 대비 14% 정도를 지급하는 배민라이더스 시스템만 주로 이용한다는 점이다. 배민라이더스의 경우 맛집 배달이라는 콘셉트로 '배달의민족 커넥트'를 이용해서 배달 시장을 넓혀나가고 있다. 배달 라이더업체로 인한 리스크를 줄일 수 있는 부분이다. 물론 전국적인 영업망은 아니다. 서울 상권과 5대 광역시에 집중돼 있다.

● 투자 금액, 월 임차료를 최소화하고, 인건비와 식자재 원가도 대폭 줄인다

요즘 기지개를 펴고 있는 배달 음식점의 투자 금액을 살폈다. 하나같이 투자 금액 5,000만 원을 넘지 않는 경우가 대부분이다. 투자 금액이 적다는 것은 점포 입지부터 상급지가 아닌 중하급지 입지를 공략하고 있다는 이야기다. 점포 규모 역시 1층에 10평 이하 매장 또는 지하층 20~30평 규모로 오픈하는 경우가 대부분이다. 월 임대료는 한 달 기준 50만~60만 원, 많아도 100만 원대를 넘지 않는 곳에 출점한다.

영업 상권은 주택가와 오피스 수요가 혼재된 상권에 오픈하는 것이 좋다. 배달 인력 수급이 좋은 동네에 출점하는 것 또한 중요한 포인트 중 하나다.

그렇다면 음식점 경영자 관점에서 수익률은 어떨까? 2020년 초

부터 코로나19가 창궐하면서 상대적으로 배달 음식 시장이 떠올랐고, 3~4월엔 배달 앱의 대표 주자인 배달의민족에서 오픈서비스 파동도 있었다. 배달 음식 시장이 떠오르기 시작했던 2020년 초만 하더라도 치킨, 피자, 족발, 분식, 중화요리 같은 기존의 전통적인 배달 아이템들이 강세였다.

하지만 코로나 시대가 지속하면서 배달 시장의 판도도 조금씩 달라지고 있다. 기존의 배달 음식들은 한결같이 식재료 원가율이 여차하면 40%에 육박하곤 한다. 하지만 최근 부상하는 배달 전문 음식점의 경우 원가비율이 30~35% 수준에 머물고 있다. 면류 음식점 수준이다. 인건비 또한 주인을 포함해서 아르바이트 1명 정도가 전부다. 매출액 대비 인건비 비율은 기존 음식점의 경우 20%를 상회했다면, 최근 배달 음식점들의 인건비는 매출액 대비 15%를 넘지 않는 수준이다. 음식 조리 관련 운영 시스템이 간편하다는 이야기다. 특히 배민라이더스 같은 경우 1인분 배달도 가능한 시스템이기 때문에 전체적인 매출액 대비 세전 순이익률 개념으로 본다면 최소 20% 선은 유지하는 것이 특징이다.

● **외식업 시장 재편에 발맞춰 배달 앱 분야 시장조사가 급선무**
코로나 시대에는 예측 가능한 것들이 무너지고 있다. 전혀 예상하지 못한 일들이 상권에서 지속적으로 발생하고 있다. 무엇보다도 기존 음식점 사장님들 입장에서는 변화하는 외식 트렌드를 간파하고, 유연성 있게 대처하기 위한 노력이 절실해 보인다. 기존 전통적인 방식의 음식점들은 당분간 고전할 가능성이 크기 때문이다.

가게의 메뉴를 배달 시장에 접목해야 하는 상황이라면 배달 앱의 대표주자인 배달의민족 어플부터 철저히 분석하는 시장조사 단계가 필요하다. 다행인 것은 지역별로 배달의민족 앱의 영업 상황을 체크해 볼 수 있는 랭킹 데이터가 서비스된다는 점이다. 분야별 인기 음식점, 개별 음식점의 판매량까지 중요 정보가 모두 노출되고 있다. 동시에 소비자들의 리뷰와 반응도 체크해야 한다. 또 하나, 배달의민족 앱에서 서비스되는 음식점의 정보 탭에 들어가면 해당 음식점의 최근 주문 수량을 볼 수 있다. 6개월 동안의 판매 데이터이다. 코로나 시대는 누군가에겐 위험 요인으로 다가오지만, 또 다른 누군가에겐 의미 있는 기회 요인으로 작용한다는 사실을 잊지 말자.

다섯 평 우동집 사장의 행복 찾기 비결

서울 서초구 반포동 후미진 뒷골목에는 작은 우동집이 있다. '그냥 우동'의 줄임말인 '걍우동'이라는 간판이 걸려있다. 걍우동의 주인장은 50대 강보승 대표다. 9년 동안 반포동 뒷골목에서 빨간 트럭 우동을 운영했던 경력의 소유자다. 작년 말 기나긴 노점 생활을 접었다. 단속의 손길을 버텨내기가 쉽지 않아서였다. 그리고 오픈한

▲ 우동 전문점 걍우동의 강보승 대표

매장이 반포동 골목상권 1층에 자리잡은 5평짜리 우동 가게다. 노점 시절에는 심야영업만 했었다. 하지만 이제는 주간에도 영업을 하고 있다.

강보승 대표 입장에서는 이 5평짜리 미니 우동집이 행복한 나 홀로 우동집인 셈이다. 점심때부터 손님들은 넘쳐난다. 우동만 한 그릇 먹고 가거나, 닭꼬치도 곁들이 메뉴로 먹을 수 있다. 강보승 대표의 미니 우동 가게, 불황기를 이기는 교과서 같은 매장임이 분명하다. 그의 강우동 운영기를 살펴보자.

● **영동시장 앞 노점 우동에서 작은 우동 가게로 변신**

강보승 대표는 논현동 먹자골목 맞은편에서 빨간 트럭우동을 운영했다. 노점에서 장사하면서 강남 일대에서는 꽤 유명해졌다. 인근의 논현동 먹자골목에서 거하게 술 한잔한 고객들은 횡단보도를 건너 강우동 트럭우동을 찾았고 입가심으로 우동 국물과 야끼우동을 들이키곤 했다. 이 시절은 강 대표의 음식점 인생에서 결코 지울 수 없는 소중한 시절이었다. 그에게도 비가 오나 눈에 오나 심야 트럭우동 아저씨로 살았던 시절이 있었던 셈이다.

그러던 강 대표는 빨간 트럭우동 생활을 접고, 건너편 반포동 뒷골목에 미니 우동 가게를 열었다. 2015년 말의 일이다. 작은 우동집을 매장으로 오픈한 지도 벌써 5년이란 세월이 흘렀다. 비록 5평 작은 우동집이지만, 사람들의 발길로 늘 인산인해를 이룬다.

푸드트럭 합법화로 인해 이동식 음식점에 대한 관심도는 높아지고 있다. 그럼에도 불구하고 이동식 음식점을 오랫동안 운영하는 데는 어쩔 수 없는 한계가 따른다. 강보승 대표가 9년간 운영해온 노점 우동집을 과감히 정리하고 작은 가게 우동집 사장으로 새롭게 변신한 이유이기도 하다.

● 걍우동의 매장 출점 전략

걍우동을 매장으로 처음 열었을 당시 필자는 걍우동을 위해서 캘리그라피 사인디자인을 제작한 적이 있다. 토실토실한 우동 면발을 생각하면서 만들었던 걍우동 캘리그라피가 작은 우동집의 브랜딩 효과로 이어지고 있다. 매장 안으로 들어가면 정말 작은 가게라는 것을 실감한다. 홀 공간은 참 좁다는 느낌 그 자체다. 1인 좌석, 2인 좌석도 있다. 2층 복층까지 해봐야 총 좌석 수는 10개에 불과하다. 다행히 복층 공간이 있다는 것은 미니 가게 입장에서는 행운이다.

가파른 계단을 올라서 복층 공간에 들어가면 아늑한 아지트 공

▲ 브랜딩 효과로 이어지고 있는 걍우동의 간판 디자인

간이 펼쳐진다. 아침밥을 못 먹는 직장인들은 가급적 점심만큼은 밥을 선호하는 경우가 많다고 한다. 이러한 분들을 위해서 강우동에서 우동을 먹으면 밥은 무한 리필이다. 무한 리필의 진가가 발휘되는 순간이다.

5평 미니 우동집이지만, 계절에 맞게 신메뉴도 개발한다. 이번 시즌의 신메뉴는 매콤한 해물우동이다. 벽면에는 익숙한 액자도 걸려있다. 2014년 8월에 만나서 포스팅했던 '창업통의 블로그' 화면을 출력해서 벽면 액자에 걸어놓았다. 블로거 인생의 작은 보람이기도 하다.

● 강우동의 메뉴와 운영 경쟁력

강우동의 메뉴 구성을 살펴보자. 대표 메뉴는 단연 4,000원짜리 강우동이다. 김치어묵우동과 유부우동은 각각 5,000원에 판매되고 있다. 야끼우동(복음우동)도 인기다. 곁들이 메뉴로 판매하는 2,000원짜리 닭꼬치는 압권이다.

강우동의 매장 디테일을 살폈다. 우동 스푼과 젓가락, 우동집 운영에서 참 중요한 포인트다. 비록 작은 우동 가게라도 스푼과 젓가락만큼은 각이 나오게 정리돼 있다. 강보승 대표의 정리정돈 잘하는 성격을 한눈에 볼 수 있는 대목이다.

작은 우동 가게이기에 강보승 대표 혼자서 운영할 수 있는 시스템이다. 나 홀로 우동 가게인 셈이다. 어려운 시절, 불황기 창업법의 교과서를 보여주고 있다고 할 수 있다. 주방 안쪽을 찬찬히 살펴봤다. 우동집 주방에서 가장 중요한 시설 중 하나는 면기라고 해도

▲ 단촐하지만 부족함 없는 강우동의 메뉴판

과언이 아니다. 우동 육수와 우동 면기에 사용되는 집기들이 가지
런히 주방 벽면을 장식하고 있다.

강보승 대표는 주방 안에서 슈퍼맨이다. 나 홀로 모든 것을 핸들
링할 수 있기 때문이다. 비록 작은 우동집이지만 우동의 품질만큼
은 명품 우동임을 강조한다. 10년 넘게 강남 뒷골목에서 터줏대감
으로 자리 잡을 수 있었던 내공이기도 하다. 우동 그릇에 올리는 고
명들을 정성스럽게 준비하는 것은 우동집 사장이 해야 할 중요한
업무이다.

● **고객을 사로잡는 가성비와 가심비**

음식점에 왔으면 역시 혀끝으로 전해지는 감동을 확인해봐야 한
다. 우동 한 그릇에 닭꼬치 하나를 주문했다. 저녁 시간에는 당연지
사 닭꼬치에 생맥주 한잔을 곁들이는 고객들이 많다고 한다. 비록

2,000원짜리 닭꼬치이지만 그 맛은 명품이다. 오사카 본토의 닭꼬치 맛에 결코 뒤지지 않는다. 강보승 대표는 처음에 고객서비스 차원에서 닭꼬치 메뉴를 시작했다고 한다. 하지만 이 메뉴가 추가되면서 강우동의 객단가를 높이는 효과로 이어지고 있다고 한다. 그릴 위에서 맛나게 구워지고 있는 닭꼬치의 자태만 봐도 침이 꼴깍 넘어갈 것 같다.

드디어 주문한 강우동 한 그릇이 나왔다. 우동하면 그 옛날 기차역에서 팔던 각기 우동부터 일본식 수타 우동, 삿뽀로 우동, 토종닭 우동인 지도리 우동까지 많은 종류의 우동이 있다. 강우동은 강우동만의 독특한 컬러를 갖고 있다. 무엇보다도 소비자 입장에서의 매력 포인트라면 후루룩 빨리 먹을 수 있는 메뉴라는 점이다. 바쁜 현대인들에게 한 끼 식사 대용식으로도 그만이다. 추가 주문한 닭꼬치는 먹기 좋게 접시에 담아서 주는 디테일한 서비스도 곁들인다. 강우동 외에도 유부우동, 어묵우동도 잘나가는 메뉴다. 매장 한쪽에는 공짜로 얼마든지 밥을 먹을 수 있는 무한 리필 밥통이 터 잡고 있다.

● 강보승 대표의 우동집 창업 인생

강 대표는 이렇게 이야기한다. "노점을 하다 보면 좋은 가게가 눈에 띌 때가 있습니다. 이 가게도 원래 치킨 가게였는데 우동집으로 괜찮겠다 싶어 점포를 인수했습니다. 노점 생활보다는 훨씬 행복합니다."

노점 우동에서 가게 우동집으로 변신하면서 가장 큰 부담은 역시 월 임차료에 대한 부담이다. 하지만 3일만 영업하면 한 달 월세를 해결하기에 충분하다고 한다. 매우 내실 있는 가게라고 할 수 있다. 상권에 나가보면 수많은 음식점을 만난다. 겉만 번지르르하고 실속은 없는 가게들도 넘쳐나는 시대다. 하지만 강보승 대표는 비록 작은 5평 우동집 사장으로 살아가지만, 속내를 살펴보면 튼실한 알토란과 같은 명품 가게임을 알 수 있다. 불황기일수록 실속있는 창업법이 중요하다. 강 대표의 우동집은 불황기 창업의 교과서와 같은 가게이다.

'B+ 프리미엄' 트렌드와 수지 주원초밥

요즘 외식 상권에서 자주 눈에 띄는 간판은 '초밥집'이다. 몇 년 전만 해도 서울이나 수도권 상권에서 '초밥집' 간판은 그리 많지 않았다. 전국 상권에서 초밥집 간판을 볼 수 있었던 곳은 부산 온천장 상권 정도였던 걸로 기억한다. 하지만 요즘 서울이나 수도권 상권을 다니다 보면 초밥집 간판을 달고 영업하는 음식점이 자주 눈에 띈다.

최근 지하철이 개통된 수지구청역 상권에도 초밥집 간판을 단 음식점이 있다. 주원초밥이다. 주인장 엄경식 대표가 운영하는 수지 상권 1등 초밥집이다. 엄 대표는 일식 조리장 출신이다. 품격있는 다양한 초밥은 모두 그의 손에서 빚어진다. 초밥 품질도 특별하고, 고객 만족 서비스 포인트도 재미있다. 주원초밥의 불황기를 이기는 영업 비밀을 공개한다.

▲ 수지상권 대표 초밥집인 주원초밥의 엄경식 대표

● **주원초밥의 상권 입지 및 점포 경쟁력은?**

수지구청역 4번 출구로 나와 횡단보도를 건너면 수지 1지구 외식 상권을 만날 수 있다. 수지구청역이 개통되면서 수지 1지구, 2지구 상업지역 상권은 상승세를 타는 분위기가 역력하다. 골목 안쪽으로 들어가면 신세대와 지역 주민을 타깃으로 한 외식 아이템들의 경연장이 펼쳐진다. 이 골목에 눈에 띄는 간판이 있다. 가시성 높은 1층 코너 가게다. 간판엔 '주원초밥&참치'라고 커다랗게 쓰여있다. 간판 디자인에서 풍기는 이미지는 초밥이 대표 상품이고, 참치는 부가 상품이라는 의미로 읽힌다.

요즘 시대 유명 맛집의 조건은 인테리어보다 익스테리어다. 매장 안에 들어서기 전에 이미 승부가 엇갈린다. 밖에서 보았을 때 들어가고 싶은 음식점을 만드는 것이 관건이다. 주원초밥의 외장 디자인, 특히 붉은색 간판디자인은 지나는 소비자들을 매장 안으로 끌어당기는 힘이 있다.

가게 안으로 들어가면 분위기는 허름한, 지극히 평범해 보이는 음식점이다. 좌측엔 입식테이블, 우측엔 좌식테이블이 공존한다. 초밥집에 입식과 좌식을 같이 배치한 점이 이색적이다. 요즘 소비자들은 온돌형 좌식테이블보다는 입식테이블을 선호하는 경향이 있다. 매장 맨 안쪽 가려진 공간에는 뒷 주방이 있고, 그 앞에 초밥을 빚어내는 앞 주방이 설치돼 있다. 주인장 엄경식 대표는 그곳에서 빨간색 유니폼과 새하얀 일식모를 쓰고 초밥 만들기에 여념이 없다.

● 매장 벽면을 장식한 콘텐츠와 상품 경쟁력의 상관관계?

한쪽 벽면에는 메뉴판이 설치되어 있고, 그 위에 한 줄의 카피가 눈에 들어온다. "식사 후 후식 드시고 가세요~ 우동 리필 가능"이라는 카피다. 초밥집에서 후식을 광고하고 있다. 초밥과 우동을 같이 먹을 수 있다는 점이 이색적이다. 또 주원초밥의 밥알 사이엔 공기층이 숨 쉬고 있다는 글도 읽을 수 있다. 다른 집 초밥과 주원초밥의 맛이 다르다는 주원초밥만의 스토리가 방문객의 시선을 주목시킨다. 문장의 표현은 장문이라서 읽기에 숨이 차지만, 주인장의 상품 경쟁력을 하나하나 빼곡히 벽면에 기록하고 있다는 점에서 맛에 대한 자부심이 느껴진다.

테이블 옆 벽면에는 초밥을 맛있게 먹는 법도 나와 있다. 밥 안에 공기층이 많아서 자칫 젓가락으로 잘못 집으면 밥이 부서질 수 있으니 젓가락으로 초밥을 떠받치듯 들어서 먹어야 한다고 사진과 함께 친절히 설명하고 있다.

주원초밥은 1인분 1만 원, 특초밥은 1만 5,000원이다. 특초밥 3인분을 주문했다. 첫 번째 접시가 테이블 위에 올려졌다. 질 좋은 참다랑어 초밥과 간장새우 초밥이 시선을 강탈한다. 두 번째 접시에는 연어와 우럭초밥이 서비스된다. 연어 뱃살 부위 초밥은 그냥 먹기는 너무 아까울 지경이다. 반드시 인증샷에 담을 수밖에 없다. 마지막 세 번째 접시도 테이블에 올려진다. 장어초밥과 광어초밥이다. 보는 것만으로도 즐겁다.

세 접시의 초밥에서 주원초밥의 상품 경쟁력은 확실하게 검증받을 수 있었다. 한마디로 정리하자면 'B+프리미엄'의 교과서다. 서울대 소비트렌드 분석센터에서 2017년에 발표한 눈에 띄는 트렌드는 'B+프리미엄'이다. 저성장시대 가성비의 핵심은 단순히 싼 가격이 전부가 아니다. 가격은 저렴하더라도 프리미엄 가치를 확보하라는 이야기다. A급은 비쌀 수밖에 없다. 하지만 B+ 정도의 상품에 프리미엄의 가치를 입혀서 거품이 빠진 제 가격을 책정한다면 경쟁력이 생긴다. 주원초밥의 초밥은 'B+프리미엄'의 교과서인 셈이다.

● **메인 초밥보다 더 매력적인 부가서비스?**

사장님께서 서비스 초밥도 내어주신다. 불로 살짝 익혀낸 연어 초밥이다. 양파와 소스가 어우러져 입안에 아름다운 풍미로 기억되는 초밥이다. 하지만 주원초밥의 가장 큰 경쟁력은 우동 국물 뚝배기다. 한국의 소비자들은 초밥집에서도 포만감을 느끼고 싶어한다. 그 포만감 트렌드를 만족시키는 주인공이 바로 이 메뉴다. 게다가 우동이 부족하면 얼마든지 리필도 가능하다. 초밥에 술 한잔하는 사람들도 보이고 우동 뚝배기 서비스에 한잔하는 사람들도 눈에 들어온다. 초밥집에도 포만감이 중요하다는 사실을 금방 알 수 있는 대목이다.

포만감 증대는 이쯤에서 끝나지 않는다. 주원초밥의 또 다른 경쟁력은 후식 서비스다. 맛있게 초밥을 먹고 나면 아메리카노 한 잔과 신선한 생과일주스가 무료로 서비스된다. 감동 포인트는 또 이렇게 만들어짐을 실감한다. 원두커피의 경쟁력도 압권이다. 로스팅한 지 1주일이 넘지 않은 원두만 사용한다고 표기돼 있다.

뭐니뭐니해도 주원초밥 최고의 경쟁력은 역시 주인장 엄경식 대표의 사람 경쟁력이다. 엄 대표는 얼굴만 봐도 일식 조리업계에 내공이 깊다는 것을 단박에 알 수 있다. 초밥집으로 줄 서는 음식점 만들기는 결코 쉽지 않다. 다년간의 조리 노하우와 운영 노하우가 곁들여지지 않으면 불가능하다. 가게 분위기는 지극히 서민적이지만 초밥의 품격만큼은 고품격을 지향한다. 이러한 주원초밥의 'B+ 프리미엄' 경쟁력은 까다로운 소비자들의 눈높이를 만족시키는 데 손색이 없다.

일본의 스탠딩 주점,
우리나라에서도 먹히려면?

일본 주요 도시 상권여행은 늘 재미있는 일이 많다. 우리나라 외식환경과 많이 다르다는 점에서 생각도 많아진다. 한편으로는 처음 시장조사를 했던 1992년과 달라진 게 별로 없다는 생각도 든다. 그곳에는 그 가게가 존재할 뿐이다. 25년 전이나 지금이나 많이 다르지 않다는 것이 경쟁력일 수 있다. 1992년부터 저성장트랙을 타고 똑같은 길을 걸어왔을 뿐인지도 모른다. 장기불황의 터널을 뚫고 살아남은 일본의 음식점을 살피는 것은 그래서 매우 의미 있는 일이다. 후쿠오카 하카타역의 스탠딩 주점 '요카다이'는 오후 3시부터 인산인해를 이룬다. 속내가 궁금해진다.

후쿠오카 하카타역 일대는 늘 지하철 이용객들로 붐비는 곳이다. 데이토스 상가엔 맛집들도 많은 편이다. 후쿠오카의 3대 먹거리 중 하나라고 하는 줄 서서 먹는 모츠나베집도 호황이다. 물론 일

▲ 일본인의 라이프 스타일을 반영하는 스탠딩 주점

본의 자영업 시장은 우리나라와는 토양이 다르다. 한편으론 안정적이라는 게 더 설득력이 있는 표현이다. 그곳에 늘 그 가게가 존재한다. 대를 물리는 가게도 참 많다. 물론 부모님의 가업을 자식들 중 한 명이 이어받는 관습 때문이기도 하다. 하지만 운영 성과가 나오지 않는 가게를 이어받을 리는 만무하다. 또 하나의 특징이라면, 음식점에서 일하는 사람들을 보면 청년들과 장년층이 어우러져 있다. 백발을 휘날리는 주인장을 찾는 것은 어렵지 않다. 또한 20대 초반의 신출내기 직원들의 모습은 어느 가게에서나 어렵지 않게 찾을 수 있는 풍경이다. 주인장이든, 직원이든 음식점에서 일하는 것만으로 생활을 하는 데 문제가 없다는 이야기다.

● 일본 소비자들은 스탠딩 주점에 친숙하다

하카타역 지하철역과 맞닿아있는 데이토스 상가 1층엔 늘 붐비는 스탠딩 주점이 있다. 스탠딩 콘셉트는 엄밀히 이야기하자면 서울 신촌의 서서갈비를 떠올리면 낯설진 않다고 여길 수 있다. 그렇다고 스탠딩 음식점이 한국에서 호황이라고 이야기할 수는 없다. 하지만 일본은 다르다. 역세 상권 가까이 있는 스탠딩 주점은 늘 호황이다. 서서 먹는 패러다임에 익숙한 일본인들의 라이프 스타일도 스탠딩 주점 호황의 이유 중 하나다.

우리나라 사람들은 서서 술 한 잔 마시는 걸 그다지 즐기지 않는 편이다. 술 한 잔 먹는 시간만큼은 편안하게 앉아서 먹으려는 심리가 작용한 까닭도 있다. 반면 일본에서는 스탠딩 주점이 별다른 이슈거리는 아니다. 어딜 가나 스탠딩 주점은 많기 때문이다.

스탠딩 주점의 속내를 들여다보면 앉아서 먹는 음식점과는 다른 무엇이 숨어있다. 스탠딩이기에 고객들의 편의성은 다소 떨어질 수 있다. 하지만 가격 경쟁력은 분명히 존재한다. 옆집의 앉아서 먹는 주점에 비해서는 안주류 가격대가 월등히 저렴하다는 사실을 쉽게 알 수 있다.

▲ 역세 상권의 스탠딩 주점은 늘 사람들로 붐빈다

▲ 스탠딩 주점 중에는 앉을 수 있는 혼용 테이블을 갖춘 곳도 있다

또 하나의 특징은 스탠딩 주점이라고 해서 100% 모든 좌석이 스탠딩은 아니다. 일부 다치노미에는 앉을 수 있는 좌석도 절반 정도 있다. 재미있는 것은 스탠딩도 되고 의자에 앉을 수도 있는 혼용이 가능한 테이블이라는 점이다. 바쁜 사람들, 한 잔 고객들은 서서 먹고 빨리 가라는 이야기다. 시간 많고 회포 풀 일 많은 사람은 앉아서 먹는다. 주점의 레이아웃에서 다양한 고객의 니즈에 대응하는 유연성을 읽을 수 있다.

● 투자 비용 줄이면서 회전율 높이기엔 최적?

주인장 입장에서 본다면 스탠딩 주점의 가장 좋은 점은 회전율이다. 서서 먹는 사람들이 두세 시간씩 서서 먹을 리는 없기 때문이다. 길어야 한 시간 이내로 마무리되는 경우가 대부분이다. 고객층은 어떨까? 남녀노소 다양하다. 여성은 여성대로 직장인층은 직장인대로, 신세대 고객들 또한 스탠딩 주점의 핵심 고객층이다. 공통점은 지극히 편안한 사람들끼리 부담 없이 이용한다는 점이다.

운영자 입장에서는 투자 비용도 절약된다. 비싼 의탁자를 구입하지 않아도 된다. 키 높이 간이의자를 갖추거나, 아니면 키 큰 테이블만 갖춰놓으면, 이 테이블을 중심으로 4명까지는 편하게 스탠딩으로 맥주 한 잔, 사케 한 잔 마시는 데 문제가 없다.

스탠딩 주점이라고 해서 안주의 종류가 간단하지는 않다. 오히려 수십 가지가 넘을 정도로 안주의 종류가 풍부하다. 후쿠오카의 명물 먹거리 중 하나인 명란젓(멘타이코) 안주도 있다. 개별 메뉴의 가격대는 200엔에서 300엔대에 불과하다. 반면 500cc 생맥주 가격은 500엔에서 590엔이다. 안주 가격보다 비싸다. 일본 여성들이 특히 좋아하는 하이볼은 400엔에 판매하지만, 생맥주 가격만큼은 500엔대를 유지한다. 그래서 특정 시간대에 생맥주 가격을 싸게 판매하는 전략도 구사한다. 한가한 시간대에는 생맥주 한 잔에 199엔이라고 광고하기도 한다.

● 스탠딩 주점, 한국에서도 가능하려면?

스탠딩 주점은 불황의 그늘이 짙게 드리우고 있는 우리나라에서도 좋은 테마일 수 있다. 투자 비용을 최소화하고, 실용적 소비자들을 타깃으로 하는 콘셉트 역시 의미가 있다고 보여진다. 하지만 스탠딩이라고 해서 상품력이 떨어진다면 의미가 없다. 서비스 경쟁력을 갖추는 것 또한 기본 중 기본이다. 스탠딩이라고 해도 품격은 갖춰야 하기 때문이다.

한국 상권에서 스탠딩 주점이 호황을 누리려면 상권 선택부터 신중을 기해야 한다. 딱 한 잔 코드가 먹힐 수 있는 직장인 상권, 역세 상권에서 개업 가능할 것으로 보인다. 물론 서울 홍대 상권과 같은 신세대 상권의 실용 소비자들을 타깃으로 하는 것도 의미가 있어 보인다. 하지만 서서 먹는 것의 가치를 만드는 일에 소홀하면 안된다. 비록 서서 먹더라도 폼 잡고 먹을 수 있는 여타의 요소들을 갖춰야 함은 물론이다. 일본 후쿠오카 하카타역의 스탠딩 주점 '요카다이'를 보면서 우리나라 주점의 미래를 생각해본다.

대를 잇는 선릉순대국과 돈 되는 아날로그 가치

오래된 음식점을 만날 때면 참 반갑기 그지없다. 지하철 2호선 선릉역 5번 출구 뒷골목엔 30년 된 순댓국집이 터 잡고 있다. 강남이지만, 전혀 강남스럽지 않은 아주 작은 순댓국집이다. 1991년 창업해 30년 세월을 한 자리에서 영업해온 이 가게는 창업이래 어머님

▲ 2대째 한자리를 지키고 있는 선릉순대국

과 아버님이 지켜오시다가 지금은 칠순 넘으신 노모와 함께, 누나와 남동생이 대를 잇고 있다. 누나 배윤희 대표가 도맡아 운영한 지도 어언 20년 세월이 흘렀다.

이제는 어머님과 누나의 손맛이 동일한 경지에 다다른 느낌도 일견 든다고 한다. 그럼에도 가게 규모는 30년 전 그대로다. 1층 가게의 면적은 10평 남짓이 고작이다. 운동장만 한 대형 음식점이 주름잡는 시장에서는 오히려 작은 가게가 더 빛날 수 있다. 선릉순대국을 통해서 찾아볼 수 있는 오래된 가게, 작은 가게의 경쟁력은 무엇일까?

● 선릉역 뒷골목 10평 순댓국집으로 30년 세월

강남구의 대표적인 오피스 상권인 선릉역 먹자골목은 늘 인근의 직장인들로 붐빈다. 오피스 상권에 출점한 순댓국집은 아침식사도 중요하다. 순댓국이야말로 해장국으로도, 출출한 한 끼를 뚝딱 채우기에도 안성맞춤인 메뉴다. 외식업 시장의 불멸의 스테디셀러 아이템이라고 해도 과언이 아니다.

가게 앞에 서면 'since 1991'이라고 표기돼 있다. 문화재급 순댓국집이다. 규모는 앙증맞을 정도로 작은 매장이다. 강남 일대 직장인들 눈으로 본다면 작은 가게가 큰 가게보다 귀한 시대인지도 모른다. 도처에 번듯한 큰 가게가 너무 많기 때문이다. 유리창 너머로는 주방 안이 훤히 보인다. 근처를 지나가다가 가게 안을 들여다보면 손님이 없는 적이 별로 없다. 늘 순댓국으로 한 끼 식사를 때우려는 직장인들의 모습을 볼 수 있는 가게이다.

▲ 서울 강남 오피스 상권에서 30년 세월을 지켜온 노포의 정겨운 외관

오후 시간대에 이르면 부드러운 머릿고기, 술국에 막걸리 한 잔
걸치는 손님들도 심심찮게 목격할 수 있다. 8,000원 찐한 순댓국 한
그릇에 함박 미소를 짓는 사람들이 넘쳐나는 음식점이다. 게다가
대를 잇는 순댓국집이라는 점 또한 구매가치와 직결되는 부분이
다. 선릉순대국은 강남구의 음식점 문화재임에 틀림없다.

● 덤웨이터 없이 지하층을 오가는 아날로그 코드의 정겨움

가게 옆으로는 지하매장으로 내려가는 계단이 보인다. 1층에서 순
대국을 담아서 분주하게 지하층으로 서비스하는 시스템이다. 요즘
시대 코드로 바꾼다면 당연지사 주방에서 지하로 음식을 나르는
식기용 엘리베이터인 덤웨이터(Dumbwaiter)를 설치해서 1층과 지
하층을 연결하는 게 맞다. 하지만 덤웨이터가 없는 아날로그 시스
템이 주는 정겨움이 있다. 남동생 배옥렬 씨는 누나가 요리해준 순

댓국밥 한 그릇을 조심스럽게 들고 지하층 매장으로 걸어가고 있다. 아날로그 포인트다. 불편하지만 그 자체가 오히려 정겨움을 자아내고, 손님들에겐 친숙함으로 다가간다.

때론 불편함이 오히려 정겨움을 주는 코드일 수 있다. 아버님과 어머님이 30년 전 선릉순대국으로 문을 열었던 당시 그 모습 그대로의 모습을 재현하는 느낌도 든다. 주인장이 서비스하기엔 조금 불편해도 손님들은 그 정겨운 맛으로 선릉순대국을 찾는다고 한다.

● 식사 매출과 저녁 시간대 술 한잔 매출이 반반, 불황타파 최적 아이템

주방에는 순댓국이 보글보글 끓고 있다. 하얀 순댓국밥이야말로 한국사람들에게 빼놓을 수 없는 외식 아이템이다. 한때 정권에서 부르짖었던 한식 세계화의 대표주자라고 해도 손색이 없다. 벽면에 걸린 메뉴판을 살폈다. 저녁 시간이라서 머릿고기와 순대국을 주문했다. 머릿고기 한접시를 시키면 순대도 올려지고, 내장 부산물도 서비스된다고 설명해주신다.

드디어 2만 2,000원 머릿고기 한 접시가 테이블 위에 올려졌다. 머릿고기의 부드러운 윤기와 찰진 순대의 식감이 느껴지는 비주얼은 보는 것만으로도 이 순댓국집의 역사를 가늠케 한다. 막걸리 한 사발이 저절로 생각난다. 순댓국집의 생명은 깍두기다. 이 깍두기 맛만 봐도 오래된 순댓국집의 전통을 느낄 수 있다. 적당히 숙성된 깍두기 맛은 설렁탕집 깍두기 맛과는 또 다른 감칠맛으로 다가온다.

순댓국의 맛을 담보하는 또 다른 비법도 있다. 다름 아닌 고추장 다대기와 풋고추 다짐이다. 이 고추장 다대기야말로 일미다. 칠순 노모께서 지금도 손수 만들어주신다고 한다. 고추장 다대기 한 스푼, 풋고추 다짐 한 숟갈 떠서 순대국에 넣으면 감칠맛 작렬이다. 이 작은 순댓국집에 손님들의 발길이 끊이질 않는 이유를 짐작하고도 남음이 있다.

● **아버님, 어머님, 누나, 남동생의 가족 맛집이자 인생 맛집이다**
부모님의 대를 이어서 21년째 운영 중인 배윤희 대표의 표정엔 자신감과 강단이 넘쳐난다. 강단 있는 이미지는 어머니로부터 이어받은 보물인 것 같다. 어린 시절엔 부모님이 순댓국집을 운영하는 게 막연히 싫었다고 한다. 하지만 이제는 부모님의 순댓국 인생이 배윤희 대표의 순댓국 인생으로 이어지고 있다.

남동생 배옥렬 씨 역시 마찬가지다. 누나와 남동생이 가업을 잇는 풍경을 보는 게 쉬운 일은 아니다. 지금은 어머님의 따뜻한 지도 하에 누나는 조리 담당, 남동생은 홀을 책임지고 있다. 배옥렬 씨는 IT 컨설팅 업무로 오랫동안 직장생활을 했다고 한다. 지금은 직장 생활을 정리하고, 누나와 함께 선릉순대국의 가업을 잇고 있다. 부모님이 해오시던 일이기에 소중한 일이긴 하지만, 그렇다고 결코 만만한 일은 아니라고 강변한다. 선릉순대국은 온 가족이 만들어온 30년 인생 국밥집인 셈이다.

실내 운전면허연습장 창업을 아시나요?

코로나 시대 틈새 창업 아이템은 곳곳에 존재한다. 요즘 운전면허를 실내에서 연습해서 취득할 수 있게끔 해주는 곳이 있다. 이른바 실내운전면허연습장이다. 게임기기 같은 시뮬레이터로 연습해서 과연 자동차운전면허를 취득할 수 있는지, 창업 아이템으로서의 타당성은 어느 정도인지 살펴보자.

▲ 코로나 시대의 틈새 아이템, 실내 운전면허연습장

● 불황기에 주목받는 운전면허 실내연습장 아이템

운전면허를 취득할 때 운전 학원에서 실물차량을 이용해서 연습하고 면허를 취득하는 게 지금까지의 상식이었다. 하지만 이 아이템은 실내 운전면허 연습장에서 시뮬레이터를 통해 운전 연습을 하고, 실기 시험은 전국의 27개 운전면허시험장에서 응시하여 자격증을 취득하는 시스템이다. 전국에는 450개 이상의 운전면허학원이 있다. 학원에서 운전면허를 취득하기까지 드는 비용은 총 80만 원~120만 원에 달한다. 비싼 학원료에 대한 부담감 때문인지, 요즘 실내 운전면허연습장에 가면 절반 가격인 40만 원 정도에 운전면허를 딸 수 있다는 소문이 전해지면서 실내 운전면허연습장을 찾는 수요가 늘고 있다.

연간 운전면허를 따기 위해 응시하는 응시자 수는 200만 명 남짓이다. 이 중에서 연도별 운전면허 신규 취득자 수는 2016년도만 하더라도 101만 2,000명에 달했고, 2017년부터는 연간 60만 명 정도로 운전면허 취득자 수가 줄어드는 추세다. 2020년엔 1월부터 6월 말까지 37만 명으로 조금 늘었다. 아마도 봄철 재택 수업이 많아지면서 운전면허 취득수요가 조금 늘었다고 판단된다. 운전면허 취득자 수가 점차 줄어드는 원인은 경기불황의 탓도 있고, 차를 가장 많이 구매했던 30대의 신차 구입률이 떨어지고 있기 때문이기도 하다.

실내 운전면허연습장의 프랜차이즈 시장 동향도 아직 초창기 수준이다. 현재 우리나라 전역에서 영업하고 있는 실내 운전면허시험장은 포털사이트 기준 100여 개 매장 정도가 있다. 공정거래위원회에 프랜차이즈 브랜드로 등록한 업체 역시 한 곳에 불과하다. 선발 업체의 경우 가맹점도 20~30개 수준에 머물러 있는 수준이다. 프랜차이즈 형태가 아닌 기계 제조업체에서 직접 기계를 구입하여 독립점 형태로 운영하는 곳들도 있다.

● **연습용 시뮬레이터로 연습해서 면허를 따는 게 가능할까?**

최근 도로교통공단은 전국의 27개 운전면허시험장 중 13개 운전면허시험장에 시뮬레이터 기계를 설치하고, 시험 전 15분당 2,000원씩 내고 연습할 수 있도록 하고 있다. 최근 실내운전면허연습장에서 15시간 연습하고 면허를 딴 20대 대학생을 인터뷰한 적이 있다. 그 학생에 따르면 처음에 혼자 필기시험을 통과한 다음 실내 운전면허연습장에 35만 원을 결제하고, 15시간 동안 연습했다고 한다. 기능시험은 두 번 떨어지고 통과, 도로주행은 한 번 낙방 후 두 번째에 합격해서 면허를 취득했다고 한다.

합격한 대학생에 따르면 운전면허연습장이 운전면허학원보다

▲ 실내 운전면허연습장에서 주행 실습 중인 수강생들

좋은 점이 있다고 한다. 일단 운전 연습 시간이 더 많다는 점, 부족한 부분은 마음대로 반복 연습이 가능하다는 점을 꼽았다. 일반 운전면허학원은 기능 4시간, 도로주행 6시간 총 10시간 연습에 70만 원을 넘는 곳이 대부분이다.

이 창업 아이템의 장점이라면 운전면허연습장이기 때문에 운전면허학원처럼 허가 규정이 까다롭지도 않고, 20평 내외 공간만 있으면 시뮬레이터 4대 정도 두고 창업할 수 있다는 점이다. 초보 창업자 입장에서 본다면 고도의 기술력을 습득해야 하는 것은 아니기 때문에 진입 문턱이 낮은 아이템에 속한다는 점도 장점으로 꼽힌다. 반면 단점은 시뮬레이터 대당 가격이 2,500만 원 내외로 비싸고, 주변에 경쟁 점포가 생길 수 있다는 점이 사업적인 한계점으로 지적된다.

● 실내 운전면허연습장의 투자 대비 순이익률 그리고 주의해야 할 점

한 선발 업체의 경우 기계값 대당 2,500만 원으로 4대면 기계값만 최소 1억 원 정도 투자된다. 인테리어 비용은 평당 100만 원 정도, 기타 가맹비 등을 포함하면 점포 비용 제외하고 들어가는 비용은 1억 6,000만 원 남짓이다. 점포는 주로 1층이 아닌 2~5층 지상층 25평에 오픈하기 때문에 별도의 권리금은 없이 보증금 2,000만 원 내외면 가능하다.

따라서 총 투자 금액은 최소 1억 8,000만 원에서 2억 원 정도 투자된다. 독립점 매장의 경우 투자 비용이 더 적게 들어가는 곳도 있었다. 어쨌든 시설업과 교육업이라는 측면에서 본다면 적게 들어

가는 것은 아니다.

한 브랜드 점포의 경우 작게는 월 1,500만 원에서 많게는 월 4,000만 원의 매출액을 올리고 있는 매장도 확인할 수 있었다. 한 달 평균 2,000만 원 매출이라고 가정해보면 1인당 월 평균 수강료를 40만 원 정도로 책정한다면 50명 정도 수강했을 때다.

월 지출액을 산정해 보면 인건비와 임대료, 마케팅 비용, 유지 관리비 정도가 들어가는데 2,000만 원 정도 매출액이면 주인 한 명 외 직원 한 명, 2,500만 원 정도라도 운영하는 데 두 명이면 충분하다. 월 인건비는 한 명에 200만 원, 두 명이면 400만 원이면 된다. 그 외 마케팅 비용 200만 원~300만 원, 임대료 수도권 상권 기준으로 150만 원 이내다. 그렇다면 2,000만 원 정도일 때 총 지출액은 1,000만 원을 넘지 않는다. 2,000만 원 매출액으로 순이익 금액은 1,000만 원이 넘는다고 볼 수 있다. 대단한 고수익 아이템이다.

모든 아이템은 위험 요인이 존재한다. 이 아이템의 경우 지금은 고수익이라고 하더라도 향후 경쟁 업소의 출점 현황에 따라서 편차가 발생할 수 있다. 향후 매장을 철수하는 경우 장사가 잘되는 매장은 그대로 권리가치를 책정할 수 있겠으나 안되는 매장의 경우 기계값을 변제받는 데 한계가 있을 수 있다.

앞서 언급했듯, 신규 운전면허 취득자가 늘기 위해서는 20대 미만 인구가 늘어야 하는데, 점차 줄어든다는 점도 중장기적인 측면에서는 위협 요인이다.

청년 창업자 장천웅 대표의 불황 극복 아이템, 접시고기

요즘 같은 불황기에 창업해도 되나요? 이런 질문 자주 받는다. 물론 창업 안 하고 가만있어도 되는 분들이 있다. 그런 분들은 불황기에 굳이 움직일 이유가 없다. 하지만 가만히 있으면 안 되는 사람들이 더 많다. 누가 내 인생을 대신 살아주지도 않는다. 당장 경제 활동을 하지 않으면 생활이 안 되는 상황이기 때문이다. 그런 분들에게 이렇게 이야기하곤 한다. "어려운 시기일수록 기회 요인은 많습니다. 시장의 위기는 늘 새로운 기회를 잉태하기 마련입니다."

요즘 같은 코로나 불황기에 틈새 아이템 찾기는 늘 관심의 대상이다. 서울 강서구청 뒷골목에서 불황기 틈새 아이템 하나를 발견했다. 청년 창업자 장천웅 대표의 새 고깃집 브랜드 '접시고기'다. 접시고기의 창업 경쟁력을 분석했다.

● 접시고기의 상권과 점포

서울 강서구청 상권은 오피스 수요층과 인근의 주택가 수요층이 혼재된 상권이다. 창업자들에게는 관심 지역 중 하나다. 강서구청 상권 상급지의 점포 임대료는 만만치 않다. 요즘 같은 시대의 실속 창업법 그 첫 번째 원칙은 임차료가 저렴한 점포를 찾는 것이다. 창업 준비 과정에서 가장 중요한 일 중 하나다.

강서구청 상권의 상급지가 아닌 중하급지 후미진 골목 1층에 새로운 간판 하나가 걸렸다. '접시고기'집이다. 왜 접시고기일까? 고개를 갸웃하게 한다. 1층 30평 정도 매장임에도 월 임차료는 200만 원을 넘지 않는다. 물론 월세가 저렴한 점포에는 다 이유가 있다. 하지만 고기포차 선술집 스타일의 고깃집 창업에서 과도한 임대료가 책정된 매장은 불황기 창업자들이 지양해야 할 첫 번째 매장이다. 그런 측면에서 접시고기의 상권 입지 경쟁력은 의미가 있다.

▲ 불황기 도심상권에 최적화된 콘셉팅 사례, 접시고기

● 시설 투자 비용은 최소화하고 술맛 나는 분위기 연출

점포 익스테리어는 소박하다. 과하지도 않다. 골목길 점포이지만, 가시성과 고객 접근성 모두 괜찮은 점포이다. 못생긴 점포가 아닌 잘생긴 점포 찾기가 중요하다는 사실을 다시 한 번 확인하게 되는 부분이다. 콘셉트부터 살폈다. 제주산 돼지고기를 이용한 고기포차 콘셉트이다. 요즘 같은 불황기에 호주머니가 가벼운 직장인들이나 브이노믹스 시대 소위 MZ세대[2]라고 불리는 신세대 소비자가 즐겨 찾기 안성맞춤인 콘셉트이다. 이들의 고객 만족도를 높이고, 반복 구매를 유도하는 것은 외식업 창업자들이 늘 신경 써야 하는 대목이다.

요즘과 같은 시대에 외식업 창업자 입장에서는 남는 장사가 관건이다. 이를 위해서는 식자재 원가를 최소화하고, 고정비용과 변동비용도 줄여야 한다. 접시고기 주방 앞 한쪽에는 셀프코너가 마련돼 있다. 고기포차 콘셉트에 걸맞게 곁들이찬은 많지 않다. 한식당을 운영하는 창업자 입장에서 늘 어렵고 메인 요리보다 더 신경쓰이게 하는 게 곁들이찬 구색이다. 접시고기는 곁들이찬 걱정은 접어두어도 좋을 듯하다.

두 번째는 인건비에 대한 부담감이다. 2018년 최저임금 상승 후 소상공인 창업자들의 인건비 부담이 만만치 않다. 접시고기의 인건비는 주인장 한 사람을 제외하고 직원 한 명, 아르바이트 1.5명분이 든다. 이 정도 인원이면 월 2,500만원에서 3,000만 원까지는 문

---

2 1980년대 초~2000년대 초 출생한 밀레니얼 세대와 1990년대 중반~2000년대 초반 출생한 Z세대를 통칭하는 말로 디지털 환경에 익숙한 모바일 세대이다. 최신 트렌드를 중시하고 남과 다른 이색 소비 경험을 추구한다.

제없다고 한다. 초보 창업자 입장에서는 잘 체크해야 할 대목이다. 일반적으로 식당의 인건비는 매출액 대비 15%~20%를 넘지 않는 선에서 맞출 수 있다면 운영상 큰 문제점은 없다고 보면 된다.

● 불황기를 겨냥한 가격과 품질을 동시에 잡은 고기포차 콘셉트

메뉴판을 살폈다. 점심 메뉴는 없고 오후 5시에서 새벽 1시까지 영업한다. 대표 상품은 1kg 제주산 접시고기 3만 9,000원, 0.5kg 2만 2,000원이다. 1kg이면 남자 3~4명이 먹을 술 한잔 메뉴로 충분하다. 접시고기의 상품 특징은 첫째 100% 제주산 고기라는 점이다. 제주 돼지의 특수부위 세트로 한 접시를 구성했음을 알 수 있다.

한 접시를 주문하고 운영 시스템을 세심하게 살폈다. 참숯 위에 올려진 무쇠를 이용한 직화구이 철판이 눈에 들어온다. 3만 9,000원 세트를 주문하면 순두부찌개 국물과 함께 소주 한 잔 먹을 수 있

▲ 저렴하지만 100% 제주산 고기를 이용해 프리미엄을 놓치지 않은 메뉴 세트

는 부담 없는 고깃상이 차려진다.

　장천웅 대표는 접시고기의 핵심은 제주 돼지를 이용한 다양한 특수부위 세트라고 말한다. 궁금증이 생겼다. 국내산 제주 돼지임에도 1kg 한 접시에 3만 9,000원 저렴한 세트를 팔 수 있는 이유는 뭘까? 비밀은 장천웅 대표에게서 찾을 수 있었다.

　장천웅 대표는 고기 유통 전문가다. 그가 제주산 고깃집을 운영한 지는 오래다. 처음 고깃집에 입문한 것은 2011년 2월이었다. 지하철 3호선 은평구 역촌역 앞 10평 매장으로 고깃집을 열었다. 필자가 인큐베이팅을 진행했던 '제주도그릴' 브랜드가 장천웅 대표의 첫 번째 고깃집 브랜드다. 그의 두 번째 브랜드 '접시고기'는 장천웅 대표 입장에서는 불황기를 이겨내는 고기포차 콘셉트의 새로운 고깃집인 셈이다.

　장천웅 대표는 청년 사장임에도 고깃집 장인으로 불린다. 제주도그릴은 프리미엄 고깃집을 표방했다. 반면 '접시고기'는 대중적인 제주 돼지 고기포차 콘셉트이다. 그럼에도 맛과 식감에 대한 만족도는 중요하다.

● 가성비는 물론 가심비까지 작렬하는 상품 경쟁력의 비밀

장 대표가 직접 만들어낸 맞춤형 초고추장 맛에 깜짝 놀랐다. 고기와 잘 어울리는 초고추장 하나가 소비자들의 구미를 자극하면서 반복 구매를 유도하고 있다. 한국인들의 고기포차 식생활에서 국물을 배제할 순 없다. 장천웅표 순두부찌개는 단연 압권이다. 날계란 하나 톡 터트려서 올리니 국물맛의 깊이가 배가된다.

▲ 정성스레 고기를 굽는 장천웅 대표

　무쇠 고기판 위에서 고기를 굽기 시작했다. 고깃집의 마지막 식감은 굽는 스킬이 결정한다고 주장한다. 장 대표가 선택한 무쇠 고기판은 무엇보다도 타지 않는다는 점이 강점이다. 양질의 제주산 돼지를 활용한 세트 고기와 얼큰한 국물맛까지, '이 가격에 이만한 고기 성찬이 있을까?'라는 생각마저 든다.

　개인적으로 좋아하는 돼지고기 부위 중 하나는 돼지껍데기다. 1인분 200g에 6,500원인 돼지껍데기 하나를 주문했다. 콜라겐이 풍부한 쫄깃한 식감의 돼지껍데기는 추가 메뉴로 압권이다. 일행들과 술잔을 부딪치지 않을 수 없는 분위기가 연출된다.

　하지만 여기가 끝은 아니다. 마지막 하나가 남았다. 다름 아닌 세트 메뉴에 포함되어있는 떡갈비다. 이 떡갈비가 무쇠판에 올려지는 이벤트가 기다리고 있다. 떡갈비는 어떻게 구워질까? 깜짝 놀랐다. 웬 호떡 굽는 누르개가 접시고기에 등장할 줄이야! 일행들은 만

▲ 한 상 차림의 피날레를 장식하는 호떡 누르개를 이용한 떡갈비

면에 희색이 넘쳤다. 마지막 즉석 수제 떡갈비까지 먹고 나면 저절로 배가 불러온다. 불황기 소비자들에게 딱 맞는 가성비는 물론 가심비까지 모두 챙긴 틈새 고깃집임을 인정하지 않을 수 없었다.

● 접시고기의 투자 수익률, 고기포차 창업 시 주의할 점은?

장 대표가 직영하는 화곡동 강서구청 뒷골목 1층 점포의 임대 비용은 보증금 2,000만 원에 월세 180만 원이다. 권리금도 높지 않았다. 점포 마련 비용은 5,000만 원을 넘지 않고, 시설 투자 비용과 인테리어 비용을 합친다고 하더라도 총 창업 비용 1억 원에서 1억 2,000만 원이면 충분하다. 요즘 매출 부진을 겪고 있는 음식점들이 업종 변경 테마로 시도한다면 재투자 비용은 2,000만~3,000만 원 이내면 충분할 듯하다.

관건은 수익성 분석이다. 현재 화곡동 직영점의 경우 하루 매출액은 90만 원~100만 원이다. 월 매출액 기준 최소 2,500만 원~3,000만 원 매출이다. 식재료 원가는 고기와 참숯, 주류 매출까지 합하더라도 37% 수준이다. 공정거래위원회 등록 웬만한 외식 브랜드의 원가가 40% 육박하는 것과 비교된다. 매출액 대비 마진율은 63%인 셈이다. 여기에서 주인장 한 사람을 제외한 인건비는 400만 원 미만이다. 월세 180만 원, 기타 전기세, 수도세, 가스 비용, 카드 수수를 뺀다고 하더라도 장천웅 대표의 월 순이익은 매출액 대비 25%~27%에 달할 것으로 판단된다. 1억 원을 투자해서 500만 원 이상의 순이익만 나온다면 감사한 시대다.

모든 창업 아이템은 위험 요인이 있다. 누워서 돈 버는 아이템은 없다. 장천웅 대표의 접시고기 또한 마찬가지다. 창업자 입장에서는 최소 비용을 투자해서 안정적이고 탄탄한 수익을 얻을 수 있는 반면, 어려운 점도 있다. 무엇보다도 밤낮을 거꾸로 살아야 하는 아이템이라는 점이다. 오후 5시 오픈에서 새벽 1시에 문을 닫는다는 영업 방침이 있지만, 심야 상권의 경우 여차하면 새벽까지 영업할 수도 있다. 하지만 최소 비용으로 고수익을 올리는 데 있어 그 정도 고생도 하지 않고, 돈 버는 아이템이 있을까?

프랜차이즈 시스템이 가지는 위험 요인은 없을까도 살폈다. 프랜차이즈 브랜드 평가 점수의 80% 이상은 해당 프랜차이즈 브랜드의 CEO가 결정한다. 30대 젊은 창업자 장천웅 대표의 인간성은 물론 본사의 운영 철학도 일일이 체크해 볼 필요가 있다. 요즘처럼 위축된 창업 시장에서 불황 타파 틈새 아이템을 발견할 때면 기분까지 즐거워진다. 접시고기가 바로 그런 집이다.

연대 앞 8평 일본 라멘집의
12년 생존 스토리

어려운 코로나 시대에도 아랑곳하지 않고 성공을 이어가는 틈새 가게들이 있다. 서울 신촌 대학가 상권에서 12년 동안 꾸준히 사랑받고 있는 8평 일본라멘 맛집 '가마마루이' 이야기다. 이 작지만 옹골찬 가게의 생존 전략이 무엇인지, 초보 창업자들은 잘 들여다볼 필요가 있다. 큰 가게를 이길 수 있는 작은 가게의 생존 전략을 엿볼 수 있기 때문이다.

● 연대 앞 골목상권 8평 라멘 가게 '가마마루이'

코로나 시대를 완벽하게 극복하고 있는 작은 가게 성공 사례 중 하나다. 송정희 대표의 인생 라멘집이라고도 할 수 있다. 신촌 상권인 연대 앞 골목 안쪽 1층, 실면적 7.9평에 불과한 일본라멘집 '가마마루이'는 2008년 오픈한 이래로 12년 동안 연세대 학생들의 단

▲ 신촌을 대표하는 정통 라멘 맛집 가마마루이

골아지트 역할을 하고 있다. 주인장 송정희 대표는 남편과 함께 라멘집을 운영하다가 남편을 먼저 지병으로 떠나보내고 혼자서 라멘집을 운영하고 있다. 지금까지도 가마마루이는 처음 오픈할 때 그 모습 그대로 인근의 학생들과 주민들의 아지트 라멘집으로 터 잡고 있다.

신촌 상권, 이대 상권의 최근 상세력을 살펴보면 1990년대에 비해서는 많이 곤두박질한 게 사실이다. 무엇보다도 연대 1학년 학생들이 송도캠퍼스로 빠진 영향도 있고, 홍대 상권에 밀린 측면도 있어서인지 전체적인 상권 분위기는 하락세다. 골목마다 임대문의를 써 붙인 가게들도 늘고 있는 상황, 하지만 창업자 입장에서 본다면 한물갔다고 해서 그 상권 속 모든 가게들이 장사가 안되는 것은 아니라는 사실에 주목해야 한다. 학생 수 2만 명의 연세대가 없어지지 않는 한 신촌 상권은 여전히 건재할 것이다.

● 가마마루이 라멘집의 이유 있는 성공

일본라멘집 아이템은 일본 상품 불매운동으로 한동안 힘들었던 시기도 있었다. 최근 아베 총리가 물러나고 스가 내각이 들어섰는데 한일 관계가 조금이라도 나아진다면 일본음식점을 운영하는 사장님들도 한 시름 놓을 수 있을 것이다. 하지만 정치 상황이 어떻든 한국의 소비자들은 이제 일본음식의 맛에 어느 정도 익숙해져 있다. 시간이 지나가면서 점차 일본라멘 마니아층들을 비롯해 손님들이 다시 일식당을 찾으면서 시장 수요는 어느 정도 회복되었다고 본다.

가마마루이 라멘집의 좌석은 1인 좌석 15석에 불과하지만 점심 때나 저녁때는 만석 행진을 보이고 있다. 줄 서서 먹는 라멘집으로 알려져 있을 정도다. 나 홀로 소비자 즉 1인 고객들이 맘 편히 먹을 수 있는 음식점이라는 점도 중요한 포인트다.

사장인 송정희 대표 입장에서는 매장이 작기 때문에 월세 부담도 없다. 월 임차료는 120만 원을 넘지 않는다. 요즘 같은 불황에도 단골손님들은 꾸준히 찾아오기 때문에 매출 편차도 크지 않은 편이다. 그만큼 맛에 자신 있다는 이야기다. 작은 가게 임에도 불구하고 주방에서 직접 돼지뼈사골국을 끓이면서 일본라멘을 만들고 있다. 그 진한 국물맛은 이미 연대 일대 소비자들에게 일본라멘 맛집으로 검증이 끝났다. 여기에 디지털 시대를 역행하는 전형적인 아날로그 음식점이라는 차별화 코드가 단골손님을 꾸준히 유지하게 하는 비결이다. 작은 가게 창업의 교과서라고 할 수 있다.

● 단골손님들과의 '휴먼 터치' 그리고 소소한 감성 마케팅

자가제면과 아날로그 스타일의 돼지뼈 국물을 가마솥에서 진하게 우려내는 대표 상품의 경쟁력이 첫 번째 고객 만족도 상승 요인이다. 동시에 일본에서만 먹을 수 있는 온천란 같은 특별한 메뉴도 있고, 무한 리필로 서비스되는 마파두부와 양념 단무지가 일품이다. 두 번째, 일본라멘을 시키면 무한으로 먹을 수 있는 마파두부와 밥은 20~30대 청춘 고객들이 충분한 포만감을 느낄 수 있게 해주는 일등 공신이다. 즉 메인 메뉴도 중요하지만, 부가 메뉴인 공짜 마파두부, 온천란 같은 사이드 메뉴도 단골손님을 늘려준 요인이다.

이 가게의 성공 요인은 이러한 상품 경쟁력 측면에만 있는 것은 아니다. 가마마루이 라멘집에는 키오스크가 없다. 송 대표는 키오스크를 설치하면 편리한 면이 있을 순 있지만 고객관리에는 마이너스가 된다고 말한다. 코로나 시대가 심화할수록 늘어만 가는 비대면 장치가 우리의 일상을 잠식하고 있다. 이러한 비대면 장치들이 많아질수록 사실은 대면에 대한 욕구가 더욱 강해진다고 한다. 이른바 '휴먼 터치' 트렌드가 중요해지는 이유다. 키오스크 없이 고객들과 눈이라도 한 번 더 마주치면서 소통하길 원하는 송 대표만의 단골손님 관리법이라고 볼 수 있다. 송정희 대표는 한 번 방문한 손님은 반드시 기억한다고 한다. "또 오셨네요"라고 인사하는 센스는 기본이다.

송정희 대표의 일본라멘집은 여러 방송매체의 맛집 프로그램에 소개된 바 있다. 특이한 점이 있다면 매장 벽면의 TV 모니터에서 나오는 익숙한 영상이다. 다름 아닌 일본 드라마 〈고독한 미식가〉 영상이다. 고객들로 하여금 스스로가 미식가 반열에 드는 고객이

▲ 매장 벽면의 TV에서조차 일본 방송이 나오는 디테일이 놀랍다

라는 암시를 주는 효과도 있고, 일본 정통 스타일 라멘집이라는 사실을 홍보하는 효과도 있다.

● 일본라멘집의 수익성과 유의할 점은?

7.9평 라멘집의 한 달 평균 매출액은 코로나 시즌임에도 불구하고 2,500만 원~3,000만 원 수준이다. 객단가 1만 원, 식재료 원가는 30%를 넘지 않는다. 매출액 대비 순이익률은 한 달 기준 500만 원에서 700만 원에 달한다. 정통 일본라멘집이니만큼 신규 창업자가 진입하기에는 문턱이 높고 배우기 어려운 아이템에 속한다. 쉬운 사업을 찾는 창업자들은 조심해야 한다. 그런 만큼 향후 전수창업 형태로 제대로 배워서 오픈한다면 롱런할 수 있는 아이템이라고 판단된다.

NEW NORMAL
SMALL BUSINESS

COVI

6

코로나 시대 피보팅 전략④
해외 창업의 빛과 그림자

코로나 시대를 극복하는 키, 전환창업!
세계적인 바이러스 대유행은
해외 창업에 대한 생각조차 잠재우고 있다.

하지만 해외 창업은 늘 새로운 기회의 땅이면서,
불황기 하나의 대안으로 선택해야 할
삭막한 국내 자영업 시장의 현실적인 돌파구다.

해외 창업에 나서는 창업자들이 유의해야 할 사항들과
성공 창업을 위한 노하우를 공개한다.

소확행 창업자를 위한
해외 창업 성공 코드

국내 창업 시장은 갈수록 어려워지고 있다. 한국 상권 내에서의 대안 찾기, 틈새 찾기가 관건이다. 물론 녹록지 않다. 상식을 거부하는 상가 부동산 임대료 상승과 인건비 상승에 대한 압박감이 예사롭지 않다. 자연적으로 600만 자영업 사장님들의 표정은 갈수록 어두워지는 느낌이다. 창업 예정자들 역시 연일 터져 나오는 창업 시장의 어두운 뉴스들로 인해서 진입 자체를 망설이고 있다. 잠재적 창업자는 넘쳐나지만, 실제 창업으로 이어지는 수는 많지 않다. 이러한 열악한 창업 환경을 극복할 수 있는 돌파구가 필요한 시점이다.

필자는 창업통의 이름으로 오래전부터 해외 창업 시장을 살피고 분석해왔다. 우리나라를 떠나서 여행이 아닌 해외 창업 인생을 꾸린다는 게 결코 쉬운 일은 아니다. 명암도 엇갈린다. 더욱이 코로나 19는 해외 창업에 대한 생각조차 잠재워버리는 느낌이다. 하지만 언제까지나 국내 상권 안에만 갇혀있진 못할 것으로 보인다. 코로나 시대에 걸맞은 해외 창업 모델 찾기가 필요한 시점이기도 하다. 창업자가 행복할 수 있는 해외 창업에 대한 시각을 정리했다.

● 14억 중국 창업 시장의 명암?

첫 번째 나라는 14억 거대 소비자를 타깃으로 하는 중국 창업 시장이다. 중국 시장 진출은 1990년대 초반부터 시작되었다. 이후 수많은 대기업은 물론 중소 프랜차이즈 업체, 자영업 사장님들도 중국 시장 문을 노크하곤 했다. 하지만 자영업 관점에서 본다면 중국 진출에 대한 소문은 무성했지만, 성과가 크다는 이야기는 잘 들려오지 않았다. 최근 롯데의 중국 철수 소식은 대기업도 해외 진출이 쉽지 않음을 보여주는 상징적인 사례다. 이유가 뭘까?

창업통이 바라본 중국 창업 시장은 일장일단이 명확한 시장이다. 무엇보다도 중국 창업 실패 사례를 보면 중화사상과 꽌시(关系)가 지배하는 중국 소비자의 마음을 제대로 끌어들이는 데 역부족이었음을 인지하곤 한다. 14억 소비자들의 마음을 얻기가 호락호락하지 않다는 것이다. 하지만 성공 사례도 곳곳에서 발견되곤 한다. 중국인과 결혼한 한국의 한 청년 창업자가 상해에서 좋은 성과를 내고 있는 사례도 있고, 부부가 같이 중국 청도에 10년 이상 거주하면서 한류 코드를 접목한 사업을 시도해 성공한 사례도 있다.

하지만 여전히 한국 창업자 입장에서 바라보는 중국의 창업 장벽은 결코 녹록지 않은 게 현실이다. 그럼에도 중국 시장은 동북아시아의 지정학적 위치상 우리와 맞닿아있다는 점뿐만 아니라 세계 경제에 미치는 영향력이 갈수록 커져가고 있다는 점에서 늘 예의 주시해야 하는 시장이다. 중국 시장의 틈새 찾기에 늘 관심을 기울일 수밖에 없는 이유다.

● 견고한 일본 시장, 창업의 틈새는 있는 것일까?

이웃 나라 일본은 어떨까? 일본 창업 시장은 창업통 역시 1991년부터 시장조사를 해오고 있는 대표적인 해외 시장이다. 1억 2,700만의 소비자 집단이 움직이는 일본 창업 시장의 속내는 중국과는 또 다른 벽이 있음을 알 수 있다. 한국인이 일본의 자영업 가게에 시급 1만 원정도 받고 취업을 하거나 아르바이트를 하기엔 전혀 문제가 없다. 하지만 직접 일본 상권에서 매장을 렌트해서 창업을 시도해 보면 그들의 카르텔이 너무나 견고함을 실감한다. 웬만한 라멘집, 우동집 하나라도 50년, 100년 노포가 수두룩하다. 이들의 틈새를 비집고 들어가는 것은 결코 만만치 않은 일이다. 그래서 일본 창업 시장은 한국의 창업자들에게는 늘 벤치마킹의 대상이었지, 직접 창업을 하고 싶어하는 선호도 높은 시장은 아니었다.

물론 도쿄 신오쿠보 상권의 이케맨 거리는 한때 한국인 창업자들의 로망을 구현해냈던 상권이기도 했다. 하지만 정치적인 문제가 이슈화되면서 상권은 금방 오르막 내리막을 반복하고 있다. 지금도 많은 수의 한국 창업자들이 일본 시장 진출을 조심스럽게 타진하고 있다. 일본 현지에서 성업 중인 아이템 사냥에 골몰하는 사람들도 있다. 하지만 이제는 일본만의 독창적인 아이템은 많지 않다. 웬만한 일본 아이템은 한국에 들어와 있기 때문이다.

오히려 그들의 장수 창업 비법, 그들의 지속 가능한 상인 정신에 주목해야 하는 시점이라고 본다. 더욱이 일본 상품 불매운동과 코로나 위기를 거치면서 한국인들에게 일본이라는 나라의 정서적 거리는 조금 더 멀어져 있다. 하지만 일본 역시 중국과 마찬가지로 우리나라와 가장 가까운 나라다. 특히 작은 가게 성공 사례, 소확행 창업의 모델이 될 수 있는 오래된 가게가 도처에 흔한 나라다. 코로나 시대의 일본 상권, 일본 시장의 틈새를 주의 깊게 살펴야 하는 이유다.

● 미국, 유럽, 호주, 필리핀, 대만, 홍콩, 네팔 상권은 어떨까?

미국과 캐나다, 호주와 뉴질랜드로 이민을 가는 분들도 여럿 만날 수 있다. 한국 창업자 입장에서 호불호는 엇갈린다. 유럽 시장을 노크하는 사람들도 있다. 하지만 유럽 선진국에서 한국 사람, 한국의 창업자로 얼굴을 내밀면서 당당히 자리 잡기엔 여러 가지 장애물이 많다. 단순히 인종적인 열등감도 무시할 수 없는 부분이다. 유럽 사람들이 보는 한국 남자들은 강아지 다음이라는 우스갯소리도 들린다. 심리적 행복감을 느끼며 창업하기에는 어려운 점이 많은 나라라는 점을 잘 보여주는 대목이다.

홍콩과 대만 상권을 들여다보기도 하지만, 그 또한 빈틈이 잘 보이지 않는 경우가 많다. 한때 필리핀 시장을 주목하기도 했다. 필리핀 거주 한인 교민 수가 13만 명에 달했던 적도 있다. 최근엔 8만 명으로 그 수가 줄었다. 필리핀에서 창업해 성공하면 오히려 위험하다는 이야기도 들린다. 각종 범죄와 안전사고에 대한 뉴스가 너무 많이 흘러나오기 때문에 불안 요인이 크다는 의미다.

　인구 3,000만 명의 네팔과 수도 카트만두 상권의 창업 시장을 조사한 적이 있다. 한국의 창업자 입장에서는 기회 요인이 많은 나라다. 더욱이 네팔에 진출하면 13억 인도 시장도 접수하기 용이해진다. 물가도 저렴하고 네팔 사람들의 행복 지수도 높다. 하지만 한국의 창업자들이 우리나라 1970년대 분위기의 카트만두를 삶의 터전으로 삼고, 생활하기엔 아직까지 분명 낯선 측면이 도사리고 있다. 제반 인프라가 취약하기 때문이다. 하지만 이러한 취약성이 창업자들에겐 또 다른 기회 요인이라는 사실도 잊어선 안 된다.

● 1억 소비자, 베트남 창업은 한국 창업자들의 행복가치를 높여줄까?
최근 베트남 시장이 한국의 스몰비즈니스 창업자들에게 주요 관심 지역으로 부상하고 있다. 지금까지는 주로 대기업이나 중견기업 단위로 진출하는 경우가 많았다면, 앞으로는 소상공인 단위나 한국의 프랜차이즈 브랜드들도 베트남 시장에서 활로를 찾기 위해 활발히 나설 것으로 보인다. 한국 창업자 입장에서 바라보는 베트남 창업 시장의 가장 큰 매력은 1억 베트남 인구의 한국을 바라보는 대체로 따뜻한 시각이다. 한류 붐과 박항서 감독 효과는 한국인들에 대한 호감도를 증폭시켰다. 우리나라의 한글 마케팅이 통하는 상권이라는 이야기다.

보증금과 권리금이 없기 때문에 고정투자에 대한 부담도 없다. 대졸 초임 월 평균 임금이 370달러(약 40만 원)인 나라다. 음식점 서비스 인력의 인건비는 하루 10시간 이상을 근무해도 월 30만 원대를 넘지 않는다. 또한 1년 12개월 내내 영상 24도에서 32도를 오르내리는 여름 날씨가 이어진다. 동절기 한파로 인한 비수기는 존재하지 않는다는 이야기다. 자연적으로 새벽 3시까지 이어지는 심야 영업 환경도 한국보다 우수하다. 속칭 콩글리쉬도 잘 통하기 때문에 언어적인 장벽도 두텁지 않다. 호찌민의 푸미흥이나 하노이의 미딩 상권에서는 한국말만 해도 살아가는 데 지장이 없을 정도다.

상권의 가까운 미래가치에 대한 부분 역시 장밋빛이다. 인구 1,200만 호찌민 시에는 머잖아 지하철 1호선이 개통된다. 호찌민을 찾는 자유여행객이 더 늘어날 수 있다는 이야기다. 1988년 서울올림픽이 열리던 당시부터 1990년대 초반까지의 서울 상권을 연상케 한다.

그럼에도 불구하고 해외 창업에 따른 리스크는 분명 존재한다. 비자 문제, 환율 문제, 부동산 거래 문제, 그 나라 특성에 맞는 운영 관리시스템 문제, 원만한 인력 관리 문제 등의 소소한 문제는 잘 따져봐야 할 대목이다. 중국 창업에서 말이 통하는 조선족들에 의한 피해 사례가 많듯이, 베트남 창업 시장에도 얄팍한 상술로만 접근하는 한국인 브로커들이 존재한다. 유념해야 할 부분이다.

장수 창업자의 나라 일본,
교토 상권의 다섯 가지 키워드

● 장수 창업자의 나라 일본

일본 교토 상권은 한국 창업자들에게 시사하는 바가 크다. 오사카 시장조사를 하면서 늘 하루 일정으로만 다녀오곤 했던 교토 상권이었다. 하지만 이번엔 교토에 숙소를 잡고, 3일 동안 교토에만 머물렀다. 간사이 지방을 여행할 때마다 가장 먼저 느끼는 것이 있다. 한국과 일본은 참 비슷한 점이 많다는 것이다. 특히 창업 시장 관점으로 본다면 놀랍도록 닮아있다. 하지만 창업 시장의 토양은 근본적으로 다르다. 창업자들로서는 이러한 점에 주목해서 일본 시장을 살피는 것이 좋다. 무엇보다도 장수하는 가게가 많다는 사실이 매우 흥미롭다.

우리나라 창업 시장의 가장 큰 문제점은 단명하는 가게가 많다는 사실이다. 반면 일본 창업 시장에서는 어딜 가나 장수 점포 창업자가 수두룩하다. 동네 골목 작은 카페도 20년은 기본이다. 필자는

▲ 1945년 창업한 '551호라이'의 교토역 지점에 길게 늘어선 줄

우리나라 창업 관련 정책 기조 역시 장수 점포가 많이 생기도록 모든 행정력을 집중해야 한다고 늘 주장해왔다.

장수 창업의 다른 말은 안정 창업을 의미한다. 변수가 없다는 이야기다. 한 가지 아이템 가지고 작은 가게 주인으로도 행복하게 살아가는 세상이 되어야 한다. 코로나 시대를 견뎌내고 있는 한국 창업자들에겐 더욱 절실한 문제다. 그런 측면에서 장수 창업, 대를 잇는 창업 시장이 보편화되어있는 일본의 창업 생태계가 부러울 때가 많다. 소확행 창업을 준비하는 창업자의 관점으로 교토 상권에서 찾은 비즈니스 키워드 다섯 가지를 정리했다.

● 창업 시장도 실버 시대

첫 번째 키워드는 실버 코드다. 일본의 100세 이상 인구는 47년 연속 신기록을 갱신하고 있다. 일본 후생노동성 자료에 의하면 일본의 100세 이상 인구는 6만 7,824명에 달한다고 한다. 이중 여성이 5만 9,627명으로 전체 실버 인구의 88%에 달한다. 일본 인구 1억 2,700만 명 중 65세 이상 고령 인구는 이미 25%를 넘었다. 우리나라 역시 2026년이면 65세 이상 고령 인구가 전체 인구의 20%에 달하는 초고령화 사회 진입을 앞두고 있다.

이러한 고령 사회 현상은 고령자 창업 시장을 잉태한다. 즉, 실버 창업 활성화에 기여하고 있다는 이야기다. 일본 교토 상권을 살피다 보면 일하는 실버를 발견하는 것은 전혀 어려운 일이 아니다. 음식점 직원도 70세 이상 고령자를 곳곳에서 발견할 수 있다.

고령자 소비도 늘고 있다. 뒷골목 웬만한 가게가 아니더라도 교토의 음식점이나 커피집 등 가게에서 고령자 소비층은 갈수록 늘어가는 느낌이다. 실버 창업과 실버 소비자가 창업 시장에서도 중요한 코드라는 이야기다. 우리나라도 교토와 같은 실버 시대가 코앞이다. 실버 창업, 실버 소비자는 창업 시장에서 핵심 키워드로 부상하고 있다.

● '노렌'이 상징하는 일본 상권의 상인 정신

두 번째 키워드는 노렌(のれん)이다. 일본 상권 구석구석을 돌아다니다 보면 가장 눈에 띄는 것은 역시 펄럭이는 노렌일 게다. 업종을 불문하고 어떤 가게에서든 붙어 있는 이것, 노렌 없는 가게가 없을 정도다. 노렌이 주는 가치에 주목해보자. 온갖 잡신을 숭배하는 일본 상인들로서는 입구의 노렌은 영업 개시라는 의미도 있고, 손님들을 향해서 손짓한다는 의미도 담고 있다. 하지만 창업 전문가 입

▲ 형형색색으로 손님을 유혹하는 일본 상인 정신의 상징 '노렌'

장에서 본다면 노렌은 정적인 가게에 동적인 움직임을 부여해주는 매우 상징적인 역할을 하고 있다. 펄럭이는 노렌은 지나는 소비자의 시선을 주목시키는 역할도 있다. 물론 크기와 컬러, 디자인도 제각각이다.

일본 상인들은 문을 열면 가장 먼저 입구에 노렌을 부착하는 것으로 일과를 시작하곤 한다. 유난히 정적인 요소가 많은 한국의 가게들도 부드러운 동적요소가 곁들여지는 형형색색 노렌을 적용해본다면 소비자들의 선택 우선순위에 들 것으로 판단된다.

● 골목상권 작은 가게는 빛난다

세 번째 키워드는 골목상권이다. 일본 상권은 곧 골목상권이라고 해도 과언이 아니다. 물론 대형 쇼핑몰 천국이라는 이미지도 존재한다. 수많은 백화점과 돈키호테 같은 쇼핑몰이 시내 곳곳에 없는 곳이 없을 정도다. 그럼에도 골목상권은 갈수록 빛나고 있다. 일본 창업여행은 어쩌면 골목상권 여행이라고 해도 과언이 아닐 정도다.

큰 쇼핑몰 인근에서도 골목상권은 주눅들지 않는다. 작은 가게들만의 전통과 가치는 그대로 숨 쉬고 있다. 재미있는 것은 골목 상권 가게들의 역사와 전통이다. 1~2년 된 가게는 많지 않다. 골목상권 깊숙이 들어갈수록 창업한 지 50년, 100년이 넘어가는 장수 가게가 많다는 사실에 부러움마저 들 때가 많다. 골목상권에서 열심히 일하는 상인들의 눈빛과 표정을 보면 마니아 기질로 똘똘 뭉쳐 있다는 생각도 든다. 대를 잇는 광경도 곳곳에서 발견할 수 있다. 70대 고령자와 20대 청년이 작은 가게에서 일하는 모습은 흔하게 볼 수 있는 풍경이다.

교토의 골목상권 작은 가게들은 요즘도 카드가 아닌 현금결제만 되는 곳이 많다. 한국 소비자들 시각으로 보면 아연실색할 일이지만, 그들 입장에서 보면 너무나 당연한 일인지도 모른다. 일본인들의 민간 소비에서 카드 소비 비중은 지금도 20%를 넘지 않는다. 심지어 맥도날드에서도 현금으로 결제하는 손님이 훨씬 많다는 사실이 놀랍다. 골목상권 창업자 입장에서는 안정적인 매출의 토양으로 가는 징표일 수 있다. 일본 교토 상권의 골목상권은 소확행 창업을 찾는 한국 상인들이라면 가장 먼저 관심을 둬야 할 장소라 여겨진다.

● 껍데기만 전통이 아닌 핵심 가치가 살아있는 아날로그 파워

네 번째 키워드는 아날로그 코드다. 교토 상권은 아날로그 문화의

▲ 일본 상권의 곳곳에서 발견되는 아날로그 가치, 일본에서는 카드보다 현금 결제 비중이 압도적으로 높다

결정체라는 생각도 든다. 어디를 가든 전통문화의 아날로그 코드는 함께 살아 숨 쉰다. 옛것이 오늘날의 소비가치와도 잘 맞아떨어지고 있는 부분이다. 전통문화의 가치 그리고 전통 콘텐츠를 계승 발전시키고 있는 풍경은 교토 상권 곳곳에서 목격할 수 있다. 디지털 사회일수록 아날로그가 돈이 되고 있음을 실감하는 부분이다.

우리나라 상권에서 전통 콘텐츠의 가치는 과연 어느 정도 수준일까? 전주 한옥마을과 경주 시내를 여행하다 보면 억지로 전통문화의 가치를 끄집어내고 있다는 생각이 들곤 한다. 이를테면 지붕만 기와이고, 나머지는 현대적인 스타일을 고집하는 풍경 따위다. 하지만 전통적인 가치와 아날로그 코드는 제대로 진실성 있게 구현될 때에만 비로소 소비자들의 구매가치와 연결될 수 있다. 우리나라도 아날로그의 핵심 가치를 공략하는 창업자들이 많이 나왔으면 하는 바람이다. 역사적 전통과 아날로그 문화가 잘 다져진 토양 위에서 점포가 자라날 때 비로소 상권의 완성도는 더 커진다.

● 정갈함과 깨끗함은 요즘 시대의 중요한 소비코드

마지막 키워드는 깨끗함, 정갈함이라는 키워드다. 일본 상권을 견인하는 또 다른 경쟁력은 역시 깨끗함과 정갈함의 미학이라고 말하고 싶다 어느 골목상권을 가든 지저분한 풍경, 눈살을 찌푸리게 하는 더러운 환경은 찾아보기 어렵다. 깨끗함과 정갈함은 일본 상인 정신의 또 다른 핵심 가치다. 현대를 살아가는 소비자들의 구매가치와도 연동되는 중요한 소비코드라고 할 수 있다.

인구 150만의 교토는 교토 사람들만의 소유물이 아니다. 전 세계 사람들이 주목하는 일본 상인 문화의 보고이자 소비코드의 집합체다. 창업자 입장에서는 이러한 교토 상권이 주는 키워드, 메시지에 주목할 필요가 있다. 교토 상권은 어쩌면 한국의 소확행 창업자들에게 더할 나위 없이 좋은 창업의 교과서와 같은 곳이 아닐까?

베트남 하노이와 호찌민 상권의
소확행 창업 코드

베트남의 수도 하노이에서 호찌민까지의 거리는 대략 1,700km다. 서울, 부산 거리의 약 4배나 되는 거리다. 두 도시는 베트남 상권을 대표하는 대도시다. 어느 도시가 창업 시장의 컨디션이 낮고 소확행 창업의 성과를 내기 좋은 도시일까? 물론 일장일단이 존재한다.

베트남에서 가장 큰 도시는 호찌민이다. 인구 900만 명, 실제 상주 인구는 2,000만 명에 달할 것으로 추정된다. 호찌민은 베트남의 경제 수도 역할을 담당하고 있다.

베트남 북부 하노이는 인구 800만 명이 거주한다. 남부 호찌민에 비해 보수적 성향이 더 강한 도시다. 한때 북미회담 장소로 결정되면서 하노이에 세계인의 이목이 집중되기도 했다. 중앙정부 공무원과 접촉하기에는 하노이가 편하다. 호찌민은 1년 내내 한국의 여름 날씨인 27~34도 수준이다. 반면 하노이는 겨울엔 한국의 가을 날씨 수준으로 선선하고 여름은 40도를 넘나들 정도로 폭염이다.

창업 시장 측면에서는 따져볼 점이 많다. 지역 상권과 업종, 아이템 별로 명암 차이는 있다. 직접 발로 뛰면서 확인한 결과 의견이 분분 하게 갈렸다. 호찌민 상권과 하노이 상권의 장단점은 무엇일까?

● 두 도시의 소비자 트렌드는?

하노이와 호찌민 거리의 모습은 사뭇 다르다. 호찌민 하면 떠오르 는 첫 번째 이미지는 오토바이 물결이다. 젊은 층 소비자의 역동성 을 한눈에 볼 수 있다. 반면 하노이는 호찌민에 비해 오토바이 물 결이 크게 체감되지 않는다. 하지만 두 도시 공히 건설 붐에 의해 도시의 스카이라인이 빠르게 변화하고 있다는 점은 공통적인 사항 이다.

　남부 호찌민은 사이공 시절부터 자본주의를 일찍 경험했던 도시 다. 그로 인해 개방적인 분위기와 역동성이 크게 느껴진다. 상권 분 위기는 다소 산만해 보이는 측면이 있지만, 볼륨은 더 크다고 볼 수

▲ 베트남 어디에서나 볼 수 있는 오토바이 물결, 베트남에서 오토바이는 매우 중 요한 의미를 가지고 있다

있다. 반면 하노이는 오래된 전통의 도시라는 느낌이 들고, 호찌민보다는 보수적인 색채가 짙다.

베트남 전체 평균 연령은 30세 정도다. 호찌민이 하노이보다 2살 정도 평균 연령이 젊다. 호찌민이 더 젊은 도시라는 이야기다. 한편 하노이 토박이 중에는 부자가 많은 편이다. 정치의 중심지이기에 고위 공무원을 접촉하기도 단연 하노이가 낫다. 창업자 입장에서 살펴야 할 지점이다.

● 소득 수준과 인구, 소비 스타일

대한무역투자진흥공사(KOTRA)가 공개한 자료에 따르면 호찌민의 1인당 GDP는 6,000달러를 넘어섰고 하노이의 1인당 GDP는 5,000달러 수준이다. 하지만 단순 비교하는 것은 의미가 없을 수도 있다. 시장조사를 하다 보면 하노이 상권과 호찌민 상권은 완전 다른 나라라는 생각이 많이 든다. 또한 사회주의 나라이지만, 땅값은 하늘 높게 치솟고 있는 상황이다.

창업 시장 관점에서 본다면 이러한 두 도시의 소비 스타일은 다른 지점이 많다. 아이템 선호도의 등락 및 성과도 달라질 수 있다는 이야기다. 두 도시 모두 공통적으로 고민해야 할 문제는 베트남 로컬 수요층을 공략할 것인가의 문제다. 베트남 진출이 처음인 초보 창업자라면 당연지사 한인 교민 수요층을 우선적으로 공략하는 것이 먼저다. 하지만 코로나 같은 외부적인 악재를 감안한다면 해외 창업의 성패는 현지인 공략 여부에 달려있다고 봐도 과언이 아니다. 현지 주민들을 공략하지 못한다면 섣부른 창업은 위험하다는 사실도 학습할 수 있다.

베트남에 거주하는 전체 교민 수는 약 20만 명으로 추정된다. 하지만 한국과 베트남 관계가 우호적인 측면을 감안한다면 교민 수는 더 늘어날 가능성이 크다. 현재 호찌민에 거주하는 한인 교민 수는 10~13만 명 남짓으로 추정된다. 하노이에 거주하는 교민 수는 6~7만 명 정도로 추산한다. 창업자 입장에서는 전체적인 수요층 볼륨을 측정하는 것도 중요하지만, 해당 상권별로 수요층을 구체적이고 면밀하게 측정하는 것이 더 중요하다.

● 호찌민 푸미흥 상권과 하노이 미딩 상권의 차이점?

호찌민의 최대 한인타운 상권은 7군 푸미흥 상권이고, 하노이의 최대 한인타운 상권은 미딩 상권이다. 푸미흥과 미딩은 닮은 점도 있고 다른 점도 존재한다. 상권의 규모라는 측면에서는 푸미흥이 미딩보다 큰 편이다. 푸미흥의 경우 강북 지역과 강남 지역으로 나눠져 있는 반면 미딩 상권은 한인상가 밀집지역인 미딩송다 지역에 집중되어 있으며, 경남타워 뒷쪽이나 미딩 외곽으로 상권이 점차 확산하는 모양새를 보이고 있다.

즉, 상권의 응집력 측면에서 본다면 미딩 상권의 응집력과 집중도가 푸미흥 상권보다 더 강한 편이다. 하지만 상권의 볼륨 측면에서는 푸미흥 상권이 더 우세하다고 볼 수 있다. 베트남 창업을 노크하는 창업자 입장에서는 주력 아이템과 자신의 창업 성향에 따라서 호불호가 엇갈릴 수 있다.

● 두 도시의 점포 임대료 수준과 계약 조건은?

베트남 상권을 조사하다 보면 가장 큰 맹점이 바로 다름 아닌 점포 렌트 비용이다. 우리나라의 서울 및 수도권 상권과 비교해서 결코 저렴하지 않다는 것을 알 수 있다. 물가는 우리나라의 3분의 1수준인데 점포 임대료는 우리나라보다 저렴하지 않다. 아이러니가 아닐 수 없다.

하노이와 호찌민의 점포 임대가를 상급지 기준으로 비교해보면 비슷하게 비싸다. 호찌민 1군이나 하노이의 호안끼엠 일대의 점포 임대료는 상상을 초월할 정도다. 상급지의 경우 한달 기준 1만 불(1,000만 원)을 호가하는 점포가 많다. 반면 중하급지의 경우라고 하더라도 한달 월 임차료 500만 원 정도는 기본이다. 두 도시 모두의 공통점이다. 하지만 로컬 골목상권으로 들어가면 한 달 월세 100원 내외의 저렴한 점포들도 만날 수 있다. 베트남의 소확행 창업 코드 역시 골목상권에서 찾아야 하는 이유다.

베트남 창업의 첫 번째 성공 코드는 내게 맞는 상권 입지와 점포 결정이다. 점포 계약 조건도 두 도시가 조금 차이를 보이고 있다. 호찌민 상권의 경우 2개월 디파짓, 3개월 선월세 정도가 보통이다. 반면 하노이의 경우 6개월 선월세인 경우가 많다. 하지만 건물주와의 협의에 따라서 8개월 선월세, 1년 선월세를 지급하는 경우도 있다. 베트남 역시 우리나라와 마찬가지로 건물주가 절대 갑임을 실감할 수 있다. 창업자 입장에서도 좋은 건물주와 만나는 것, 건물주와의 협상술이 중요한 성공 요건 중 하나다.

● 베트남 창업 예정자들이라면 먼저 어느 도시부터 살펴야 할까?

물론 정답은 없는 이야기다. 하지만 우선 시장조사를 할 때는 해당 국가의 가장 큰 도시부터 조사하는 것이 순서라고 판단된다. 가장 큰 도시 상권의 속내를 꼼꼼하게 파악하다 보면 작은 도시의 속내를 파악하는 것은 그다지 어렵지 않기 때문이다.

필자 역시 호찌민 상권부터 집중적인 분석을 시작했다. 다음으로 하노이 상권을 분석하기 시작했다. 이후 하이퐁, 컨터, 다낭, 달랏 같은 작은 도시를 살펴본다. 이 순서로 시장조사를 하게 되면 베트남 창업 시장의 속살을 제대로 간파할 수 있을 것이다. 창업자 입장에서는 두 도시의 정량적인 데이터부터 비교 분석한 다음, 2단계로 현장조사에 나서는 게 순서다.

요즘 베트남 창업 시장은 실패율이 높은 시장이라는 뉴스를 자주 접하게 된다. 하지만 실패 사례에는 반드시 그 이유가 존재한다. 성공 창업자의 이면에 성공할 수밖에 없는 이유가 반드시 존재하는 것과 같다. 이런 때일수록 직접 발로 뛰는 시장조사, 면밀한 상권 분석이 창업 실패를 줄이는 지름길이다. 해외 창업의 성공 코드, 그 첫걸음은 역시 치밀한 시장조사에서부터 시작된다는 점을 잊어선 안 된다.

호찌민 상권, 한국 식당의 명암

베트남에는 한국의 대기업과 중견기업을 합쳐 5,000개 넘는 회사가 진출해있는 상황이다. 소상공인, 프랜차이즈 업체들도 베트남 시장에 노크를 하면서 창업 시장의 명암이 엇갈리고 있다. 언제까지 이러한 바람이 불지는 지켜봐야 한다. 그렇다면 베트남 시장에 진출한 한국음식점들의 성적표는 어떨까? 국내 모 떡볶이 브랜드처럼 프랜차이즈 성공 사례도 있지만, 그다지 성과를 내지 못하고 있는 음식점들도 많이 발견할 수 있다. 베트남 시장의 성공적인 진출을 위해서는 기존 한식당들의 성공과 실패 사례를 꼼꼼히 따져봐야 한다. 모든 성공과 실패에는 반드시 그 이유가 있기 때문이다.

● 푸미흥 한인타운 상권의 한국음식점 기상도는?

푸미흥 한인타운 상권은 한국 창업자들에게는 매우 의미 있는 상권이다. 푸미흥은 호찌민 7군 외국인 상권으로 알려졌다. 호찌민

▲ 베트남의 한인타운 상권으로 잘 알려진 푸미흥 지역은 신도시 상권으로 비교적 소득이 높은 현지 주민과 교민, 외국인들이 거주한다

사람들에게는 신흥 부촌으로 알려진 지역이다. 현재 푸미흥에 거주하는 한국 교민 수요층만도 10만 명에 육박한다. 베트남 전체 한인 교민 수 20만 명의 절반이 호찌민 푸미흥 상권에 거주한다고 볼 수 있다.

먼저 10만 명이란 숫자부터 검증해볼 필요가 있다. 푸미흥 거주한인 10만 명을 우리나라의 인구 10만 명 도시와 단순 비교해서는 안 된다. 왜냐하면 10만 명 중에서 65세 이상 고령자 수요층이 차지하는 비중이 거의 없기 때문이다. 대부분 50대 이하의 주재원 가족들이나 30~40대 수요층이 대부분이다. 호찌민 한인타운 상권의 치명적인 매력 포인트라고 할 수 있다. 더욱이 주재원들의 소비력은 현지인들보다 왕성하다. 때문에 이들의 라이프 스타일을 공략하는 것이 베트남에 진출하고자 하는 한국 창업자들의 첫 번째 과제다.

그렇다면 현재 푸미흥 상권에서 가장 성업 중인 한식당은 어느 곳일까? '맛찬들'과 '강남BBQ'가 압도적이다. 공통점이 있다. 첫째는 한국 스타일 돼지고기와 소고기 전문 음식점이라는 것이다. 메뉴 측면에서 본다면 돼지고기와 소고기를 주메뉴로 하면서 돼지갈비를 추가해 양념육과 생고기를 동시에 취급한다. 또한 고기 메뉴도 있지만 식사 메뉴도 많다는 점이 공통점이다.

두 번째 공통점은 푸미흥 상권 상급지 1층에 포진해 있는 대로변 대형 점포라는 점이다. 두 곳 모두 한국 교민이라는 수요층이 있지만, 베트남 사람들이 좋아하는 한국음식점이라는 점, 고기 메뉴와 전골류 등의 식사메뉴를 동시에 판매하고 있다는 점도 같다. 하지만 이들 음식점 역시 최근 코로나19로 인해 된서리를 맞았다. 일단 한국 사람들의 베트남 여행이 끊기면서 푸미흥 상권, 다낭 상권, 하노이 미딩 상권 등 베트남 내 한국 교민 상권은 불황의 직격탄을 맞았다. 베트남 내 한국 교민 상권의 재기가 가능할지 관심 있게 지켜보는 사람들이 많다.

● 호찌민 10~20대 수요층을 공략하는 '하누리' 분식집의 성공 포인트

베트남 푸미흥 한인타운 상권이 아닌 로컬 지역에서 한분식 테마로 성공한 음식점이 있어 소개하고자 한다. 로컬 주민 중에서도 호찌민 10~20대를 공략한 한국음식점이다. 호찌민에 사는 10~20대 수요층에겐 이른바 '3군 맛집'으로 통하는 음식점이다. 상호로 '하누리(hanuri)'라는 간판을 걸고 건물 1~2층에 문을 연 음식점이다.

하누리에는 한국 외식 창업자들의 고개를 갸웃거리게 하는 몇 가지 요소가 있다. 우선 무엇보다 상권 입지 경쟁력 측면에서의 의

▲ 베트남 호찌민 내 푸미흥 상권에서 한분식 테마로 성공한 '하누리'

문이다. 1군 상권도 아닌 3군 지역의 중하급지 입지에 자리 잡고 있다. 그것도 일방통행로에 위치한 음식점이다. 그럼에도 하누리가 베트남 호찌민 젊은 신세대 고객층들의 입맛을 사로잡은 비결은 무엇일까?

이 음식점의 콘셉트부터가 심플하다. 이를테면 한국 스타일 분식집인 '김밥천국'을 '맥도날드' 버전으로 업그레이드했다고 할까? 점포 외관에는 "Korean fast food"라는 슬로건이 눈에 들어온다. 메뉴판을 살펴보면 한국의 김밥천국처럼 얼핏 봐도 50~60가지의 다양한 분식 메뉴가 서비스되고 있다. 재미있는 점은 가격이 아주 착하다는 사실이다. 베트남 쌀국수 가격 마냥 메뉴당 2,000~3,000원 메뉴가 대부분이다. 베트남 신세대들을 겨냥해 저렴한 가격으로 한국의 음식을 맛볼 수 있다는 잇점으로 고객몰이를 하고 있는 셈이다.

그렇다면 입지적인 한계점은 어떻게 극복했을까? 페이스북과 인스타그램 등 SNS 마케팅이 입지적 한계점을 보완하고 있다. 동

▲ 베트남 로컬 수요층을 공략하고자 한다면 오토바이 상권을 반드시 이해해야 한다

시에 오토바이 상권이 주는 경쟁력이 입지적 한계점을 뛰어넘게 하고 있다. 하누리를 찾는 16세 이상 아이들은 모두 오토바이를 타고 온다. 오토바이 상권이야말로 베트남 로컬 수요층을 공략하기 위한 중요한 포인트다.

그뿐만 아니다. 매장 1층과 2층을 살펴보면 한국의 아이돌 사진과 서울의 풍경 사진으로 가득하다. 최근에는 서울 지하철로 갈 수 있는 주요 관광지를 소개하는 콘텐츠도 발견할 수 있었다. 정리하자면 한국적인 메뉴에 가격 경쟁력을 갖추고 한국 콘텐츠가 가세해 일정 정도의 격식을 갖춘 매장 분위기를 만들었다. 거기에 맥도날드 스타일의 편의성까지 더해진 것이 하누리 분식점의 성공 포인트라 정리할 수 있다. 해외에 진출한 한국음식점의 좋은 본보기가 될 수 있는 사례다.

● 푸미흥 상권에서 실패하는 한국 식당의 문제점

호찌민의 가장 큰 한국 교민 상권인 푸미흥 한인타운 상권은 한국
창업자들이 베트남 창업의 첫걸음으로 내딛곤 하는 상권이기도 하
다. 푸미흥에는 어림잡아도 200개 이상의 한국음식점들이 영업하
고 있다. 한국 사람도 많고 한국음식점도 많다. 하지만 호황음식점
을 찾으라면 손에 꼽을 정도다. 오히려 실패하는 음식점이 더 많다
고 보는 게 정설이다. 왜일까?

필자는 현지화 전략의 실패를 첫 번째 원인으로 꼽는다. 한국음
식점으로 성공하기 위해서는 음식 맛만 가지고는 한계가 있다. 한
국음식점 대부분은 주인장의 주관적인 기준으로 맛좋은 한국음식
점이라는 사실 한 가지만을 크게 내세우면서 영업하고 있다. 하지
만 베트남 거주 한인들은 물론 베트남 로컬 수요층의 입맛까지 고
려해야 한다. 그들은 이미 베트남 입맛에 길들여진 사람들이다. 한
국적인 맛이라는 경쟁력만으로 호찌민 외식 상권을 공략하는 데는
한계가 있을 수밖에 없다.

상권 경쟁력과 시설 경쟁력도 문제다. 일반 창업자들의 경우 자
본력의 열세를 극복하기 위해서 대로변 상급지보다는 골목 안쪽
의 중하급지 입지를 공략할 수밖에 없다. 골목 안쪽 상권에 들어갔
다면 당연지사 골목까지 오게 할 수 있는 시설 경쟁력, 서비스 경쟁
력, 마케팅 경쟁력이 필수적으로 뒤따라야 한다. 매장에 재미있는
한국 관련 콘텐츠 등을 집대성해놓을 필요가 있다. 하지만 투자 비
용이 많지 않다는 이유로, 현지인의 구매력을 촉발할 수 있는 경쟁
력 만들기는 등한시하고 있다. 중요한 실패 원인 중 하나라고 볼 수
있다.

▲ 한국음식점 역시 외국 여행자를 유치하기 위한 전략이 필요하다

 푸미홍 상권은 1억 베트남 시장을 공략하는 중요한 교두보 상권이다. 한국 사람도 중요하지만 베트남 현지인들의 눈높이도 공략할 줄 알아야 한다. 라이프 스타일 분석과 디테일이 살아 있는 매장 운영 전략은 필수다. 또한, 베트남을 여행하는 외국 여행자들을 한국음식점으로 유치하기 위한 전략도 필요하다. 호찌민 상권에서 한국음식점으로 성공하고자 하는 음식점 창업자들이라면 꼭 되짚어볼 포인트다.

베트남 진출 성공을 위한
일곱 가지 체크리스트

베트남은 한국 창업자들에게는 해외 창업의 텃밭으로 여겨지는 매우 관심도 높은 나라 중 하나다. 국내 자영업 시장의 공급과잉과 장기불황에 대한 대안으로 꼽히기도 했다. 하지만 뜨는 동네일수록 예상되는 리스크도 크다. 베트남 상권 곳곳에 수많은 변수가 도사리고 있기 때문이다. 빠르게 진출했다가 빠르게 실패하는 사례도 있다. 때론 창업자의 정성적 판단 기준이 화를 부르기도 한다. 대부분의 해외 창업 사례가 그러하듯, 베트남 시장 역시 성공 사례보다는 실패 사례가 더 많다. 베트남 진출 성공을 위한 체크리스트 일곱 가지를 정리했다.

● 하노이와 호찌민 상권, 다낭, 껀터, 달랏은?
하노이일까? 호찌민일까? 베트남 창업을 염두에 둔 창업자라면 첫 번째로 드는 고민거리다. 앞서 이야기했듯 두 도시는 공통점도 있지만 차이점도 많다. 정서적 측면에서는 다른 나라라는 느낌도 든다. 인구 800만 하노이와 900만 이상의 호찌민, 수요 측면에서는 단연 호찌민이 큰 도시다. 하지만 베트남의 수도라는 측면에서 하노이가 갖는 이점도 크다. 모든 베트남 정책의 시발점은 하노이인 경우가 많다.

상권 모양새에서도 두 도시는 확연히 다르다. 수요층의 라이프스타일이 다르고 사람들의 정서와 가치관 또한 분명한 차이가 있다. 업종별 비즈니스맨의 입장에서 잘 판단해야 할 문제다. 개인적인 호불호가 갈릴 수 있기 때문이다. 개방적인 호찌민과 약간 보수적인 하노이가 갖는 일장일단이 존재한다.

선택할 수 있는 상권은 사실 두 도시만 있는 것이 아니다. 하이퐁, 다낭, 껀터, 달랏, 나트랑 같은 중소도시도 존재한다. 어느 도시를 선택할 것인지는 우선 창업자의 사업 환경부터 따져보고 판단해야 할 문제다. 도시 선택과 상권 선택도 중요하지만 해당 상권 내에서 어떤 입지, 어떤 콘셉트의 점포를 낼 것인지를 결정하는 게 더 중요한 문제라는 생각도 든다.

● 1억 베트남 인구 vs 20만 한국 교민, 어느 쪽을 목표 고객으로 정하는 게 유리할까?

목표 고객을 정해야 한다. 1억 베트남 로컬 수요층이 나을까? 20만 한국 교민 수요층이 나을까? 베트남 진출을 고려한다면 심각한 고민사항이다. 현지 상권을 조사하다 보면 교민 상권과 로컬 상권은 확연히 구분된다. 호찌민의 푸미흥과 하노이의 미딩 두 대표적인 교민 상권의 분위기 또한 공통점과 차이점이 존재한다.

베트남 시장을 조금만 더 관찰하다 보면 교민 상권보다는 로컬 수요층을 공략하려는 창업자가 훨씬 많은 편이다. 물론 녹록지 않다. 교민 상권과 로컬 상권은 출점 전략이 달라야 한다. 먼저 교민 상권의 활성화를 위해서는 로컬 수요층을 불러모을 수 있는 인프라 구축이 필요하다. 교민 상권은 접근은 쉬우나, 단명할 수도 있는 등 위험성이 크다. 반면 로컬 상권은 베트남 현지 거상들과 직접 경쟁해야 하는 부담감이 있다. 하지만 꾸준한 성공을 꿈꾸는 창업자라면 궁극적으로 로컬 수요층 공략에 초점을 맞출 수밖에 없다.

● 베트남에 먹히는 틈새 아이템? 한국음식점은 왜 비쌀까?

베트남 시장을 둘러보면 틈새 아이템은 곳곳에 존재한다. 가장 많이 진출하는 아이템은 외식업 아이템이다. 하지만 외식업이 전부가 아니다. 한국 식품 유통 아이템에 눈독을 들이는 창업자들도 많다. 이미 진출해 있는 베트남 거주 한인 점포를 타깃으로 한 식자재 유통 기획 사업이다. 서비스업에 대한 틈새는 더 크다고 볼 수 있다. 뷰티 서비스 관련 아이템, 교육 서비스 관련 아이템, 의료 서비스 관련 아이템에 대한 진출 문의는 꾸준히 늘고 있다.

틈새 아이템을 찾고자 한다면 아이템 결정에 앞서 발로 뛰는 시장조사가 선행되어야 한다. 한국 아이템을 그대로 가져가도 될지 아니면 베트남 버전으로 수정해서 출점해야 할지를 현지에서 직접 판단해야 하기 때문이다.

▲ 베트남의 한국 치킨 체인점인 가세오 치킨

　가장 관심도가 높은 외식업 시장은 특히 치밀한 시장조사가 필요하다. 베트남에 진출해 있는 한국음식점들은 참 많다. 특히 호찌민 푸미흥에는 약 300개 정도, 하노이 미딩 일대에는 대략 100개 정도의 한국음식점이 영업 중이다. 물론 이들 음식점의 핵심 고객은 한국 교민층이다. 가격대도 한국에서 영업하는 한국 식당과 동일하다. 베트남 수준으로는 매우 비싼 편이다. 베트남 로컬 수요층이 소비하려고 해도 가격 저항을 받을 수밖에 없는 구조다. 물론 베트남 부자들은 많다. 그러나 베트남 하이엔드(High-end) 수요층을 공략하려면 그들의 눈높이에 맞는 품격과 가치, 규모를 만들어 놓아야 한다. 충분한 투자가 이뤄져야 한다는 이야기다.

　푸미흥, 미딩 상권의 음식점들은 어떨까? 베트남 현지 하이엔드 수요층을 유입하기엔 한계가 역력해 보인다. 종합해보면 베트남 로컬 수요층 공략의 첫 단추는 가격 경쟁력을 갖추는 것이다. 사실 비쌀 이유도 없다. 한국 시장에 비해 식재료 원가가 매출액 대비 20~30%를 넘지 않기 때문이다.

● 가장 한국적인 콘텐츠와 재미 코드의 부재

베트남 한국 교민상권에서 한국적인 콘텐츠는 거의 없다. 골목마다 한국과 똑같은 한국어 간판이 넘쳐 나지만 베트남 신세대 소비자들이 좋아할 만한 한국적인 요소는 잘 보이지 않는다. 한국 관련 콘텐츠는 오히려 베트남 현지 기업으로서 한국음식점 브랜드를 운영 중인 '골든게이트'나 '레드썬' 등의 기업 브랜드 매장에서 어설프게나마 만날 수 있다.

호찌민과 하노이의 교민 상권에서 영업하는 한국음식점, 한국 가게들에서는 이렇다 할 재미 코드도 발견할 수 없다. 한국적인 흥(興)의 문화인 신바람 코드, 케이팝의 흔적도 미미하다. 하다못해 일본 도쿄 신오쿠보 같은 한인타운 상권 뒷골목에는 어설픈 케이팝 공연장이라도 있는 것과 대비되는 부분이다. 베트남에 진출한 한국 기업과 상인회를 중심으로 똘똘 뭉쳐서 한국의 아름다운 콘텐츠로 채워진 '코리안 스트리트' 만들기가 시급하다.

베트남 창업, 결코 쉬운 일은 아니다. 그렇다고 해서 문턱이 아주 높은 동네는 아니다. 미국 시장, 캐나다 시장, 호주 및 뉴질랜드 시장, 유럽 및 남미 시장 진출보다는 훨씬 접근성이 좋은 시장임은 분명해 보인다. 정부가 밀고 있는 남방정책과 맞닿아 있는 측면도 있다. 더욱이 아시안 10개국으로 이어지는 교두보 입지로서의 베트남 시장의 현존가치는 매우 의미 있는 수준이다.

한편, 해외 창업 역시 첫 번째 변수는 창업자다. 창업자 스스로 어느 정도 올인할 수 있느냐의 문제를 점검해봐야 한다. 스스로 올인할 수 없다면 창업자의 분신과 같은 관리자를 영입해 운영 시스템을 갖추고 관리해야 한다. 창업 경영 측면에서는 가장 어려운 문제이다. 오토창업과 같은 장밋빛 허상은 깨끗이 버리는 게 좋다. 나는 가만히 있는데 누가 나 대신 돈을 벌어줄 리는 없기 때문이다.

● **해외 창업의 타이밍과 주의해야 할 계약상의 문제**

창업 시장뿐 아니라 비즈니스 시장 전반에는 늘 타이밍이 중요하다. 그동안 만난 수많은 선수 창업자들에게는 공통분모가 하나 있었다. 시작과 끝을 매우 잘 아는 창업자들이라는 사실이다. 어느 시점에서 액션을 취하고, 어느 시점에서 출구전략을 취할지 늘 판단이 서 있어야 한다.

베트남 창업도 마찬가지다. 호찌민과 하노이, 그 외 중소도시를 중심으로 한국 창업자들이 접근할 수 있는 시장의 라이프 사이클은 분명 존재한다. 하지만 주의할 점은 베트남 시장을 포함한 해외 창업 시장의 경기가 항상 꾸준하지는 않다는 점이다. 한국의 선수 창업자들은 이미 1990년대 중국 시장 진출을 겪으면서 중국 시장의 출구전략을 학습한 바 있다. 베트남 시장을 포함한 6억 5,000만 동남아 시장 또한 크게 다르지 않다고 보는 게 타당하다.

특히 계약상 발생하는 문제도 잘 살펴야 한다. 상가, 건물, 땅, 주택 등 부동산 계약에서부터 브랜드 가맹 계약에 이르기까지 해외 진출 과정에서 여러 가지 계약할 일이 참 많다. 계약서에 도장을 찍어야만 사업이 진행된다. 이 과정에서 예상치 못한 리스크가 발생할 수 있다. 소위 브로커 집단이 기생하는 부분이다. 나에게 가깝게 다가오는 사람들의 근본적 니즈가 무엇인지 매의 눈으로 살펴야 한다. 반드시 계약 전에 전문가의 사전 필터링이 필요한 이유다.

일본 상권 속 음식점 외장 디자인의 비밀

사람의 얼굴은 그 사람을 알리는 첫 번째 상징이다. 음식점을 알리는 첫 번째 상징, 음식점의 얼굴은 무엇일까? 점포의 외장이다. 외장에는 외부에 부착된 전면 간판, 상호, 상호 디자인, 외벽 디자인, 음식점 입구 디자인이라고 할 수 있는 파사드까지 매우 다양한 요소가 있다. 이 모든 것을 익스테리어(Exterior)로 통칭한다. 익스테리어의 반대 개념은 무엇일까? 당연지사 인테리어(Interior)이다.

평소 음식점에는 인테리어보다 익스테리어가 더 중요하다는 칼럼을 게재하곤 했다. 상권 현장에 나가면 금방 확인할 수 있는 부분이기 때문이다. 그런 측면에서 일본 상권에서 영업 중인 일본음식점들이 보여주는 외장 디자인은 매우 의미가 있어 보인다. 지나는 손님들을 붙잡는, 선택의 우선순위에 들기 위한 다양한 디테일 장치들이 놀랍다. 일본 상권 속에서 찾은 음식점 매출을 올리는 외장 디자인의 포인트는 무엇일까?

● 밖에서 볼거리가 많아야 손님들이 주목한다

일본 상권 속 음식점을 살펴보다 보면 유난히 시선 둘 곳이 많다. 우선 간판 이름과 상호 디자인이 독특한 것은 기본이다. 전체적인 컬러부터 옆 가게와는 다른 그 가게만의 독특한 컬러가 손님들을 끌어당긴다. 점포 전면의 유리가 비어있는 음식점은 거의 없다.

글이든 사진이든 빼곡하게 빈 곳을 메우고 있는 음식점이 대부분이다. 전면 간판은 1차적인 볼거리다. 개별 음식점의 독자성을 높이기 위한 캘리그라피 디자인 간판도 참 많다. 2차적으로는 당연지사 간판 밑에 부착된 다양한 볼거리로 이어진다. 점포 앞에는 즐비하게 놓여있는 이동식 사인들도 있다. 점포 밖에서 그 음식점의 외장을 살펴보면 그 음식점의 운영 콘셉트를 정확히 알 수 있다. 어떤 콘셉트의 음식점인지, 무엇을 판매하는 음식점인지, 대표 메뉴와 가격은 어느 정도인지, 주인장의 특별한 운영 철학까지 읽게 되는 경우도 있다.

그런데 일본의 음식점들은 왜 이렇게 점포 밖 치장에 심혈을 기

▲ 다양한 컬러와 볼거리로 손님을 끌어들이는 일본의 음식점

울일까? 일본음식점 주인장 몇 분에게 여쭤봤다. 대답은 지나가는 고객들에게 우리 음식점을 알리기 위함이라고 응답한다. 너무나 당연하다는 표정을 짓는다.

● 동적인 요소가 사람들 눈에 잘 띈다

재미있는 것은 일본음식점을 밖에서 살피다 보면 움직이는 것들이 많다. 대표적인 것이 노렌일 것이다. 노렌은 일본 상인 정신의 상징과도 같은 것이다. 대부분의 일본음식점 출입구 상단에는 하늘거리는 노렌이 매달려 있다. 바람에 나부끼기도 한다. 일본음식점 주인이 입구에 노렌을 매다는 이유는 "노렌이 펄럭거리면서 손님들을 향해 어서오라고 손짓하기 때문"이라고 한다.

어쨌든 노렌은 정적이지 않고 동적이다. 움직인다는 이야기다. 펄럭거리는 움직임은 지나는 고객들에게 입구를 알리는 효과로 이어진다. 움직이는 장치는 노렌만이 아니다. 우리나라의 음식점 앞

▲ 일본 상인 정신을 상징하는 노렌은 늘 펄럭거리며 손님을 향해 손짓한다

에는 고정식 엑스배너가 걸려있는 음식점이 많다. 움직이지 않고 고정돼 있다. 하지만 일본의 음식점 외부 벽면이나 외부 샷시 벽면에는 펄럭이는 '애드플래그(광고용 깃발)'가 많이 부착돼 있다. 이 역시 손님들을 주목시키는 동적 요소이다.

● 크고 작은 '외부 등'의 놀라운 효과는?

일본음식점 익스테리어의 또 다른 특이점이라면 역시 외벽에 달린 '외부 등'이다. 전면 간판 밑에 수십 개가 줄줄이 달려있는가 하면, 점포 입구 양쪽 벽면에도 단을 이루어서 외부 등이 부착돼 있다. 외부 등이 주는 효과는 무엇이길래, 비싼 전기료 사용하면서 저렇게 많은 등을 매다는 것일까?

외부 등의 효과는 매우 크다. 무엇보다 줄줄이 달린 외부 등은 골목을 환하게 하는 역할을 한다. 골목이 환해져야만 사람들이 몰려오기 마련이다. 줄줄이 매달린 외부 등은 흡사 오징어잡이 배에 달린 전등을 연상시킨다. 음식점 마케팅에서는 '집어등 효과'로 설명할 수 있다.

특히 심야 업종 음식점에서 점포 외부 등을 크게 다는 것은 당연하다. 또한 낮이라고 하더라도 매달린 외부 등은 자연스럽게 흔들거림이 있고, 시선을 주목시키는 효과로 이어진다. 등의 디자인도 중요하다. 원통형 등이 가장 많은 편이다. 색깔은 주황색과 붉은색 계열이 가장 많다. 따뜻한 느낌을 주는 컬러로 등을 제작한다. 외부 등 표면에는 대표 메뉴를 새겨넣거나, 음식점의 로고타입을 새겨넣기도 한다. 외부 등이 곧 간판 역할을 하는 셈이다.

▲ 다양한 색, 다양한 크기와 모양의 외부 등은 상권 현장에서 '집어등'과 같은 역할을 한다

● 점포 밖에서 감지되는 '음식'과 '사람'

그뿐만이 아니다. 오래된 음식점들을 찾아다니다 보면 음식점 밖에서 보이는 것은 다름 아닌 그 음식점의 대표 메뉴다. 때로는 먹음직스런 음식 사진이 부착돼 있기도 하고, 실물 같은 음식점 모형이 정리된 메뉴 박스가 보이기도 한다. 점포 밖에서 맛있는 음식점 사진이나 음식 모형을 보면서 빨리 먹고 싶다는 '식욕'과 '구매욕'을 동시에 느끼게 된다.

우리나라 음식점의 경우 밖에서 어떤 메뉴를 판매하는지 구체적인 모양새를 확인하지 못하는 음식점이 더 많다. 혹은 어쩌다 사진이 있더라도 맛없어 보이는 디카 사진이나 다른 사람의 음식 사진을 가져다 밖에 게재한 곳도 있다. 시급히 수정되어야 할 부분이라고 본다.

일본음식점은 점포 외장 디자인으로 주인장의 얼굴 사진이나 캐릭터로 표현된 이미지를 부착한 경우가 많다. 누가 운영하는 음식점인지 보여준다는 의미다. 사진은 증명사진 스타일이 아닌 음식을 조리하는 주인장의 장인다운 이미지가 담긴 모습이다. 음식에 대한 신뢰감을 높여주는 요소로 작용한다.

● **점포 밖에서 읽은 음식점 스토리**

마지막은 점포 밖에서 읽을 수 있는 음식점의 스토리다. 일본에는 오래된 음식점들이 많은 만큼 당연지사 쌓인 스토리도 많을 수밖에 없다. 그 스토리를 일목요연하게 정리해서 점포 외부 선팅 공간이나, 점포 외벽에 부착시킨다. 중요한 익스테리어 요소라고 할 수 있다. 손님들은 음식을 기다리면서 해당 음식점의 스토리를 일일이 읽어보게 된다. 가게의 전통과 역사는 기본, 해당 음식점을 오픈하게 된 스토리까지 잘 정리돼 있다. 이러한 스토리는 그 자체로 가게의 중요한 콘텐츠일 뿐만 아니라, 이 콘텐츠를 인지한 고객들이 또 다른 고객들을 불러모으는 장치로 활용됨을 알 수 있다.

우리나라는 일본보다 음식점 간 경쟁이 두 배 이상은 치열하다. 음식점 외장 디자인에 신경 쓰지 않으면 신규 고객들이 유입되는 속도도 더딜 것이다. 인테리어보다 익스테리어에 신경을 써야 하는 이유다.

신주쿠 골목상권 골덴가이와
그리운 피맛골

피맛골을 기억하는 사람들이 갈수록 줄어들고 있다. 서울 한복판에서 사라진 그리운 골목 중 하나다. 한편 일본 신주쿠역 뒤편에는 '골덴가이'가 터잡고 있다. 지금도 도쿄 사람들에겐 추억의 거리로 남아 있다. 두 골목의 차이는 무엇일까? 그 유서깊은 피맛골이 없어진 것은 서울시의 도심 재개발 사업 때문이었다. 결국 피맛골은 빌딩숲 사이로 영원히 소멸하고 말았다.

유서깊은 신주쿠 뒷골목 골덴가이는 다르다. 지금도 신주쿠 빌딩 숲 사이의 유서깊은 골목상권으로 존재하고 있다. 골덴가이는 세계 여행자들이 즐겨 찾는 가장 도쿄스러운 명물거리 중 하나다. 도쿄 사람들에게는 추억의 장소이자, 오래된 골목상권이다. 골목상권이 이토록 오랫동안 살아남을 수 있었던 경쟁력은 무엇일까?

● 신주쿠 골덴가이 골목상권의 비밀

신주쿠 상권은 도쿄 상권의 심장부이다. 신주쿠역의 승하차 인원은 무려 370만 명에 달한다. 우리나라의 경우 지하철역 승하차 인원이 가장 많은 역은 강남역이다. 하루 25만 명 승하차한다. 신주쿠역의 데이터와 비교되는 수치이다. 신주쿠역은 지하철 이용객 수 측면에서 세계 최대로 기네스북에 오를 정도다.

신주쿠역에서 가부키초 유흥거리를 지나면 신주쿠 구청 뒷골목 오피스 상권을 만나게 된다. 그 뒷골목으로 가는 길은 수목이 우거져 있는데 그곳에 또 다른 신주쿠의 얼굴이 펼쳐진다. 퇴근길 도쿄 직장인들이 도심 속 오아시스 같은 이 골목으로 모여들기 시작한다. 수목이 우거진 운치 있는 골목을 지나면 신주쿠 구청에서 운영하는 문화센터 사인도 보이고, 신주쿠의 또 다른 얼굴인 골덴가이의 솟을대문을 만나게 된다.

일본의 골목상권은 어디를 가든 이렇게 골목 입구에 그럴싸한 입구 간판 정도는 마련돼 있는 게 특징이다. 도쿄 사람들은 이 골목

▲신주쿠의 명물로 자리 잡은 골목상권, 골덴가이의 시작을 알리는 입구

▲골덴가이의 스탠딩 바인 챔피온바에서는 모든 드링크를 한 잔에 500엔으로 즐길 수 있다

을 '골덴가이'라 부른다. 비록 아주 작고 소박한 골목상권이지만 그 의미만큼은 황금빛 찬란한 골목이라는 이야기다. 골목 입구에 자세히 그려진 상점 지도를 발견하게 된다. 어림잡아도 200여 개의 가게들이 빼곡히 그려진 점포 지도다. 재미있는 것은 1층과 2층에 서로 다른 가게가 영업하고 있다는 점이다. 1층 손님과 2층 손님의 특성과 고객층도 다르다. 2층을 찾는 사람들은 골덴가이를 찾는 오래된 단골손님들이 대부분이다.

골목상권을 살리기 위해서는 이렇게 상권 지도, 점포 지도부터 그리는 것이 중요하다. 우리나라 상가 전문 부동산 중개업소 사장님들이 꼭 발 벗고 나서서 해야 할 일이다. 상권의 가장 기본적인 1차 정보이기 때문이다. 봄비가 부슬부슬 내리는 도쿄의 뒷골목 골덴가이 상권은 손님들로 북적거리는 가게도 있고, 한적한 가게도 있다. 하지만 도쿄라는 거대 도시에 이렇게 소담스런 골목이 있다는 것 자체가 사뭇 놀라운 일이 아닐 수 없다.

● 골목 안쪽 2층 다섯 평 남짓 아지트 공간, 시월카페

강렬한 빨간 입술 그림이 계단 입구에 부착돼 있는 2층의 작은 카페 시월카페에 들어갔다. 필자의 오래된 지인 일본비즈니스연구소 이종수 소장과 동행했다. 시월카페는 주로 나이 지긋한 중년 남자들이 수다 떨기 좋은 카페다. 멋을 아는 도쿄 남녀들이 자주 찾을 만한 운치 있는 단골집 분위기로, 언제든 부담 없이 찾아와 맥주 한 잔이든 사케 한 잔이든 마실 수 있는 아지트 같은 공간이다.

바야흐로 외식업 시장의 트렌드가 변하고 있다. 이렇게 앙증맞은 작은 가게, 소형 카페의 경쟁력에 흠뻑 취한 소비자들이 늘고 있기 때문이다. 숨 가쁘게 대형화로 치달았던 부동산 개발 패러다임의 역설인지도 모른다.

이곳에는 주인장과 손님이 따로 없다. 처음 만나더라도 예전부터 알고 있었던 오래된 친구 같은 분위기에 금방 젖어든다. 손님을 위해서 최선을 다하는 주인의 모습도 있지만, 손님들로부터 위로

▲ 시월카페는 언제든 부담 없이 찾아와 술 한 잔 즐길 수 있는 단골손님들의 아지트와 같은 공간이다

받는 주인의 모습도 포착할 수 있다. 행복한 창업자의 모습이다. 손님들 또한 대부분 이 카페의 팬클럽 회원들이라고 해도 과언이 아니다. 작은 가게의 팬덤이 형성된 셈이다. 주인을 좋아하고, 그 가게의 분위기를 좋아하고, 그 가게에 전시된 소품 하나, 그림 한 점, 작품 한 점을 아끼고 좋아할 뿐이다. 손님과 주인은 하나다.

시월카페의 운영 방식은 참 놀랍다. 별도의 안주 메뉴는 따로 없다. 그저 술 한 잔 시키면 기본 요금에 딸려나오는 안주 두 가지가 전부이다. 기본 요금은 1인당 1,100엔이라고 표기돼 있다. 1인당 1,100엔으로 자릿값, 안줏값을 내고 취향대로 술 한 잔 시켜놓은 후 맘껏 시간을 보내는 공간인 셈이다.

문 여는 시간은 오후 5시부터 자정까지다. 벽면엔 트랜지스터 라디오가 벽에 걸려있다. 아날로그 감성이 뚝뚝 떨어지는 느낌이다. 그나저나 이 가게의 주인장은 누구일까? 앞에 서서 카운터를 지키고 계셨던 분일까?

좁은 가게 벽면에는 작가들의 그림이 걸려 있다. 현재 이곳에서 전시회 중이라고 한다. 재미있는 것은 이곳에서 전시를 하고 있는 작가들이 다름 아닌 한국인 아티스트들이라는 사실이다. 한 작가별로 15일씩 전시가 이루어지고 있었다. 필자가 방문한 시점에 걸려있던 그림들은 모두 박상희 작가의 그림들이었다. 다음 달에는 이원숙 작가의 작품이 전시될 예정이라고 한다. 이미 앞으로 몇 년 동안의 전시 계획이 잡혀있다고 한다. 작은 아지트 술집과 아티스트들을 위한 전시 공간이라는 업종 간 컬래버레이션이 이루어지고 있는 현장이다. 놀라운 일이다.

카페 주인장의 얼굴을 드디어 찾았다. 가는 날이 장날, 오늘은 주

▲ 술집이면서 동시에 갤러리인 시월카페의 매장 벽면에는 한국인 아티스트의 작품이 걸려있다

인장이 쉬는 날이라고 한다. 단골손님이 카페를 대신 운영해주고 있다. 한국에서는 상상하기 어려운 풍경이다. 주인장의 청춘 시절 사진도 보인다. 골덴가이 골목과 함께 인생도 익어가는 모습이다.

● **시월카페는 주인과 손님이 하나다.**

주인이 쉬는 날에도 대신 경영해주는 인상 좋은 60대 단골손님의 얼굴을 발견했다. 처음에는 이분이 주인장인 줄 알았다. 하지만 시월카페의 단골손님이라는 말에 아연실색했다. 이분은 리서치 회사를 다니다가 퇴직한 중장년 고객이다. 그럼에도 오늘은 일일 사장으로 시월카페의 주인 역할을 하고 있다. 산토리 위스키 한 병, 사케 한 병쯤은 키핑해 놓고 찾아오는 손님들이 대부분이다. 복잡한 도심살이 속 릴렉스 공간 같다는 생각도 하게 된다.

한국 창업 시장도 이제는 이러한 작은 가게 경쟁력에 주목할 때라고 본다. 소비자들 자체가 큰 가게, 겉만 화려한 가게에 놀라지 않는 시대로 변하고 있기 때문이다. 그런 측면에서 도쿄 신주쿠역 뒷골목 골덴가이 상권은 매우 시사하는 바가 크다.

지금도 가끔 종로의 피맛골을 떠올리곤 한다. 지금은 높은 빌딩 숲으로 변한 지 오래다. 근시안적인 개발 논리, 경제 논리를 앞세워 서울 심장부의 피맛골 같은 유서깊은 골목을 없애버렸다. 억지 춘향격으로 상권 살리기라며 업적을 치장하기도 했지만, 요즘 시대 소비자들은 그정도의 치장에, 그 정도의 규모에는 감동하지 않는다. 오히려 아날로그 감성 넘치는 작은 가게에 더 주목한다. 최근 상수동 뒷골목, 연남동 뒷골목, 수원 행궁동 뒷골목의 작은 가게들이 주목받는 이유이다.

도쿄 상권은 늘 한국 창업자들에게는 공부할 거리가 많은 곳이다. 어려운 한국 창업 시장의 돌파구로 활용할 수 있는 요소가 많기 때문이다. 특히 도쿄 상권은 조금만 속내를 들여다보면 숨겨진 성공 사업 코드가 켜켜이 내재돼 있다. 그런 측면에서 한국 창업자들은 일본 골목상권 연구에도 관심을 기울일 필요가 있다고 본다.

1966년 창업, 일본 마츠야 덮밥집의 성공 비결

일본 창업 시장의 가장 큰 가치는 무엇일까? 필자는 지속 가능 경영, 대를 잇는 장수 경영이라고 생각한다. 독립점이든 프랜차이즈 매장이든 일본에는 장수 가게가 참 많다. 일본에 시장조사를 하러 나오면 꼭 들르는 덮밥집이 있다. 다름 아닌 '마츠야(松屋)'다. 요시노야, 스키야와 함께 일본 3대 규동 체인점 중 하나다.

마츠야는 매우 오래된 브랜드다. 일본 전역에 1,000개 가맹점이 영업 중인 상황이며, 회사의 연매출액은 930억 600만 엔에 달한다. 우리 돈으로 환산하면 연간 9,500억 원이 넘는 매출을 기록 중인 탄탄한 회사라고 볼 수 있다. 마츠야는 코로나 시대 불황기를 건너고 있는 한국 창업자들이 자세히 살펴볼 만한 가치가 있는 브랜드다. 인건비, 임대료 부담을 덜 수 있는 노하우가 숨겨져 있기 때문이다.

▲ 일본의 뿌리 깊은 프랜차이즈 문화를 보여주는 55년 역사의 덮밥집 마츠야

● 55년 역사의 마츠야 덮밥집이 가진 경쟁력

일본 마츠야는 1966년에 창업한 일본의 규동, 쇠고기덮밥집 브랜드다. 1899년 창업한 일본에서 가장 오래된 규동집 브랜드 요시노야를 벤치마킹했다는 이야기도 들을 수 있다. 요즘은 요시노야를 뛰어넘고 있다는 생각이 든다.

개인적으로도 요시노야보다는 마츠야를 더 좋아한다. 음식 맛이라는 측면에서 한국인들의 입맛에는 마츠야가 더 적합하다는 생각이다. 요시노야는 1990년대 초반 강남역에 들어왔다가 실패하고 다시 일본으로 돌아간 브랜드이다. 지금 시점에서 일본의 덮밥집 브랜드가 다시 한국시장을 노크한다면 판도는 조금 달라질 가능성이 높아 보인다. 하지만 일본과의 감정이 악화된 상황에서 이런 이야기는 자칫 공허해질 수 있다.

최근 요시노야는 갈수록 분위기가 안 좋아진다고 한다. 식재료 중 쌀과 야채를 후쿠시마산으로 사용하기 시작했다는 뉴스가 나오면서부터 요시노야는 소비자들로부터 외면을 받고 있는 분위기다.

● 마츠야의 매장운영 시스템

마츠야 매장의 점포 밖에는 반드시 식권 자판기가 설치돼 있다. 한국어를 포함해 4개 국어로 서비스하고 있는 식권자판기이다. 일본은 식권자판기 역시 카드 고객보다는 현금 고객이 훨씬 많은 편이다. 카드 구매는 외상이라는 인식이 일본 소비자들의 소비 심리에 자리 잡고 있기 때문에 민간 소비에서 카드사용률은 3%를 넘지 않는다. 마츠야 같은 덮밥집에서는 90% 이상이 현금 결제를 한다. 우리나라와는 다른 부분이다.

마츠야 등 일본 규동 매장에서 주목해봐야 할 것은 점포 레이아웃이다. 외식 경영자라면 당연히 식당에 들어간 후 직원들의 주방 동선과 홀 서비스 동선, 그리고 고객 동선을 살피게 된다. 마츠야는 오픈 주방에 홀은 다치노미 형태로 설계돼 있어서 심야 시간에는 직원 한 사람이 주방과 홀 서비스를 모두 책임질 수 있는 레이아웃을 가지고 있다. 장점이 많은 구조다. 불황기 한국 식당이 관심을 가져야 할 부분이라고 생각한다. 심야 시간대 1인 운영 시스템으로는 최적의 공간 구성을 보여주고 있다. 나 홀로 운영, 1인 운영 시스템의 결정판인 셈이다. 요즘처럼 인건비 부담을 실감하고 있는 한국 외식 창업 시장에서도 적용해볼 만한 포인트라 여겨진다.

필자는 일본 출장을 갈 때면 호텔 조식 대신 마츠야의 380엔 덮밥을 종종 먹곤 한다. 아침에 간단히 먹기엔 안성마춤이기 때문이다. 매장 벽면에는 덮밥을 맛있게 먹는 방법에 대한 상세한 설명이 부착되어 있다. 미소시루는 공짜지만, 반숙 달걀이나 샐러드는 추가 주문 메뉴이다. 매장에서 식사를 하면서 주방 안쪽을 훤히 볼 수 있다. 아침 시간에는 주로 혼자서 운영하는 경우가 많다. 아르바이트 한 명을 포함해서 2인이 운영하는 시스템인 매장이 가장 많다.

● 마츠야 덮밥의 경쟁력

마츠야에서는 규동(牛丼)이란 용어 대신 규메시(牛めし), 즉 쇠고기밥이라고 부른다. 요시노야와 차별화를 시도하면서 프리미엄 규메시를 선보였다. 프리미엄 덮밥은 냉동육이 아닌 냉장육을 사용한 쇠고기덮밥을 말한다. 대신 판매가를 290엔에서 380엔으로 인상했다고 한다. 그래도 일본 물가 기준으로는 저렴한 밥집이다. 테이블마다 취향에 따라서 먹을 수 있는 다양한 소스와 시치미, 초생강 등이 가지런히 정돈돼 있다.

마츠야의 가장 큰 상품 경쟁력 중 하나는 규메시 뿐만 아니라 다양한 스타일의 메뉴를 출시하면서 차별화를 시도하고 있다는 점이다. 카레라이스, 김치갈비동, 비빔동 등 선택의 폭이 넓다. 마츠야 홈페이지에 가보면 회사 매출액 관련 데이터도 확인할 수 있다. 마츠야의 전체 매출액은 930억 600만 엔에 달한다. 우리 돈으로 환산하면 무려 1조 116억 원이 넘는 규모로 매년 상승 추세에 있다.

● 한국 식당에 적용한다면?

마츠야의 시스템은 요즘 시대 한국음식점 창업에서도 충분히 의미 있는 모델이라고 판단된다. 식사류 아이템이든 포차 아이템이든, 마츠야 시스템으로 시설을 갖추는 것을 고려해볼 수 있다. 1인 운

▲ 매장에 잘 정돈되어 있는 각종 양념통과 간단한 식사도구

영이 가능한 모델이기 때문이다. 최근 백종원 사장이 운영하는 프랜차이즈 브랜드 역시 마츠야 시스템을 일부 적용하고 있음을 알 수 있다. 혼밥족, 혼술족, 1인 고객들에게도 매우 만족도가 높은 점포 레이아웃이다.

일본 외식 창업 시장에서 '아이템 찾아 삼만리'는 이제 의미가 없다. 대신 마츠야 같은 효율적인 점포 운영 시스템, 지속 가능 경영을 통한 장수 기업 가치를 창출하기 위한 대안 마련에 주목해야 한다. 아울러 창업자의 행복 지수와 직결되는 일본 창업자의 가치관과 철학, 패러다임을 낱낱이 살펴보는 것이 더 중요한 시점이라고 판단된다.

NEW NORMAL
SMALL BUSINESS

COVI

7

연령별, 계층별 창업 전략

창업 시장은 우리네 인생과 닮아있다.
청년 창업부터 중장년 창업, 부부 창업,
장애인 창업, 실버 창업에 이르기까지
창업이 곧 인생인 이유다.

청년 창업, 과연 청년 실업의 대안일까?
코앞으로 다가온 초고령화 사회,
우리는 실버 창업에 대해 얼마나 준비되어 있을까?

피부로 와 닿는 창업 이야기, 그리고 현실적인 대안 모색.
연령별, 계층별 접근 방안을 하나하나 정리했다.

D-19

코로나 시대, 청년 창업의 지름길

코로나 시대 한국 청년 세대들은 어떻게 살고 있을까? 청년 세대 야말로 우리나라의 미래가치와 직결되는 너무나 중요한 자원이다. '청년' 하면 취업 시장을 먼저 떠올리게 된다. 1997년 말 IMF 시절, 당시 대학을 졸업했던 청년 세대는 엄청난 취업난을 겪은 바 있다. 코로나 시대에 사회에 진출하는 청년층 또한 좁은 취업문은 이미 예견돼 있었다. 코로나 위기를 겪고 있는 기업 입장에서는 신규 채용 인원을 줄일 수밖에 없을 것으로 보인다. 재택근무가 보편화하는 현상만 보더라도 청년층을 대상으로 한 신규 채용의 문은 더 좁아질 수밖에 없다. 자연적으로 정부 정책 당국자와 청년층 당사자 입장에서는 청년 창업 시장을 주목할 수밖에 없다. 코로나 시대, 대한민국 청년 창업의 현주소는 어디일까?

● '창직'과 청년 창업

언제부턴가 정부에서는 '창직(Jobcreation)'이라는 키워드를 강조하고 있다. 청년층을 대상으로 단순히 창업 시장을 노크하기보다는 '창직' 개념으로서의 창업 시장 접근을 유도하고 있는 분위기다. '창직'의 정의는 무엇일까? 청년층 스스로 좋아하고 관심 있는 분야에서 개인 역량 및 재능에 맞게 혁신적인 아이템을 개발하고, 새로운 직업을 창출하면서 노동시장에 안착시키는 창조적 활동이라고 정의할 수 있다. 쉽게 이야기하면 '직업으로서의 창업', '일로서의 창업'을 강조하고 있는 상황이다.

그렇다면 과연 한국 창업 시장의 관점에서 청년 창업자들은 어떻게 움직이고 있을까? 중소벤처기업부 산하 '창업진흥원'과 '소상공인시장진흥공단'에서는 매년 창업기업실태조사와 소상공인실태조사를 실시하고 있다. 중소기업 창업과 소상공인 창업 시장의 현주소를 알 수 있는 데이터이다.

2019년 발표된 창업진흥원의 청년 창업자 비율을 살폈다. 20대 이하 창업자는 3.4%, 30대 창업자는 21.7%이다. 즉 중소기업 창업

▲ 농림축산식품부의 청년 창업지원 사업

시장에서 청년 창업자라고 할 수 있는 30대 이하 청년 창업자 비율은 25.1%로 집계됐다. 소상공인 창업 시장에서의 청년 창업 비율은 더 낮다. 전체 창업자 중 20대 이하 2.4%, 30대 12.9%로 둘을 합한 청년 창업자 비율은 전체 소상공인 창업 시장의 15.3% 수준이다.

창업 시장 관점에서 본다면 기업 창업이든 소상공인 창업이든 청년 창업자 비율이 전체 창업자의 25%를 넘고 있지 않다고 볼 수 있다. 특히 소상공인 창업 시장에서 청년 창업자 비율은 높지 않은 편이다. 따라서 정부에서는 소상공인 창업 시장에서도 청년 창업을 적극 권장하고 있는 게 사실이다. 그 시발점이 되었던 현장 사례가 2012년에 처음 선보인 전통시장 '청년몰'이다.

● 전통시장과 접목된 청년몰 창업 시장의 문제점

전국 전통시장 곳곳에서 추진되는 청년몰 사업은 2012년 전주 남부시장에서 최초로 시도됐다. 이후 8년간 전국에는 45개 이상의 청년몰이 새로 문을 열었다. 정부가 지원하는 전통시장 내 '청년몰'에서 성과를 내는 청년 창업자도 있지만, 실패하는 청년 창업자도 많다. 최근에는 청년몰에 대한 부정적인 목소리도 커지고 있다. 전통시장 입장에서는 청년몰 유치를 통한 상권 활성화를 기대했으나, 실상은 그 역할이 미미하다는 이야기다.

창업 현장 전문가 입장에서 본다면 전통시장 한쪽에 자리 잡고 있는 지금의 청년몰 형태는 최초 콘셉팅부터 문제가 있다. 해당 전통시장 내 상인, 소비자들과의 융복합 코드가 턱없이 부족하기 때문이다. 전통시장이라는 태생적인 상권 특성을 가지고 있음에도 불구하고 한곳에 마치 별동대처럼 예쁘게(?) 신세대 상권을 억지 춘향격으로 조성한 느낌을 지울 수 없다. 콘셉팅의 혼란만 초래하고 있는 것이다.

일본 교토의 니시키 시장이나, 서울 마포구의 망원시장이 성업을 누리는 이유는 신세대 상권과 전통시장 상권이 서로 자연스럽게 융복합되고 있기 때문이다. 즉, 지금의 청년몰은 따로 별도 공간에 차별화된 분위기로 조성돼 있어 기존 상인들이나 전통시장 소비자들과의 괴리감이 크게 발생한다. 즉 전통시장 따로, 청년몰 따로 노는 경우 많다는 사실이다. 이로 인해 기존 상인들과의 갈등 요인도 발생한다. 대안은 오랫동안 영업했던 전통시장 상인 가게 옆에 20대 청년 가게가 나란히 영업하는 것이다. 물론 상권 현장의 현실적 문제점은 함께 조율하고 해결해야 한다.

● 미래가치를 담보하는 청년 창업의 방향을 제시해야 한다

정부에서는 좋은 일자리를 만들고 청년 취업률을 높이기 위해 발 벗고 나서기보다 일정 부분 창업 시장으로 책임을 전가하고 있는 측면이 있다. 그럼에도 청년들에게 창업을 무작정 권장할 일은 아니라고 본다. 청년 창업은 붐을 조성하면서까지 추진해야 할 일은 아니기 때문이다. 자칫 본말이 전도될 우려도 있다. 청년 창업은 도전적인 사회 풍토와 잘 다져진 기업 문화의 토양 위에서 피어나는 하나의 현상일 뿐이지, 청년 창업 붐을 뚝딱 만든다고 해서 당장의 현실적인 사회문제를 해결하는 해결사 역할을 할 수는 없다.

취업난 해소의 측면보다 더 중요한 것은 청년 세대의 미래가치

▲ 청년 창업 붐을 일으켜 문제를 해결하려는 접근은 자칫 본말이 전도된 양상으로
전개될 우려가 있다

를 담보하는 일이다. 그런 측면에서 청년 창업은 첫 단추를 끼우는
시점부터 밀도 있는 필터링이 선행되어야 한다. "취업이 어려우니
까 창업이나 하자" 식으로 창업 시장에 접근하는 청년들은 이 시장
에 오면 안 된다.

창업 실행 전까지의 준비 기간이 짧은 것도 문제다. 정부의 실태
조사 자료에 따르면 창업을 결심하고 실제 창업에 이르기까지 준
비 기간은 10개월을 넘지 않는다. 100년 앞을 내다보는 창업 시장의
올바른 생태계 조성을 고려한다면 최소한 3년 이상의 준비 기간은
꼭 필요하다는 것이 현장에서의 판단이다. 충분한 창업 준비 프로
그램 없이 빠르게 창업 시장에 진입하는 것은 오히려 빠른 실패로
이어지는 지름길임을 잊어선 안 된다.

애플사의 창업자 고(故) 스티브 잡스(Steve Jobs)와 같은 영웅적
인 창업자를 내세우면서 무작정 따라 하기식의 청년 창업을 유도
하는 풍토 또한 지양해야 한다. 한국 청년 창업 시장 한쪽에서는

어쩌면 수년간 잡스 따라 하기를 외쳤는지도 모른다. 하지만 잡스는 잡스일 뿐이다. 최근 방송만 틀면 나오는 이제는 연예인이 다된 창업자를 롤모델로 보여주는 것 또한 부작용이 많다고 본다. 태생부터가 청년 창업의 현실과는 너무나 괴리가 크기 때문이다.

청년 창업이야말로 최근의 트로트 열풍처럼 붐을 일으킨다고 해서 해결되는 일은 결코 아니다. 청년 창업자 개개인의 인생을 두고 생각해봐야 할 문제이기 때문이다. 그런 측면에서 창업이 절실한 청년들에게는 그들의 미래가치와 꿈을 실현해가는 인프라로서의 마당을 만들어주는 작업이 필요하다고 본다. 청년 창업은 꼭 필요한 시장이지만, 누구나 노크해서는 안 되는 시장이라는 점도 누누이 강조할 필요가 있다.

푸드트럭은 청년 창업의 로망을 이루는 소확행 창업일까?

초보 창업자가 대부분인 청년들이 첫 사업으로 푸드트럭 창업을 진행하는 경우가 많다. 푸드트럭 창업자들을 만나보면 푸드트럭 사업을 지렛대 삼아서 훌륭한 외식 경영인으로 성장하고자하는 로드맵을 가지고 유의미한 성과를 내는 창업자들도 물론 일부 있다. 하지만 상당수의 푸드트럭 창업자들은 성과를 내지 못하는 경우가 많다.

언론과 미디어에서 단편적으로 보여주는 것과 실제 현실은 분명 차이가 있다. 그럼에도 불구하고 서울시를 비롯한 전국의 지자체에서는 지금도 푸드트럭 창업을 권장하고 있다. 푸드트럭 정책은 시작부터 첫 단추가 잘못 끼워진 정책이라고 판단한다. 박근혜 정부의 규제개혁완화위원회에서 푸드트럭 개조업자의 목소리를 듣고 쉽게 푸트트럭 정책을 내놓았던 것으로 기억한다. 한때 여의도 밤도깨비 시장처럼 성과를 내는 곳도 있었다. 하지만 상당수의

▲ 한국도로공사의 청년 창업 지원 프로그램인 졸음쉼터 푸드트럭 사업

푸드트럭은 성과를 내지 못하고 실패하는 경우가 허다하다.

필자는 푸드트럭이 성공하기 위해서는 오직 입지가 90% 이상 성패를 좌우한다고 판단한다. 때문에 푸드트럭의 최적입지는 이마트, 롯데마트, 스타필드와 같은 대형쇼핑몰 앞 1층 유휴부지다. 이곳에서 푸드트럭 영업을 시작한다면 어느 정도 성과를 낼 수 있다고 본다. 하지만 한적한 공원에서 커피 한 잔에 2,000원씩 받고 팔고 있는 푸드트럭을 볼 때면 가슴이 미어진다. 동절기까지 버티기엔 그 한계가 역력하게 보이기 때문이다.

● **코로나19의 직격탄을 맞은 푸드트럭 시장의 현주소**

코로나19로 인해 사회적 거리두기를 통한 방역 시스템이 강화되면서 전국의 모든 행사가 취소되었고, 궁극적으로 푸드트럭 사업자들도 된서리를 맞고 말았다. 봄, 여름, 가을철 행사장 매출이 전체 매출의 대부분을 차지하는 푸드트럭 사업자 입장에서는 막막하기 그지없다. 매출 0원이 1년 가까이 이어지고 있기 때문이다. 자연적으로 푸드트럭 사업자들의 폐업률은 높아지고 있다. 2018년 푸드트럭 폐업률은 60%, 2019년 푸드트럭 폐업률은 70%에 달한다. 2020년에는 폐업률이 더욱더 높아질 것으로 보인다.

하지만 이러한 푸드트럭의 폐업 릴레이를 보면 비단 코로나 위기가 아니라고 하더라도 그 위험징후는 충분히 예견되어 있었다. 이미 우리나라의 음식점 수는 70만 개에 달한다. 인구가 우리나라의 두 배가 넘는 일본과 비교해도 음식점 수가 비슷하다. 공급과잉 상태에 있는 음식점 시장에서 푸드트럭을 더 오픈해서 음식점들과 경쟁하라고 하는 이야기는 이미 첫 단추부터가 잘못 끼워진 정책이라고 목소리를 높이는 이유다.

최근 늘고 있는 공유주방 창업도 마찬가지다. 필자는 모두가 기존의 음식점 시장 과열을 부추기고 있으며, 이런 상황이 계속된다면 음식점들은 공급과잉을 넘어서 끝없는 폐업 행렬이 이어질 것은 불을 보듯 뻔한 일이 될 것이라고 누차 주장해왔다. 자연스럽게 푸드트럭과 기존 상인들과의 마찰이 곳곳에서 생기기 시작했다.

기존 상권에서 비싼 임차료 내면서 영업하는 기존 상인들 입장에서는 푸드트럭이 공급 시장의 경쟁 과열만 초래한다는 볼멘소리가 나올 수밖에 없다. 따라서 푸드트럭 운영자 입장에서는 기존 음식점과의 상권 충돌을 피하는 방법을 찾아서 영업 콘셉트를 잡는 것도 중요하다. 반면 푸드트럭을 이미 영업하고 있는 사업자들은 영업할 수 있는 장소를 지금보다 더 확대해달라고 정부에 호소하고 있는 상황이다.

● 얼마 투자해서 어느 정도의 수익성을 기대할 수 있나?

그렇다면 창업자 입장에서 푸드트럭 사업자가 되기 위해서는 얼마 정도의 투자 비용을 감안해야 할까? 일단 푸드트럭을 구입하는 비용을 감안해야 한다. 신규 차량을 매입할 경우 최소한 2,000만 원 정도의 차량 구입비가 투자될 수 있다. 물론 중고차를 매입하거나 자동차 할부제도를 이용할 경우 자동차 구입비는 사업 초기 1,000만 원 이내면 해결할 수 있다. 관건은 푸드트럭을 위한 개조 비용이다. 앞서 지적했듯이 최소한 1,000만 원에서 많게는 2,000만 원에 육박할 수 있다. 따라서 푸드트럭 사업자가 되기 위한 총 창업 비용은 최소한 2,000~3,000만 원 정도라고 예상할 수 있다.

다음은 수익성이다. 수익성을 따져보기 위해서는 어떤 상품, 어떤 메뉴를 선정하느냐의 문제부터 상품 경쟁력, 푸드트럭 계약지로 선정된 상권의 입지 경쟁력, 운영자의 고객관리 능력, 온오프라인 판매 마케팅 역량 등 고려할 사항이 많다. 개별 사안에 따라서도 매출은 천차만별일 수 있다.

또 한 가지, 길거리 노점 형태로 이루어지는 푸드트럭이기에 영업 일수 제한에 따르는 손해도 감안해야 한다. 어떤 입지는 주말 영업에 한정된 지역도 있고 어떤 입지는 한 달에 25일 이상 영업할 수 있는 곳도 있다.

전국에서 영업 중인 길거리 푸드트럭의 수익성을 보면 지역과 아이템에 따른 편차는 있지만 대략 1일 평균 20~30만 원의 매출을 거두는 게 일반적이다. 한 달 기준 20일 정도를 영업한다고 가정하면 월 매출액은 400~600만 원 정도로 가늠해볼 수 있다. 여기에서 식재료 원가는 매출액 대비 30~40%이며, 기타 유지관리비를 제외한 운영자의 월 순이익은 매출액 대비 30~40% 수준이라고 보면 된다. 즉, 한 달 평균 120~240만 원의 순이익을 올리는 셈이다.

● 푸드트럭 창업, 인허가는 어떻게 이루어질까?

푸드트럭 사업의 인허가 절차는 복잡한 편이다. 먼저 창업을 하고자 하는 사람은 전국의 지자체 홈페이지에 공지되는 푸드트럭 모집공고를 살펴야 한다. 푸드트럭 창업 예정자는 모집공고를 보고 꼼꼼히 사업계획서를 작성해 기간 내에 제출한다. 기관에서는 창업 예정자가 제출한 사업계획서를 검토 심사해서 사업자를 선정하고 계약을 체결하는 과정을 거치게 된다.

보통 계약 체결 기간은 2년 정도이다. 선정이 된다고 해서 인허가 절차가 끝이 나는 것은 아니다. 푸드트럭 사업자는 교통안전공단에 자동차구조변경신청승인을 받아서 푸드트럭으로 영업하기 위한 시공에 들어가야 한다. 이때 들어가는 비용은 작게는 1,000만 원에서 많게는 2,000만 원 이내다. 자동차 구조 변경 후 적합 여부 검사 시 완성검사 합격증명서를 제출해야 한다. 구조 변경 작업이 끝나면 한국가스안전공사에서 액화석유가스 시설을 시공한 후 완성 공사를 신청해야 한다. 이때 승인 신청 서류 3종을 제출해야 한다. 다음 절차로 위생 교육을 받아야 한다. 제과점 영업일 경우 제과협회, 휴게음식점 영업일 경우 휴게업중앙회에서 실시하는 위생 교육을 이수해야 한다. 신규 교육은 6시간을 수료하고 위생 교육 수료증을 제출한다. 보수 교육은 매년 3시간씩 이수해야 한다.

여기서 끝이 아니다. 보건소와 병의원에서 건강 진단을 실시하고 건강 진단 결과서를 제출해야 한다. 마지막 절차는 영업신고 절차다. 영업신고는 시군구 위생 담당 부서에 푸드트럭 허용 지역 계약 서류와 자동차등록증을 제출하면 1개월 이내에 현장 확인을 거쳐 수리가 되며 모든 인허가 절차가 끝나게 된다. 결코 만만치 않은 인허가 절차다.

● 푸드트럭 창업 시 유의할 점은?

비록 길거리 푸드트럭에서 판매하는 상품일지라도 타 음식점과의 차별화는 중요하다. 기존 점포형 매장에서 판매하는 상품과는 근본적으로 달라야 함은 물론이다. 아이템 경쟁력부터 상품 경쟁력, 상품 디자인 및 포장 경쟁력까지 신경 써야 한다. 브랜딩 작업도 중요하다. 일각에서는 푸드트럭 사업자를 위한 프랜차이즈 브랜드도 등장하고 있다.

독립점이라고 하더라도 브랜드 네이밍, 상호 디자인, 푸드트럭 랩핑 디자인, 홍보 사인물, 유니폼 디자인 하나까지 창업자가 꼼꼼히 챙겨야 한다. 그래야만 까다로운 소비자들의 충동 구매를 촉발시킬 수 있기 때문이다. 푸드트럭은 소자본 무점포사업의 대명사지만 보기와 달리 참 어려운 사업이다. 하지만 저비용으로 창업해 향후 점포형 사업자, 기업형 사업자로 발전할 수 있다는 희망도 있다. 푸드트럭 창업이 곧 최종 기착지는 아니기 때문이다.

오팔세대 창업 전략,
가만히 있으면 될까요?

우리나라 창업 시장에는 연간 100만 명 가까운 사람들이 새롭게 창업 시장에 발을 담근다. 물론 폐업하는 창업자들 수도 그에 못지 않게 많다. 최근 코로나 시즌에 접어들면서 국내 창업 시장에서 신규 창업자들의 움직임은 현격하게 둔화했다. 반면 기존 창업자들의 폐업 후 재창업, 업종 변경 창업 사례는 많이 늘어나는 분위기다. 동시에 잠재적 창업자 수는 기하급수적으로 늘고 있다.

　잠재적 창업자군 중에서도 1등 주력군으로 꼽을 수 있는 연령대는 이른바 '오팔세대'로 불리는 5060세대다. 요즘 필자에게 문의를 해오는 창업 수요층 또한 오팔세대들이 늘고 있다. 그들의 목소리는 대략 이렇다. "어려우니까 가만히 있는데, 그게 능사가 아닌 것 같다. 무료하기도 하고 시간은 많고 자존감은 점차 쪼그라들고 삶의 의미와 재미도 축소되는 것 같다." 하는 일 없이 시간만 보내면서 사는 것도 점차 한계점에 도달하고 있다는 이야기다. 오팔세대를 위한 창업 전략, 자존감 유지 대책을 공론화해야 하는 이유다.

● '두 번째 잡(Job)', 일로서의 창업 시장 관심

오팔세대란 경제력을 갖춘 5060세대를 일컫는다. 자신이 원하는 것을 하기 위해 돈과 시간을 아끼지 않는 새로운 소비층으로도 대변되곤 한다. 오팔(OPAL)은 'Old People with Active Life'의 앞글자를 딴 신조어다. 활동성 있는 시니어 세대 정도로 이해할 수 있다. 1차 베이비붐 세대를 대표하는 '58년생'을 뜻하기도 한다.

이들 오팔세대는 대한민국 인구의 30%에 육박할 정도로 절대다수를 차지하며, 이들 신중년층은 은퇴 이후 새로운 일자리를 갈망한다. 여가 활동을 즐기면서 젊은이들처럼 소비하기도 하고, 자신을 가꾸는 데에도 많은 시간과 돈을 투자한다.

새로운 인생 계획을 세우는 그들이 찾는 대안 중 하나가 창업이다. 물론 급할 것은 없지만 그렇다고 숙고만 한다고 해서 명료하게 대안이 정리되는 것은 아니다. 먼저 창업 시장을 바라보는 안목과 개념부터 정리해야 한다. '돈 많이 버는 창업'이 아닌 '일로서의 창업'을 찾아야 한다. 물론 수익 창출 여부를 살피는 것은 기본이다.

또한 창업의 목적을 분명히 해야 한다. 우리 사회의 아웃사이더가 아닌 주력군으로서의 활동 기간을 연장하는 의미도 있다. 동시에 줄어드는 자존감을 회복하고, 유지하는 일 또한 오팔세대 창업에서 가장 염두에 두어야 하는 사안이다.

● 기술을 전수받아 창업한 선배 창업자의 현장 목소리에 귀 기울이자

창업에서 시행착오를 줄이려면 가장 먼저 해야 할 일은 시장조사다. 시장조사의 첫 단계는 선배 창업자의 창업 케이스 스터디다. 상권에 나가보면 수많은 5060 선배 창업자들을 만날 수 있다.

서울 송파구 선수촌 상가 지하에 가면 10평 초밥 가게를 운영하는 윤홍모 대표를 만날 수 있다. 윤 대표 역시 59세의 나이에 나 홀로 초밥 가게를 오픈해서 현재 9년째 초밥 가게 사장으로 인생 2막을 살고 있다. 총 창업 자금은 6,000만 원 정도, 월세는 120만 원이기 때문에 한 달에 800만 원 매출만 올려도 충분히 돌아간다고 귀띔한다. 큰돈 버는 게 목적이 아니다. 손주들에게 기분 좋게 용돈 줄 수 있을 정도의 수익이면 된다고 한다.

윤 대표는 초밥 가게를 열기 전 몇 달 동안 사업성이 검증된 초밥 가게 스승에게서 초밥 기술을 밀도 있게 전수받았다. 그 기간이 있었기 때문에 현재 거주하는 아파트단지 지하의 틈새 가게를 임차해서 초밥 가게 사장으로 새로운 인생을 출발할 수 있었다. 윤 대표 외에도 상권에서는 수많은 선배 창업자들이 현업에 몸담고 있다. 이분들의 알토란 같은 창업 성공 사례를 직접 발로 뛰면서 확보하는 시장조사 과정이 반드시 선행되어야 한다. 막연히 "뒤늦게 창업하면 자칫 실패하기 쉽다"는 주변 목소리만 듣다 보면 결국은 아무것도 하지 못하고 오팔세대를 지나칠 수 있다는 점을 기억해야 한다.

● **오팔세대의 창업 아이템보다 더 중요한 것은?**

상권 현장의 시장조사를 마치고 나면 구체적인 후보 아이템들을 선별하는 과정을 거쳐야 한다. 창업자의 성격, 운영 스타일, 자본 여력, 미래가치 판단에 따라서 아이템 유형은 천차만별로 나뉜다. 외식업 중에서는 칵테일바, 와인바, 고기포차, 해장국집, 배달 음식점 정도가 눈에 띈다. 판매업 중에서는 자전거 판매점, 편의점, 건강원 등이 주된 아이템이다. 서비스업 아이템 중에서는 라이프 코칭 카페, 철학원, 간단 집수리 대행업도 눈에 띈다.

하지만 구체적인 아이템 선정은 내가 속한 지역, 창업을 희망하는 상권 내의 경쟁 구도에 따라서 달라질 수 있다는 점을 간과해선 안 된다. 어디에 어떤 아이템이 잘된다고 해서 내가 원하는 지역, 상권, 입지에서도 잘되는 것은 아니기 때문이다. 창업에 필요한 자금 역시 1억 원 미만으로 생각하는 것이 좋다. 가용자산을 분산 투자하고 창업 숙련기에 오르기까지 발생할 수 있는 리스크를 최소화해야 한다. 단지 남 보기에 그럴듯한 아이템보다는, 내가 즐겁고 장수 창업으로 이어질 수 있는 스테디셀러 아이템에 관심을 기울일 때다.

창업 아이템 결정보다 더 중요한 것이 있다. 오팔세대의 행복 창업 인생을 위한 생각과 철학, 패러다임을 바꾸는 일이다. 특히 신경 써야 하는 부분은 2030 젊은 세대들과의 눈높이 맞추기, 적극적으로 소통하기, 말 섞는 연습, 고개 숙이는 연습이다. 오팔세대 창업의 핵심 고객이 될 수 있는 신세대 고객층과의 소통을 결코 무시할 수 없다는 이야기다.

또 한 가지, 만에 하나 사업에 실패했을 경우에 대비한 복안을 마련해둬야 한다. 실패해도 건질 수 있는 게 많은 고정투자금이 들어간 창업 모델을 살피는 이유다. 이러한 복합적인 사안에 대응하기 위해서는 최소 3년 정도의 치밀한 창업 준비 기간을 설정해야 한다. 다가올 백세 시대 30년 창업 인생을 위해 3년 공부가 결코 긴 시간은 아니다.

100세 시대에 빛나는 실버 식당, 지금부터 준비하자

100세 시대, 초고령화 사회가 코앞이다. 유엔 기준에 따르면 65세 이상 고령 인구가 전체 인구의 20% 이상이면 초고령화 사회로 명명한다. 통계청 데이터에 따르면 2025년이면 65세 이상 고령자 인구가 우리나라 전체 인구의 20%에 도달한다고 한다. 5,000만 명 전체 인구 중 1,000만 명이 65세 이상 고령 인구로 채워지는 초고령화 사회, 실버 시대가 코앞까지 다가온 셈이다.

음식점 경영자 입장에서도 본격적인 실버 시대를 준비할 때가 왔다. 실버 시대에 적합한 음식점 콘셉트도 고민할 필요가 있다. 초고령화 사회의 주인공이라고 할 수 있는 할머니 할아버지의 지갑을 열게 하는 방안을 지금부터 차분히 고민해야 한다. 100세 시대의 필수 아이템, 실버 식당으로 성공하는 지름길은 무엇일까?

● 실버 식당의 개념부터 정립하자

지금부터라도 실버 식당을 준비해야 한다고 하면, "웬 실버 식당인 가요?"라며 의아한 표정을 짓는 사장님들이 많다. 하지만 실버 식당은 초고령화 사회에서 거부할 수 없는 물결과도 같다. 우선 실버 식당의 개념부터 이해할 필요가 있다.

먼저 실버 식당의 주 고객층은 당연지사 60~80대 실버 고객층이란 사실은 누구나 이해할 수 있는 대목이다. 하지만 여기에 그치지 않는다. 실버 식당을 운영하는 창업자 즉 사장님도 실버 계층이고, 식당에서 일하는 직원까지 고령 인력으로 채워진 식당을 의미한다.

물론 창업자와 소비자 중 어느 한 쪽만 충족되어도 실버 식당이라고 칭할 수는 있다. 앞으로 우리나라 상권에 많이 나타나게 될 실버 식당의 미래를 엿보기 위해 이웃 나라 일본의 자영업 시장을 한번 들여다보자.

고령화 사회가 우리나라보다 먼저 온 나라는 단연 일본이다. 일

▲ 교토 외곽의 골목에서 발견한 20년 넘은 실버 카페 후라이즌

▲ 초고령화 사회 일본에선 어느 상권, 어느 골목을 가든 고령 외식 종사자를 찾는 일은 쉽다

본 교토 상권 뒷골목을 시장조사하다 보면 오래된 실버 식당을 쉽게 만날 수 있다. 교토 니시키시장 인근에는 150년 청어소바(니싱소바) 전문점인 '마츠바'가 터잡고 있다. 1층은 판매 공간, 2층은 식당 공간으로 꾸며져 있다. 이곳에서 일하는 한 실버 직원을 인터뷰한 적이 있다. 할머니 직원은 이곳 마츠바에 60세에 취직해서 현재 나이 74세라고 한다. 무려 15년간 일하고 있는 직장이라고 한다.

● 일본의 사례로 본 실버 식당의 미래
150년 청어소바집은 주인장도 직원도 소비자도 저마다 나이 지긋한 경우가 대부분이다. 이 청어소바집에서 한 가지 특이한 점은 인근에 도보로 이동 가능한 거대한 전통시장인 니시키시장이 있다는

▲ 70대 직원이 일하는 청어소바 전문점 마츠바

사실이다. 요즘 니시키시장은 실버 고객층보다 신세대 소비자들이 더 많아 보인다. 서울 마포구의 망원시장을 생각하면 이해가 빠를 것이다. 마츠바 청어소바집의 고객층을 보면 실버 고객도 있지만 신세대 고객층 그리고 관광객들도 많이 찾아온다.

　일본의 수도 도쿄는 어떨까? 도쿄 상권 할머니들의 하라주쿠 상권이라 불리는 스가모시장은 일본의 대표적인 실버 상권이다. 스가모역에서 내린 후 스가모시장 중간 지점 1층에서 20평 남짓의 소박한 경영식집 한 곳을 발견할 수 있었다. 80대 주인장 부부가 환하게 웃으면서 맞아준다. 언제 오픈했느냐고 물었더니 1964년 도쿄올림픽이 열리던 해에 오픈했다고 한다. 향후 다시 도쿄올림픽이 열릴 예정이기 때문에 그때가 되면 두 번째 생일을 맞는다고 웃음 짓는다. 재미있는 것은 나 홀로 실버 고객들이 많다는 사실이다. 돈가스를 드시고 계신 80대 할머니 고객에게 물었더니 이 가게가 30년간 단골집이라고 한다.

▲ 일본의 대표적인 실버 상권인 도쿄 스가모시장의 다케야마 음식점　▶ 60년 가까이 터 잡아 온 실버 가게에서 음식을 드시는 30년 단골손님

● 실버 테마상권 조성이 실버 식당 성공의 전제 조건

앞으로 우리나라의 일반 상권 내에서도 가뭄에 콩 나듯 한두 개 실버 전문식당을 표방하는 음식점이 나타날 것으로 보인다. 하지만 실버 식당이 시장의 이슈가 되고 옹골찬 성과를 내는 사례가 이어지기 위해서는 전제 조건이 하나 있다. 바로 실버를 테마로 한 '상권 조성'이 반드시 선행되어야 한다는 사실이다.

고령 소비자들의 다양한 라이프 스타일을 공략할 수 있는 실버 테마상권, 실버 골목상권이 반드시 나타나야 한다. 단순히 실버 식당이라는 먹거리 아이템 하나만 존재해서는 지속적으로 유지하기 어려울 뿐만 아니라 한계점이 역력할 수밖에 없다. 먹거리 아이템을 기반으로 하면서 실버 수요층을 타깃으로 한 다양한 실버 옷가게, 실버 용품점과 같은 잡화점이 생겨나야 한다.

동시에 고령자 타깃의 서비스업 아이템으로 단장한 가게들도 함께 어우러져야 한다. 실버 미용실, 실버 네일숍, 실버 릴렉스숍, 실버 병의원 등이다. 이 정도쯤은 조성되어야만 상권이 시장에서 이슈가 될 수 있고 해당 도시의 대표적인 실버 상권이라고 자신 있게 이야기할 수 있다.

할아버지와 할머니들의 취향과 스타일도 날로 변해가고 있다. 앞으로 출현하게 될 우리나라 실버 소비자들의 라이프 스타일에도 주목할 필요가 있다. 과거 부모님 세대의 실버 수요층과 현재의 베이비붐 세대(1963년~1955년생)들이 주축이 되는 실버 수요층은 기본 컬러와 스타일부터 완전히 다르다고 볼 수 있다. 이들은 인터넷 세상, 모바일 세상과도 아주 친밀한 소비자들이다. 온오프라인을 넘나드는 새로운 실버 수요층에 적합한 실버 상권의 출연이 머지 않았다고 보는 이유다.

● '실버 고객 우대' 피오피 문구부터 부착하자

한국 사회가 초고령화 사회로 빠르게 치달으면서 요즘 음식점에서 고령 소비자들을 만나는 것은 그리 어렵지 않다. 어느 식당이든 신세대 소비자도 중요하지만, 고령 소비자도 중요하다. 갈수록 고령 소비자들이 늘 수밖에 없기 때문이다. 당장 주변에 실버 테마 상권이 조성되기는 어렵기 때문에 지금부터라도 실버 소비자들의 편의성을 높여주는 작은 배려에서부터 시작해 앞으로 다가올 실버 식당을 하나씩 준비해 나가야 한다. 실버 소비자들이 불편함 없이 음식을 즐길 수 있는 식당이라는 점을 대외적으로 표방할 필요도 있다.

먼저 음식점 사장 입장에서 당장 할 수 있는 것부터 정리해보자. 요즘 '1인 고객 우대'라는 사인물을 내걸 듯 실버 소비층을 우대하겠다, 잘 모시겠다는 피오피 문구라도 부착해 적극적인 매장 분위기 만들기부터 시작해야 한다. 직원 교육을 통해서 실버 고객들의 만족도를 높이기 위한 아이디어를 집대성하고 실천할 필요도 있다.

만족스럽게 음식을 먹고 간 실버 소비자들은 반드시 내 가게를 기억할 것이다. 주위에 입소문 내기와 반복 구매로 연결되는 것은 기본이다. 실버 소비자들 역시 식당을 이용하는 라이프 스타일은 신세대 고객들과 별반 다르지 않기 때문이다. 한곳이 맘에 들면 주변 지인들에게 입소문을 내는 것은 물론 다시 가게를 찾음으로써 실질적인 매출 증대 효과로 이어질 수 있다. 식당의 홍보맨 역할을 자처하는 실버 고객들이 많아질수록 눈에 띄는 영업 성과로 이어지는 것은 당연한 이치다.

● 고객 감동을 이끄는 소소한 서비스툴

실버 고객층의 만족도 상승은 그들의 마음을 어루만져주는 작은 배려 장치 하나에서 비롯된다. 예를 들어 어두운 시력 때문에 메뉴판 보는 것을 힘겨워하는 실버 소비자들을 위해, 글씨도 크고 사진도 큼지막하게 보이게 하는 '실버 메뉴판'을 별도로 준비하는 것은 당장에 실천 가능한 장치이다. 실버 고객 우대 좌석제와 같은 것도 생각해볼 수 있다. 실버 소비자들의 편안한 모임 공간, 실버 커플 좌석도 구비할 필요가 있다.

실버존이 있는 식당은 곧 뉴스가치와 연결될 수 있다고 본다. 한 발짝 더 나아간다면 외로움을 많이 타는 실버 소비자들을 대상으로 한 '말벗 서비스'도 생각해볼 수 있다. 그 식당에 가면 일하는 직원이나 주인장과 소소한 담소를 나눌 수 있게 하자는 이야기다. 실버 소비자들이 갖는 공통된 코드는 외로움이다. 외로움을 달랠 수 있는, 그들의 눈높이에 맞는 '말벗 서비스' 마케팅은 매우 파급효과가 클 것으로 기대된다.

일본에서는 밥을 같이 먹어주는 '친구 대여 서비스' 사업도 인기다. 실버 전문 식당의 성패 여부를 결정지을 수 있는 요소는 멀리 있지 않다. 외로워하는 실버 세대들의 마음까지 보듬어줄 수 있는 디테일한 장치를 마련했는지 여부가 성공의 관건이라고 본다. 100세 시대에 빛나는 실버 식당은 결코 먼 곳에 있지 않다.

장애인 창업의 성공 변수는 무엇일까?

우리나라 장애인 창업자 수는 25만 명 정도로 추산하고 있다. 전체 자영업자 수 대비 5% 정도의 창업자를 장애인 창업자로 분류할 수 있다는 이야기다. 장애인 창업과 관련된 정부 기관들도 있고, 민간 단위의 장애인 복지관에서도 장애인 창업에 대한 지원책을 시행하고 있다. 하지만 장애인 창업을 둘러싼 창업 현장에서는 여러 가지 일들이 벌어지고 있다. 어려운 여건을 딛고 창업을 한 후 성과를 창출하기 위해 고군분투하는 장애인 창업자도 있고, 그 창업자를 도우려는 창업 전문가들도 있다.

장애인 창업의 가치는 단순히 투자 금액 대비 수익성의 많고 적음이 전부가 아니다. 장애인 창업을 통해 개인적인 삶의 질 향상을 도모한다는 데 의미가 있다. 즉 장애인도 창업을 통해 독자적인 경제활동의 주역으로 자리매김할 수 있다는 것이다. 하지만 장애인 창업은 실행한다고 해도 성공 궤도에 안착하기까지 수많은 난관이기다리고 있다. 장애인 창업 성공을 위한 여러 변수를 익히는 것이 무엇보다도 중요한 시점이다.

● **장애인 창업 시장의 눈높이에 맞는 맞춤형 지원책이 절실하다**

장애인들은 비장애인들과는 근본적으로 다른 측면이 있다. 하지만 열정만큼은 비장애인을 뛰어넘는 경우도 많다. 일반인들이 처음으로 창업 시장을 노크해서 사업자가 되기까지 평균적으로 걸리는 시간은 6개월 미만이 대부분이다. 하지만 장애인 창업은 다르다. 장애인 창업 전문가 김백수 씨의 논문에 따르면 장애인들의 경우 1년 반 이상 창업을 준비하고 전문가와 50회 이상 사업 진행과 관련된 세부 미팅이 이루어져야 한다고 한다. 중요한 대목이다. 발생할 수 있는 위험인자를 사전에 차단할 수 있는 충분한 커뮤니케이션이 뒷받침되어야 한다는 이야기다. 하지만 현실은 거리가 있는 게 사실이다.

장애인 창업을 지원해 줄 수 있는 전문가들의 풀도 넓지 않다. 장애인 창업의 특성을 제대로 이해하고 코칭할 수 있는 전문가들의 컨설팅 프로그램이 충분하지 않다는 뜻이다. 그렇다고 컨설턴트의 전문성만으로 해결되지도 않는다. 장애인 창업 시장은 사회복지 및 장애인복지에 관한 전문성을 동시에 갖춰야만 코칭이 실효성 있게 진행될 수 있다. 하지만 이러한 조건을 고루 갖춘 전문가는 찾기가 매우 어려운 게 현실이다.

● 장애인 창업의 성공 변수, 그 첫 번째는 창업자의 역량이다

장애인 창업 지원 사업을 살펴보면 늘 장애 유형별 창업 지원 프로그램이 많은 편이다. 시각장애인, 지체장애인, 지적장애인 등 장애 유형별 창업 아이템을 매칭시키고 성과 창출을 유도하는 식이다. 하지만 이러한 장애 특성이나 장애 유형에 따른 교과서적인 창업 지원책은 문제가 있다.

장애인 창업 시장을 지켜봐 온 전문가들조차도 장애인 창업 관련 사업이 너무 획일적으로 진행되고 있다고 지적한다. 예컨대, 시각장애인들은 꼭 안마 사업만 잘할 수 있는 걸까? 안마 외에 개인의 특성을 무기 삼아서 성과를 낼 수 있는 실효성 있고 폭넓은 맞춤형 아이템 개발 노력이 뒷받침되어야 한다.

장애인 창업 시장 역시 가장 중요한 변수는 창업자의 자기 역량이라고 볼 수 있다. 장애 유형별 특성을 파악하기에 앞서, 창업 시장 접근에 대한 전문성을 확보할 수 있는 프로그램들이 다양하게 시도되어야 한다. 자기 역량 강화 없이는 창업 실행 후 성과 창출도 요원해질 수밖에 없기 때문이다. 더욱이 까다로운 대한민국 소비자들을 반복 구매로 이끌기 위해서는 시급히 해결해야 할 문제다.

● 장애인 창업자의 자기 역량 개발에 투자할 때

장애인 창업자의 역량을 높이기 위해서는 충분한 창업 준비 기간을 설정하는 것이 첫 번째 전제 조건이다. 동시에 창업자로서의 패러다임을 익힐 수 있는 맞춤형 체험 프로그램이 필요하다. 경험해 보지도 않은 상황에서 무턱대고 많은 돈을 들여서 창업 시장에 진입하도록 재촉할 필요는 없다고 본다. 장애인 창업자의 인상 만들기부터, 스타일 만들기, 생각의 틀 바꾸기 등을 현장에서 직접 경험해보고 실행해 볼 수 있는 다양한 프로그램들이 사전 창업 교육과정에 녹아 들어가야 한다.

일반인 창업자의 경우 창업 전 약 100시간 정도의 창업 준비 과정과 더불어 수강할 수 있는 여러 교육 프로그램들이 많은 편인 데 반해 장애인 창업의 경우 대부분 장애 정도에 따른 어려움 때문에 충분한 사전 교육 프로그램조차 제대로 마련되어 있지 않다. 이제부터라도 장애인 스스로 자기 역량을 높이기 위한 투자가 필요하다고 본다. 관련 기관에서도 전문성을 취득해가는 과정에서 창업자로서의 기본적인 서비스 마인드, 고객친화력을 높일 수 있는 맞춤형 교육 프로그램 개발에 박차를 가해야 한다.

● **장애인 창업의 성공 교과서를 찾아야 한다**

마지막으로는 장애인 창업 시장의 성공 교과서를 찾아야 한다고 본다. 상권을 돌아다니다 보면 장애가 있음에도 불구하고 묵묵히 성과를 내고 있는 경쟁력 있는 창업자들이 도처에 숨어있다. 이들을 발굴해 가치를 재평가하고, 후배 창업자가 관련 사례를 벤치마킹할 수 있도록 도와야 한다.

창업 교육은 교육일 뿐이다. 특히나 강의장에서 이루어지는 교육의 한계는 언제나 존재하기 마련이다. 따라서 상권 현장에 나가 다양한 장애인 창업의 유형별 성공 사례를 발굴하는 작업이 선행되어야 한다. 100가지의 이론보다 하나의 실제 성공 사례, 성공 점포를 보여주는 것이 낫다. 자연스럽게 예비 창업자의 교육 만족도도 높아질 수 있다고 본다. 특히 장애 특성이 비슷한 선배 창업자와 후배 창업자들이 상권 현장에서 만남의 시간을 가질 수 있도록 배려한다면 더 큰 도움이 될 것으로 본다.

　장애인 창업은 한국 창업 시장의 중요한 한 축이다. 몸이 조금 불편해도 얼마든지 성공 창업자가 될 수 있다는 말도 꼭 전하고 싶다. 상권 현장에 숨어 있는 성공한 장애인 창업자들, 이들을 찾아 떠나는 상권여행이야말로 장애인 창업의 성공 확률을 높이는 중요한 변수가 될 수 있다. 아울러 10년 이상의 장수 창업자들에게는 그들의 가치를 인정해줄 수 있는 위상 강화 프로그램도 도입해야 한다. 공동체 사회라는 측면에서도 장애인 창업 시장 생태계를 성공적으로 조성하는 일은 매우 중요하다.

좋은 아이템과 나쁜 아이템 판별법

1차 베이비붐 세대(1963년~1955년생), 714만 명의 은퇴가 막바지로 치닫고 있다. 연달아 2차 베이비붐 세대(1968년~1974년생), 606만 명의 은퇴도 동시에 진행 중이다. 베이비붐 세대는 우리나라 전체인구 중 가장 많은 수를 차지하는 세대다. 이들이 직장 생활을 정리하고, 퇴직기에 들어가면서 창업 시장의 고령화로 이어지고 있다.

작년 말 정부의 소상공인실태조사 자료에 따르면 50~60대 창업자는 전체 창업자의 58%에 달한다. 이러한 중장년 창업자일수록 창업 시장에 대한 두려움은 더 크다. 따라서 초미의 관심사는 다름 아닌 '아이템' 선정일 수밖에 없다. 이들은 퇴직 시점이 점점 다가올수록 여러 아이템을 놓고 다양한 시뮬레이션을 한다. 창업 박람회장에 가보면 아이템 사냥을 하는 수많은 예비 창업자들의 바쁜 발걸음을 만날 수 있다.

문제는 어떤 아이템이 좋은 아이템이고, 어떤 아이템이 나쁜 아이템인지에 대한 판단 기준이 모호하다는 것이다. 창업자 입장에서 좋은 아이템과 나쁜 아이템 판별법을 명료하게 정리했다.

● '좋은 아이템'은 어떤 아이템일까?

창업 상담을 하다 보면 가장 많이 받는 질문 중 하나다. 필자는 창업 시장에서 좋은 아이템을 하나 고르라고 한다면 한마디로 '투자 대비 수익성이 높은 아이템'을 먼저 떠올린다. 그렇다면 수익성이 높다는 것에 대한 판단 기준은 무엇일까? 어느 정도 수익이 나야 투자 대비 수익성이 높다고 이야기할 수 있을까? 창업 시장에서 적어도 10년 이상 잔뼈가 굵은 소위 선수 창업자를 대상으로 투자 수익성에 대한 기준을 물어보면 비교적 단순하게 응답한다. "다다익선, 물론 많이 벌면 좋겠지만 요즘 창업 시장의 온도를 감안한다면 투자 금액 대비 월 2부 이자만 나와도 감지덕지"라고 말한다. 즉, 투자 금액 대비 월 2% 수익률만 나온다면 일단 굴러가는 아이템이라고 보는 시각이다.

실제 창업 시장에서 한국 창업자들의 평균 창업 자금은 1억 원이며, 평균 수익성은 200만 원 남짓인 것으로 나타났다. 하지만 한 달 200만 원 벌이를 목표로 하는 창업자는 별로 없다, 투자 금액과 별개로 최소한 월 300~400만 원 이상, 많게는 월 1,000만 원 정도는 버는 것을 목표로 창업 시장에 노크하는 사람들이 많다. 여기서 좋은 아이템의 두 번째 기준을 이야기해야 한다. 오픈하고 나서 처음엔 고수익을 담보하지만, 금방 식어버리는 반짝 아이템은 결코 좋은 아이템일 수 없다.

좋은 아이템의 두 번째 조건은 안정적인 수익성을 담보하면서 동시에 장수 아이템이어야 한다. 오픈 초기 3~6개월, 1년 정도까지는 높은 수익을 가져다주는 좋은 아이템이었지만, 얼마 못 가 수익성이 떨어지는 반짝 아이템도 많다. 이런 아이템은 피해야 한다. 그렇다면 요즘 시대 장수 아이템의 구비 조건도 잘 살펴야 한다. 장수 아이템으로 발전하기 위해서는 우선 아무나 창업할 수 없는 아이템이어야 한다. 즉 변별력이 있어야 한다는 이야기다. 누구나 창업할 수 있다면 금세 공급과잉으로 이어지고 단명하기 일쑤다.

창업 시장의 절대 다수를 차지하는 외식 아이템을 예로 들자면, 출점 콘셉트의 변별력, 식재료 및 레시피의 변별력과 함께 다른 창업자의 진입 장벽이 높은 아이템이 좋은 아이템의 조건이다.

세 번째 좋은 아이템의 조건은 창업자 입장에서 행복 지수가 높은 아이템이다. 수익성 좋고, 장수 아이템이긴 하지만 창업자의 행복 지수가 떨어진다면 결코 좋은 아이템이라고 규정하긴 힘들다. 돈은 많이 벌었는데 살인적인 노동 강도와 스트레스로 인한 지병을 얻게 되고, 일찍 돌아가시는 창업자분들도 종종 상권 현장에서 만나게 된다. 안타까운 일이다.

● '나쁜 아이템', '피해야 할 아이템'은 무엇일까?

나쁜 아이템의 다른 말은 창업자 입장에서 가급적 피해야 할 아이템이다. 앞서 언급한 좋은 아이템의 반대 개념으로 이해할 수 있다. 첫 번째로 꼽을 수 있는 나쁜 아이템은 '이문이 적은 아이템'이다. 요즘 창업 시장에서는 장사는 참 잘되는데 내 손에 쥐는 돈은 얼마

되지 않는 아이템이 의외로 많다. 남들 보기엔 줄 서는 가게임에도 불구하고 뒤돌아서서 수익성을 따져보니 남는 게 별로 없는 경우가 많다는 이야기다.

수익성이 적은 원인은 간단하다. 매출액 대비 원가 비율이 높든지, 운영 관리상 드는 비용이 많다는 이야기다. 매출액은 높아도 원가와 비용을 뺀 나머지, 창업자가 손에 쥐는 순이익률이 떨어지는 아이템이야말로 나쁜 아이템의 전형이다. 하지만 예외는 있다. 이문이 적더라도 판매량이 많아서 안정적인 수익으로 이어지는 아이템, 이른바 박리다매 아이템은 나쁜 아이템이라 규정할 수 없다.

두 번째 나쁜 아이템의 유형은 반짝하고 사라지는 단명 아이템이다. 최근 창업 시장에서 난무하고 있는 치고 빠지는 프랜차이즈 아이템, 이른바 핫한 브랜드를 앞세운 기획형 프랜차이즈 아이템의 경우가 나쁜 아이템의 전형이다. 브랜드 결정 시 해당 브랜드의 라이프 사이클을 예단하고 결정하는 지혜가 필요한 이유다.

물론 시장에서는 반짝 아이템이라 할지라도 창업자의 역량에 따라서는 좋은 아이템으로 변모하는 경우도 있다. 일부 선수 창업자들의 경우 소위 반짝 아이템을 사전에 충분히 인지하고도 창업을 감행하는 경우가 있다. 남들이 안 할 때 뛰어들었다가 남들이 많이 뛰어들면 출구전략을 통해서 빠져나오는 일부 선수 창업자(?)도 존재한다. 이들에겐 반짝 아이템이 곧 나쁜 아이템이라 단정하긴 어려울 수 있다. 창업 시장의 또 다른 양면성이다.

세 번째 나쁜 아이템은 사행성 아이템이나 유흥 아이템을 이야기하지 않을 수 없다. 보편적인 사회의 가치판단 기준으로 합법적이라고 하더라도 사행성 아이템, 유흥 아이템의 경우 결코 좋은 아이템의 범주에 넣을 순 없다. 특히 중장년 창업자의 경우 어떤 창업 아이템을 선택하느냐에 따라 지금까지 쌓아온 사회적 명성이 영향을 받기도 한다. 남들에게 떳떳하게 말할 수 없는 사행성 아이템의 경우 큰 수익성을 담보한다손 치더라도 나쁜 아이템으로 분류할 수밖에 없다.

　정리하자면 좋은 아이템과 나쁜 아이템의 구분은 두부 자르듯 명확하진 않다. 창업자의 성향, 가치판단 기준, 스타일에 따라서 좋고 나쁨의 기준이 달라지기 때문이다. 그럼에도 보편적인 창업 시장의 기준으로 본다면 좋은 아이템이란 안정적인 투자 수익성 창출, 오랫동안 살아남을 수 있는 장수아이템, 그리고 창업자 스스로의 행복가치까지 담보할 수 있는 아이템이라고 규정할 수 있다. 하지만 창업 초창기부터 이러한 좋은 아이템을 선택하기란 쉽지 않을 것이다. 처음에는 어려운 아이템, 힘든 아이템이었지만 관록이 쌓여가면서 좋은 아이템, 행복 아이템으로 안착하는 경우도 있다는 사실을 잊어선 안 된다.

부부 창업, 하지 맙시다?

부부 창업을 상담해오는 고객분들을 종종 만나게 된다. 창업 정보를 뒤지다 보면 부부 창업을 미화하는, 부부 창업의 긍정적 측면을 강조하는 정보가 참 많다. 때문에 수십 년간 직장생활을 마친 퇴직자분들의 상당수는 별생각 없이 '부부 창업'을 생각하는 경우가 다반사다. 이유는 이렇다. 어차피 작은 가게 창업은 인건비가 중요하기 때문에 부부가 같이 운영하면 별도 인건비가 필요 없다는 이야기다. 주머닛돈이 쌈짓돈이 될 수도 있다고 말하곤 한다. 하지만 부부 창업이 이렇게 행복한 구석만 있는 것일까?

● **퇴직 후 제과점 부부 창업 실패사례**

몇 년 전 퇴직 후 제과점 창업을 했던 50대 부부 이야기가 생각난다. 남편은 대기업에서 30년간 성실히 직장생활을 마치고 명퇴를

한 상황이다. 퇴직 후 프랜차이즈 빵집 창업을 기획하면서 신도시 목 좋은 곳에 브랜드 빵집을 오픈했다. 영업 성과는 문제없었다.

오픈 후 3개월쯤 지났을까? 남편분이 창업통을 찾아왔다. 창업통을 붙잡고 하소연하는 내용은 이렇다. 아침에 7시에 문 여는 빵집이기에 새벽같이 일어난 후 자신이 먼저 7시까지 빵집에 출근해서 영업 준비를 하고, 아내분은 집안일을 마친 후 9시까지 매장에 출근한다는 것이다. 오전 9시부터 저녁 8시까지는 15평 빵집 공간에서 종일 아내분과 얼굴 보면서 지내는 셈이다.

저녁 8시가 되면 아내분이 먼저 퇴근하고, 남편분은 밤 12시 영업이 끝나면 매장문을 닫고 퇴근한다. 이 생활을 3개월째 이어오고 있다는 것이다. 남편분은 아내의 모습이 지금까지 집안에서 보았던 모습과 많이 다르다며 하소연한다. 수십 년간 남편과 아내라는 가족구성원으로서 아내를 쳐다봤지만, 3개월 동안 빵집 직원 역할로서의 아내를 바라보게 되면서 다투는 일이 잦다고 한다.

아내의 불만도 많다고 한다. 빵집 경영을 하며 크고 작은 문제가 생기면 서로를 탓하는 일이 빈번하다는 것이다. 그도 그럴 것이 일을 같이 해보는 게 처음이고 20~30대 신세대 부부도 아닌 50대 부부가 종일 얼굴 마주 보고 있으면서 참기름이 쏟아질 리도 없지 않은가? 결국 빵집 부부는 권리금 받고 오픈 6개월 만에 가게를 타인에게 넘기고 만 사례다.

● **부부 창업의 성공 조건은 따로 있다**

부부 창업에 관한 지극히 명확한 사례 중 하나다. 필자는 부부 창업은 정말 신중해야 한다고 조언하곤 한다. 부부 창업을 실행해도 문제없는 커플과 절대 하지 말아야 할 커플 두 부류로 나눠 볼 수 있다. 간단한 숫자로 표현한다면, 부부 구성원을 각자 1로 생각했을 때, 1+1=2가 되는 부부, 1+1=2도 안 되는 부부, 1+1=3이 되는 부부로 나눌 수 있다고 본다. 특히 1+1을 했음에도 2가 안 되는 부부들은 절대로 부부 창업을 해서는 안 된다고 본다. 같이 있으면 늘 불협화음이 이는 부부라고 볼 수 있다. 오히려 각자의 역할에 충실하면서 서로 일적인 영역에서만큼은 떨어져 있어야 행복한 부부가 될 수 있다. 다음으로 1+1이 2가 되는 부부라면 처음 창업을 실행하기 전에 충분한 시뮬레이션이 선행되어야 한다. 동시에 서로 간의 역할과 책임에 대해 명확히 규정에 놓은 동업 계약서라도 작성하고 부부 창업을 진행하는게 타당하다고 본다. 마지막으로 1+1이 3이 되는 부부라면 서로 간의 존경과 사랑으로 늘 같은 공간에 있는 게 행복한 커플로 보인다. 하지만 이들 부부 역시 창업 공간을 공유하는 것은 처음이기 때문에, 서로 간의 역할과 책임에 대해 혼선이 없도록 사전에 충분한 연습 과정을 거칠 필요가 있다.

부부 창업은 창업 시장 관점에서 본다면 매우 바람직한 모델이라고 말하는 사람들이 많다. 하지만 창업통은 케이스 바이 케이스(Case by case)라고 말하고 싶다. 부부간의 스타일에 따라서 부부 창업의 명암은 극명하게 달라진다는 것이다. 그럼에도 불구하고 꼭 부부 창업을 하고자 한다면 분명하게 염두에 둬야 할 사항이 있다. 먼저 창업을 실행함에 있어 서로 간의 역할이 달라야 한다. 음식점의 경우 한 사람은 주방, 한 사람은 홀 운영으로 나눠서 창업해야 한다는 것이다. 부부가 공히 사장 역할을 하는 가게치고 잘 돌아가는 가게가 드물다.

　한편으로는 창업자의 꿈은 창업자의 행복가치와 맞닿아있다. 부부가 같은 공간에서 일한다고 해서 꼭 행복이 샘솟는 것은 아니다. 따라서 부부 창업은 시작 전에 이것저것 잘 따져본 후에 실행해도 늦지 않다고 강조하고 싶다. 최근 부부간에 서로 다른 창업을 실행하는 케이스도 늘고 있다. 창업 자금을 둘로 쪼개서 아내의 작은 가게와 남편의 작은 가게를 따로 운영하는 방식으로 말이다. 고려해봄직한 사안이다. 수십 년간 일만큼은 각자의 영역에서 따로 생활했던 요즘 시대 부부들에게는 어쩌면 현명한 창업법이 될 수 있다.

부동산 중개업소에 알토란
창업 정보가 숨어 있다

처음 창업 시장에 노크를 하는 초보 창업자들에겐 난관이 많다. 그 중 하나가 부동산 시장을 공부해야 하는 부분이다. 창업과 부동산은 떼려야 뗄 수 없는 관계라는 것을 곧 깨닫게 된다. 불가분의 관계라는 이야기다. 일단 부동산 관련 용어부터 생소한 것들이 많다. 또 부동산 중개업소에 가면 그곳에서 사용하는 생경한 단어들에 주눅이 들게 된다. 상권, 보증금, 권리금, 임대료, 임차료, 등기부등본, 도시계획확인원, 제소전화해조서, 확정일자, 분양가, 매매가, 임대가 등등 어려운 단어 투성이다. 하지만 창업자 입장에서 본다면 부동산, 상권에 대한 기초지식 없이 창업을 실행하는 것은 매우 무모한 일이다. 창업과 부동산의 그 긴밀한 상관관계를 정리해봐야 하는 이유다.

● 부동산 중개업소에는 어떤 점포 물건이 등록될까?

전국에는 12만 개 넘는 부동산 중개업소가 영업 중이다. 창업자 입장에서는 먼저 부동산 중개업소 사장님과 친해지길 권한다. 상가 전문 부동산 중개업소 사장님과 친해지면 어떤 점이 좋을까?

부동산 중개업소의 경우 상가, 주택, 오피스텔, 땅, 건물 등 모든 부동산 물건을 취급하지만, 해당 지역, 상권에 따라서 각자 전문 분야가 있다고 봐야 한다. 아파트 상권에서 영업 중인 부동산 중개업소의 경우 주택 양도, 전월세가 전문이라고 보면 된다. 반면 상권 한가운데에서 영업 중인 부동산 중개업소는 점포 거래를 통해서 수익 창출을 하는 상가 전문 부동산 중개업소로 보면 된다. 때문에 창업자 입장에서는 상권과 가까운 곳에서 영업 중인 부동산 중개업소 사장님들과 친해지는 것이 좋다.

부동산 중개업소의 수익 모델은 엄밀히 이야기하면 양자 간 거래를 통해서 발생하는 공식적인 중개수수료(전세가 대비 0.9%)다. 물론 권리금 거래로 인한 추가 수익이 발생할 수도 있다. 즉 부동산 중개업소 사장님 입장에서 보면 모든 사안이 귀결되는 지점은 하나도 둘도 셋도 거래 성사다. 그렇다고 볼 때, 상가를 주로 취급하는 부동산 중개업소에 등록된 점포 물건은 어떤 특성을 갖고 있을까? 부동산 중개업소에 등록된 점포 물건의 아이템부터 살필 필요가 있다. 거래 당사자들이 부동산 중개업소에 수수료를 지급하는 것을 전제로 어떤 물건을 등록하는지에 대해서 꼼꼼히 살필 필요가 있다는 이야기다. 너무나 안정적인 수익을 올리는 점포 물건, 가만히 앉아있어도 향후 5~6년 동안은 한 달에 수백만 원씩 수익을 올릴 수 있는 안정적인 사업 아이템과 물건을 부동산 중개업소에 등록하는 것일까? 그럴 리는 만무하다. 물건 등록의 사연을 알아보면 운영자가 갑자기 아프다든지, 외국으로 이민을 하게 되었다는 웃지 못할 곡절도 듣게 된다. 하지만 정말 알토란 같은 물건을 수수료까지 감안하면서 부동산 중개업소에 등록할 리는 없다. 그런 물건이 있다면 주변 지인들에게 넘기는 경우가 많기 때문이다.

정리하자면 부동산 중개업소에 등록하는 점포 물건이란 아이템의 라이프 사이클이 곤두박질하고 있거나, 속된 표현으로 치고 빠지는 점포 물건일 것이다. 여차여차한 연유는 다양하지만 원하는 성과가 나오지 않고 있거나, 앞으로도 성과가 미진할 가능성이 높은 물건들을 부동산 중개업소에 양도를 목적으로 물건 등록하는 것이다. 즉, 창업자 입장에서 본다면 부동산 중개업소에 등록된 점포들은 이미 대부분 매출 성과가 잘 나오지 않는 물건이라고 생각하면 수익성을 잘못 예측하는 오류를 피할 수 있다. 물론 간혹 정말 수익성 좋은 물건이 나오기도 한다. 그런 물건을 발견하게 된다면 아마 모래밭에서 진주를 캐낸 기분일 것이다.

● 부동산 중개업소 사장님을 통해서 알 수 있는 또 다른 정보
상가 전문 부동산 중개업소 사장님과 친해지게 되면 유리한 지점이 하나 더 있다. 부동산 중개업소에 가면 사장님들께 꼭 여쭤보는 질문이 있다. "요즘 점포 찾는 사람들은 주로 어떤 아이템을 하겠다고 하나요?"다. 부동산 중개업소 사장님들은 물건을 내놓은 사람이 어떤 아이템을 다루었는지, 점포 물건을 찾는 사람들이 향후 어떤 아이템으로 출점할 것이 예상되는지를 훤히 파악하고 있다.

쉽게 이야기하자면 곧 없어질 아이템과 앞으로 상권 내에 생겨날 신규 아이템에 대한 정보를 들을 수 있다는 이야기다. 왜냐하면 점포를 찾는 사람들에게 반드시 어떤 아이템으로 창업을 할 것이냐고 물어본 다음 점포 물건을 소개하고 있기 때문이다. 시장분석을 주로 하는 전문가 입장에서는 상가 전문 부동산 중개업소를 찾는 창업 예정자들의 창업 아이템에 관심이 많다. 그 아이템이 앞으로의 상권에 새로 생겨날 신규 아이템일 수 있기 때문이다.

끊임없이 상권을 분석하고 아이템을 발굴해야 하는 창업자 입장에서 부동산 중개업소는 창업 시장의 풍향계 역할을 하고 있다. 이뿐만이 아니다. 부동산 중개업소에 가면 저평가된 부동산 물건에 대한 정보를 가장 빠르게 입수할 수 있다. 비단 창업이 아니더라도 재테크에 관심이 있다면 부동산 중개업소에 접수된 저평가된 물건을 찾아보는 것도 좋다. 이를 위해 가능하면 실력 있고 양심적인 부동산 중개업소 사장님과 친분을 쌓아두는 것이 좋다.

창업자들이 상권여행을 취미로 삼아야 하는 이유가 여기에도 있다. 부동산 중개업소 사장님들과 격의 없이 소통하며 인간적인 관계를 유지하는 것도 창업자의 숨겨진 역량일 수 있다는 사실에 주목해야 한다. 창업은 그런 것이다.

NEW NORMAL
SMALL BUSINESS

COVI

브이노믹스 시대 예비 창업자를
위한 창업 워크숍

브이노믹스 시대의 스몰비즈니스 전략!
변화하는 자영업 창업 시장의 패러다임.

나는 '창업형 인간'인가 '회사형 인간'인가?
그리고 사업을 시작하기 전
창업자로서 반드시 갖춰야 할 역량 강화 방법은?

새로운 창업 시대에 발맞춘,
예비 창업자를 위한 자기 혁신 제언!

브이노믹스 시대의
'철저한 창업 준비' 4단계 전략

2020년 이후의 창업 시장은 코로나와 함께 살아가야 하는 운명이다. 창업 시장 생태계는 변하고 있다. 공급과잉으로 치닫던 국내 창업 시장은 코로나 사태로 인해 구조조정에 들어가고 있고, 창업을 준비하는 사람들도 서두르기보다는 관망세에 들어가는 분위기가 지배적이다. 720만 베이비붐 세대들의 은퇴 시기가 마무리되는 시점과 맞물리면서 창업 예정자들의 혼란도 가중되고 있다. 창업 시장에 자칫 어설프게 접근해서는 큰 낭패를 볼 수 있다는 위기감이 곳곳에서 감지되고 있다.

상황이 이렇다 보니 실패율을 줄이는 창업법에 대한 관심도 높아지고 있다. 언론에 노출되는 각계 전문가들의 목소리는 '철저한 창업 준비'가 필요하다고 이야기한다. 그렇다면 창업 실패를 줄일 수 있는 철저한 준비(?)는 과연 어떻게 하는 것일까?

● 철저한 창업 준비 1단계, 나는 누구인가?

수도권 상권에서 18년 동안 브랜드 의류점을 운영하다 회갑을 넘기면서 사업을 정리한 이현종 대표의 사례는 의미가 깊다. 이 대표는 40대 중반 직장생활을 마치고, 창업을 준비하면서 해남 땅끝마을에 갔다고 한다. 그곳 땅끝마을에서 경기도 안산 집까지 8박 9일 동안 걸어왔다고 필자에게 털어놓은 적이 있다. 일반인 시각에서 본다면 의아한 일이다. 이 대표는 그때 그 과정이 있었기 때문에 18년 동안 성공적인 창업 인생을 누렸다고 한다.

어쩌면 8박 9일 동안의 도보 기행이 직장생활을 완전히 정리하고, 객관적인 자기 분석을 하는 여정이었는지도 모른다. 왜 창업을 해야 하는지 잘하는 것과 못하는 것, 좋아하는 것과 싫어하는 것은 무엇인지, 창업을 한다면 어떤 분야의 창업을 할 수 있을지도 8박 9일 동안 묵묵히 걸으면서 결론지었다고 한다. 하지만 대부분의 창업자들은 이러한 과정을 생략하는 게 현실이다. 창업은 자신의 인생과 직결된다. 스스로의 생각과 가치, 삶의 철학을 정리하지 않고서는 창업 성공의 고지를 점령하는 기쁨은 누리기 어려울 것이다.

● 철저한 창업 준비 2단계, 아이템 결정을 위한 체계적 시장조사

2단계 창업 준비 과정은 나에게 맞고 시장의 눈높이에 적합한 업종과 아이템을 선정하는 과정이다. 아이템을 결정한다고 하면 직장인들의 경우 퇴사 전부터 이미 몇 개의 후보 아이템을 추려 놓곤 한다. 하지만 이는 사업자등록증을 내기 전까지 얼마든지 변할 수 있다.

먼저 사업의 방향인 업종부터 정해야 한다. 외식업, 판매업, 서비스업, 온라인사업, 제조업, 유통업 등에 대한 발로 뛰는 시장조사가 선행되어야 한다. 시장조사의 다른 말은 상권 조사이다. 창업 박람회장을 방문하는 사람들도 많다. 하지만 창업박람회에 나가서 급하게 아이템을 결정하는 행동은 위험할 수 있다. 사업성이 검증된 아이템만을 모아서 창업박람회를 하는 것은 아니기 때문이다.

상권 속에 들어가 보면 줄 서는 가게와 텅 빈 가게, 층별 아이템도 눈에 들어오게 된다. 업력 3개월 미만의 초보 창업자도 있고, 업력 10년 이상의 베테랑 창업자도 만나게 된다. 이 과정을 통해 궁극적으로 성공 창업자와 실패 창업자를 판단하는 시각을 갖게 된다.

창업 전 상권여행을 떠나는 첫 목적은 아이템 결정이다. 후보 아이템을 추려가면서 개별 아이템의 투자 수익성, 특장점, 나와의 적합성, 위험 요인도 체크하게 된다. 마지막으로는 최종 후보 아이템에 대한 업계 선수 창업자의 목소리를 청취하고 전문가 필터링을 거친 후 최종 아이템을 결정하게 된다.

● **철저한 창업 준비 3단계, 성과 창출로 연결되는 전문성 습득**
요즘 같은 치열한 창업 시장에서 살아남기 위해 필요한 핵심 무기는 창업 분야가 요구하는 전문성을 내 기술력으로 체화하는 과정이다. 이를 위한 가장 좋은 방법은 체험 학습이다. 기존의 매장에서 직원으로 일하면서 충분한 체험을 쌓는 것이다. 하지만 창업을 준비하는 40~50대 중장년 창업자들의 목소리를 들어보면 나이가 많아서 직원이나 아르바이트로 채용해주지 않는다고 한다.

그럴 때마다 수업료를 지불하라고 조언한다. 직원으로 돈도 벌면서 전문성을 익힌다면 금상첨화다. 하지만 창업 성공을 위한 전문성 습득이 목적이라면 당연지사 수업료를 낼 필요도 있다고 본다. 공식적으로 비용을 지불하고 사업모델의 전 과정을 체계적으로 전수받아서 창업하는 전수창업법도 있다. 프랜차이즈 창업 역시 내 가게를 오픈하기 전 창업자의 역량을 높이는 체계적 교육과정 이수는 필수다. 이러한 전문성 습득에 필요한 교육 기간은 창업자의 개별 역량에 따라 천차만별일 수 있다. 중요한 것은 내가 자신 있을 때까지 제대로 된 실무역량을 키우는 것이다.

● **철저한 창업 준비 4단계, 상권 및 점포 결정과 창업 관련 서적 탐독**
마지막 준비 과정은 상권 및 점포 결정 단계이다. 초보 창업자 입장에서 상권 분석은 어려운 일일 수밖에 없다. 선수 창업자들의 경우 새로운 창업을 실행할 때 아이템 결정에 앞서 상권 입지부터 결정하는 사람들도 있다.

초보 창업자라면 상권 분석법을 애써 학문적으로 공부할 필요는 없다. 정량적인 데이터를 기반으로 한 상권 분석 시스템은 소상공인시장진흥공단 홈페이지에 가면 공짜로 서비스되고 있다. 그러니 책상 위에서 분석할 것이 아니라 발로 뛰면서 나를 기준으로 좋은 상권과 나쁜 상권을 식별할 수 있는 통찰력을 갖추는 것이 중요하다. 동시에 점포 개발 관련 계약 절차, 권리가치 평가 등의 점포 개발 실무도 터득해야 한다.

철저한 준비라는 관점에서 창업 관련 서적 탐독에 열을 올리는 분들도 있다. 물론 일정 부분 도움이 될 수는 있다. 하지만 창업 코너에 나와 있는 창업 서적들을 보면 특정인의 성공 사례, 주장 중심의 서적들이 많다는 점이 아쉽다. 특정인의 성공 사례가 나의 창업 사례와 똑같을 순 없기 때문에 창업 서적에 나오는 주장을 너무 맹신할 필요도 없다. 마지막으로 창업 준비 기간은 얼마나 잡는 게 좋을까? 개개인에 따라 다르지만 최소 1년에서 3년 정도의 기간은 필수라고 본다.

초보 창업자를 위한 자기 역량 높이기 7단계 전략

미국 하버드대학교 로버트 하그로브(Robert Hargrove)교수는 창업자가 자기 역량을 극대화할 수 있는 자기코칭 방법론 일곱 가지를 제시한 바 있다. 하그로브 교수의 창업자 역량 강화법을 통해 청년 창업자와 시니어 창업자가 '창업자 변수'에서 오는 실패 위험 요인을 극복할 수 있다고 본다. 일곱 가지 키워드를 하나하나 살펴보도록 하자.

■ Dream: 나의 꿈은 과연 무엇인가?

첫째, 창업자의 꿈(Dream)이 무엇인지 생각해야 한다. 창업자로서 현시점에서의 꿈은 과연 무엇인지를 다시 한번 되새길 필요가 있다는 이야기다. 현대인들은 꿈을 잃어버리고 사는 세대인지도 모른다. 중고생들에게 꿈이 무엇이냐고 물어보면 열 명 중 아홉 명은 좋은 대학 가는 것이 꿈이라고 말하는 세상이다. 일류대학 다니는 학생들에게 꿈이 무엇이냐고 물어보면 좋은 직장 갖는 것이 꿈이라고 한다.

짧은 인생을 사는 동안 누구나 한가지쯤은 이루고픈 간절한 꿈이 있다. 창업자로서 가장 먼저 자기의 꿈을 설계하는 것은 참 쉽고도 어려운 문제다. 꿈에 대한 자기설계 없이 창업 시장에 뛰어들게 되면 창업도 단순한 생계 대책의 수단으로 전락할 수 있다. 청년 창업이든 시니어 창업이든 인생에 남은 기간을 염두에 두면서 현시점 기준 나의 꿈과 비전은 무엇인지부터 곰곰이 생각해봐야 할 때다.

■ Goal: 목표를 설정하라

둘째, 그 꿈을 실현하기 위한 목표(Goal)를 설정해야 한다. 당장 올해까지 창업자로서 성장하기 위한 단계별 목표를 설정할 필요가 있다. 향후 3년 내, 5년 내, 10년 내로 이어지는 중장기적인 목표 설정도 뒤따라야 한다. 기업 경영에서도 이러한 로드맵 전략은 아주 중요해지고 있다. 기업뿐만이 아니다. 개인 창업자들도 이러한 단기적이고 중장기적인 목표를 설정해야 한다. 당장 올해 안에 할 수 있는 창업 준비 과제부터 설정할 필요가 있다. 동시에 창업 시점을 결정하고, 창업 아이템을 결정하기 위한 자기 방식대로의 창업 준비 노트를 정리해가야 한다.

■ Time: 시간 계획을 설정하라

셋째, 꿈과 목표를 실현하기 위한 창업자로서의 시간(Time) 계획을 제대로 설정해야 한다. 마이크로소프트사의 공동 창업주 빌 게이츠(Bill Gates)는 자신의 성공 뒤에는 철저한 시간 계획이 있었음을 언급한 바 있다. 노는 시간을 줄일 수밖에 없었다고 회고한 적도 있다. 초보 창업자들이 자기 역량을 높이는 데 있어 무엇보다 중요한 부분이 다름 아닌 자기 시간 관리라고 볼 수 있다. 아침에 일어나서 하루 일과표부터 체크하는 것이다. 예비 창업자인 직장인이라면 회사 내의 업무 시간과 회사 밖에서의 창업 준비 시간을 효율적으로 안배해야 한다.

■ Strategy: 인생 전략을 점검하라

넷째, 스스로의 인생 전략(Strategy)을 점검해야 한다. 사업 성공을 위해 경영 전략을 가다듬는 시간도 중요하지만 경영 전략보다 더 중요한 것은 인생 전략을 점검하는 일이라고 하그로브 교수는 일갈한다. 과연 창업자로서 내가 잘하는 것과 못하는 것이 무엇인지를 반추해 보아야 한다는 의미다. 이러한 과정을 통해서 스스로의 인생 전략을 수정하고 보완하고 개선해나가려는 노력이 필요하다.

전략 수립이란 창업의 성과를 내기 위한 경영 전략의 측면도 있지만, 창업 준비생들에게는 사람들과의 관계를 새롭게 정립하고 실효성 있는 인생 전략을 수립해야 하는 시기라는 의미로 받아들일 수 있겠다.

위의 네 가지 자기 역량 강화 프로그램과 함께 하그로브 교수는 '셀프'로 시작하는 세 가지 자기 역량 강화법을 새롭게 역설하고 있다.

창업자의 자기 역량 강화 모델

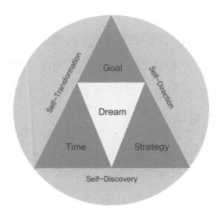

자료: 하버드대학교 로버트 하그로브(Robert Hargrove) 교수

■ Self-Transformation: 자기 변혁을 시도하라

그 첫 번째는 자기 변혁(Self-Transformation)을 시도해야 한다는 주문이다. 비즈니스 시장 환경은 빠르게 변화하고 있다. 코로나 시대 브이노믹스의 출현 또한 새로운 시대 변화의 징후다. 이렇게 빠르게 변화하는 시대에 발맞추기 위해 창업자 스스로 변하지 않고서는 성과 창출을 기대하기 어렵다.

창업자들이 안고 있는 모든 문제의 본질은 내 안에 있기 마련이다. 평범한 학생의 길, 직장인의 길과 창업자의 길은 다를 수밖에 없다. 지금까지와는 다른 길을 걷기 위해 때에 따라서는 다른 옷도 입을 줄 알아야 한다. 지금까지와는 전혀 다른 생각을 가지고 시장에 접근해야 할 수도 있다. 궁극적으로는 창업자 스스로 변화하는 시대에 맞춘 과감한 자기 혁신이 필요하다는 이야기다.

■ Self-Discovery: 자기 발견을 하라

두 번째는 자기 발견(Self-Discovery)을 해야 한다는 주문이다. 창업 인생을 살아가는 사람들을 보면 가끔 나를 잊고 살아가는 경우가 많다. 하지만 어려운 때일수록 나에게 숨겨진 끼가 있진 아닌지, 미처 발견하지 못한 잠재력이 무엇인지에 대해서도 곰곰이 생각해봐야 한다. 내 안에 숨겨진 잠재적 자아를 발견하고 계발하는 일이야말로 창업자의 자기 역량 높이기에 있어 매우 중요한 부분이다.

■ Self-Direction: 스스로 방향을 설정하라

창업자의 자기 역량 강화를 위한 마지막 키워드는 스스로 방향을 설정(Self-Direction)하는 일이다. 창업 인생의 성과라는 측면에서 인생의 방향을 설정하는 일의 중요성은 아무리 강조해도 지나치지 않는다. 창업자는 늘 외롭다. 늘 혼자 판단하고 결정해야 할 일이 많기 때문이다.

어쩌면 창업 인생을 걷는 것 자체가 재미있는 일은 아니다. 어렵고 힘들고 복잡한 문제들은 늘 발생하기 마련이다. 그럴 때마다 창업자는 어떤 식으로든 방향을 설정하고 판단해야 한다. 순간의 결정이 수억 원의 가치로 다가올 수도 있지만, 순간의 판단 실수가 엄청난 손실로 이어질 수도 있는 것이 창업 시장의 메커니즘이다. 초보 창업자들은 시행착오를 줄이기 위해 스스로 창업 인생의 방향을 올바로 설정하는 것과 더불어, 매 순간 올바른 결정을 내릴 수 있는 자신만의 역량을 강화해야 한다.

청년 창업과 시니어 창업의
실패를 줄이는 방법

성공 창업을 위한 조건은 무엇일까? 어떤 이들은 종잣돈만 충분하다면 얼마든지 홈런을 치는 창업을 할 수 있다고 이야기한다. 하지만 창업의 성패 여부는 비단 창업 자금의 많고 적음에 비례하는 것은 아니다. 변수가 너무나 많기 때문이다.

창업의 성패를 좌우하는 가장 큰 변수는 무엇일까? 물론 수백 가지 변수가 있을 수 있지만 간단하게 정리하자면, "누가, 어떤 아이템으로, 어디에서, 어떻게 창업을 실행하느냐?"로 정리할 수 있다. 그중에서도 가장 큰 변수는 바로 '누가'의 변수다. '창업자 변수'야말로 창업의 성과 창출과 직결돼 있다는 이야기다.

창업의 성패라는 관점에서 본다면 청년 창업이든 중장년 창업이든 시니어 창업이든 모든 창업은 하나의 길로 통한다. 창업 주체가 달라질 뿐 창업을 진행하는 기본 패러다임은 다르지 않다는 이야기다. 단지 창업의 목적과 스타일만 다를 뿐이다. 창업이란 어찌 보면 처음 창업 시장을 노크하는 사람에게는 한없이 어려운 일이지만, 어느 정도 궤도에 올라가면 모든 창업이 비슷한 방식으로 진행된다는 사실을 깨닫게 된다. 아직 이러한 궤도에 오르지 못한 초보 창업자들이 흔히 겪을 수 있는 다양한 실패 사례들을 피할 수 있는 방법을 정리했다.

● 예비 창업자를 위한 SWOT 분석

청년 창업자가 누릴 수 있는 최고의 강점이라면 역시 넉넉한 시간이다. 살아가야 할 인생이 시니어 창업자보다 많다는 것이다. 남은 인생이 길다는 점에서 청년 창업자는 중장년 창업자보다는 실패에 대한 두려움이 덜할 수 있다. 창업 인생에 있어서 청년기는 수많은 실패와 시행착오를 몸서리치게 경험해야 하는 기간이기 때문이다.

훗날 내공 깊은 선수 창업자로 안착하였다면, 이는 성공과 실패를 반복했던 청년기의 사업 경험과 경륜이 쌓인 결과물이라고 보아야 할 것이다. 하지만 50대 이상의 시니어 창업자는 다르다. 무엇보다도 시간이라는 변수가 갖는 의미는 클 수밖에 없다. 청년 창업자처럼 큰 실패를 경험할 경우 만회할 수 있는 시간적 여유가 적다.

이런 이유로 창업 스타일 측면에서는 청년 창업과 시니어 창업이 전혀 다른 양태로 전개된다. 청년 창업자라면 미래가치만을 믿고 창업 시장에 과감하게 베팅하는 도전적인 자세를 취할 수 있다. 반면 시니어 창업자는 모든 위험 요인을 최소화하는 안정성 측면에 방점을 찍을 수밖에 없다. 이러한 현상은 아이템 선정에서도 여실히 차이를 보이는데, 청년 창업자 입장에서는 단기적인 수익성에 연연하기보다는 미래가치를 중요하게 생각한다. 또한 내가 몰입할 수 있는 코드만 발견할 수 있다면 얼마든지 인생을 올인할 수도 있다. 하지만 시니어 창업자 입장에서는 내가 좋아하는 일이 곧 성과 창출과 연결되기 어렵다면 그 길을 우회할 수밖에 없는 상황이 온다. 이러한 이유로 청년 창업자의 아이템과 시니어 창업자의 아이템은 결과적으로 상당 부분 다를 수밖에 없다.

'창업 자금'이라는 측면에서도 청년 창업자와 시니어 창업자는 차이점이 많다. 청년 창업자의 경우 아무리 번뜩이는 아이디어와 참신한 아이템을 가지고 있다고 하더라도 창업 실행을 위한 자금이 결코 넉넉할 순 없다. 그래서 자금의 부족한 부분을 다양한 아이디어와 패기로 극복해야만 한다. 반면 시니어 창업자의 경우 청년 창업자보다는 창업 자금면에서 여유롭다. 그러나 미래가치가 불안하다는 측면에서는 큰 위협 요인이 도사리고 있다. 따라서 자금 안배에 있어서도 종잣돈 전부를 베팅하기보다는 절반 정도의 여유자금으로 창업 시장을 노크하는 것이 좋다.

창업 성공의 고지를 점령해야 한다는 측면에서는 청년 창업이나 시니어 창업 모두 길은 동일하다고 볼 수 있다. 특히나 창업 시장에 처음 노크하는 초보 창업자 입장에서는 청년 창업이든 시니어 창업이든 길은 하나로 통한다. 관건은 창업자 개개인이 자기 역량을 얼마나 높일 수 있느냐 하는 점이다. 앞서 언급했던 바와 같이 창업 시장의 변수 중 가장 큰 변수는 '누가' 창업하느냐의 문제다. 흔히 이 문제로 모든 창업의 성패가 귀결되는 측면이 있기 때문이다. 창업자의 자기 역량 강화 없이 창업 시장에 뛰어드는 것은 자살행위라고 해도 과언이 아니다.

● 실패를 피하려면 수많은 실패 사례를 학습하자

앞장에서 살펴본 하그로브 교수의 이론으로 창업자로서의 자기 역량을 갖췄다면 다음 순서는 시장에 나가는 일이다. 창업자는 시장과 친해야 한다. 틈만 나면 시장에 나가는 습관을 들여야 한다.

시장에 나가면 수많은 창업 케이스를 만날 수 있다. 그 케이스 하나하나를 공부하는 과정은 창업 준비 단계에서 빼놓을 수 없는 매우 중요한 일이다. 창업 이론을 꼼꼼히 공부하는 것보다 창업 시장의 예외적 변수를 알아가는 것이 훨씬 더 중요하기 때문이다. 앞으로 부딪히게 될 각종 변수에 대처하기 위해서도 창업 시장에 숨어있는 수많은 사례를 연구하고 학습하는 과정은 필수다.

창업 사례 분석이라고 이야기하면 성공 사례를 먼저 떠올릴 수 있다. 하지만 성공 사례보다 더 중요한 것이 있다. 바로 실패 사례 학습이다. 실패를 경험하고 있는 창업자들을 현장에서 찾아내는 노력도 필요하다. 창업 시장에 나가보면 목에 힘주는 수많은 성공 창업자들을 만날 수 있다. 하지만 내공 깊고 사려 깊은, 심지어 겸손하기까지 한 성공 창업자도 많다. 반면 실패를 앞둔 창업자, 진한 실패를 경험하고 재기에 성공한 창업자들 역시 창업 시장의 한켠을 차지하고 있다.

이들의 케이스를 하나하나 공부하는 것이 강의실에서 듣는 수업보다 수백 배는 유용한 말 그대로 산지식이라는 사실을 깨닫는 데는 그리 오랜 시일이 걸리지 않는다. 케이스 스터디의 중요성을 이때 실감케 된다. 초보 창업자들은 이렇게 질문하곤 한다. "어떻게 그런 다양한 사람들을 찾아낼 수 있나요? 찾아낸다고 해도 그들의 창업 스토리를 어떻게 끄집어낼 수 있을까요?" 방법은 어렵지 않다. 시장에 나갈 때면 습관처럼 '사장'이 누구인지를 궁금하게 생각해야 한다. 그들의 표정 하나, 그들의 스타일에 주목할 필요가 있다. 내공 깊은 창업자를 만나려면 일단 그 창업자의 고객이 되어주어야 한다. 그러면 그들은 당신을 공부하는 창업자로서가 아닌 자신들의 고객으로 대하게 될 것이다. 두 번 이상 눈이 마주치게 되면 한두 마디 속 깊은 이야기를 나누는 것은 그리 어려운 일이 아니다.

이렇게 만난 성공 창업자를 통해서 실패 창업자의 그림자도 같이 학습할 수 있다. 성공 창업자치고 한두 번의 시행착오, 뼈아픈 실패를 경험하지 않은 사람은 없기 때문이다. 이러한 방법으로 창업 시장의 케이스 찾기를 하다 보면 창업 시장 성패의 결을 발견하게 된다. 청년 창업과 시니어 창업은 어쩌면 나이만 다를 뿐 창업 성공을 위한 경영 패러다임은 크게 다르지 않음도 깨닫게 된다.

'창업형 인간'과 '회사형 인간'

한 15년 전쯤으로 기억한다. '나는 과연 창업형 인간인가?'라는 칼
럼을 쓴 적이 있다. 당시 이 칼럼을 보고 어느 출판사로부터 '창업
형 인간'으로 책을 내자는 제안도 있었으나 고사했다. 우리나라에
서 실용서를 내려면 주 타깃은 단연 1,500만 직장인이어야 한다. 직
장인 입장에서 본다면 지하철에서 《아침형 인간》이라는 책을 들고
다닌다고 해도 별로 문제 될 것은 없다. 아침 시간까지 열심히 살려
고 노력하는 사람 정도로 치부될 수 있기 때문이다.

　반면 지하철에서 《창업형 인간》이란 책을 자랑하듯이 들고 다닐
수 있었던 시대는 아니었다. 《창업형 인간》이란 책을 들고 회사에
나가면 자칫 상사들 눈에 '금방 회사 그만둘 사람'으로 낙인찍힐 수
있었던 시대다. 그로부터 또다시 15년 넘는 세월이 흘렀다.

● 스몰비즈니스 시장의 핵심은 '창업형 인간'이다

다시 '창업형 인간'을 생각하게 한다. 그때보다 창업 시장은 더 어려워졌다. 어려워졌다는 것은 한정된 인구 5,000만 명 대비 창업자 수가 많아졌다는 것은 물론 경쟁이 더 치열해지고 있다는 이야기다. 반면 갈 곳 많은 소비자들이 선택할 수 있는 가게의 폭은 넓어진 셈이다.

단기적이든, 중장기적이든 향후 창업을 앞둔 예비 창업자들은 직장인들이다. 조직의 따뜻한 우산 밑에서 직장생활을 열심히 하고 있는 조직구성원 입장에서 생각해보자. 창업 성공의 조건은 좋은 아이템 선정이라고 외치는 사람이 많다. 이른바 빅 아이템, 빅 브랜드 하나 잘 선택하면 성공률이 높다고 생각하는 부류다. 하지만 현실은 그렇지 않다. 물론 빅 아이템은 도처에 널려있다. 창업자를 유혹하는 빅 브랜드 역시 공정거래위원회에 등록된 브랜드만 하더라도 6,100개가 넘는다. 하지만 이들이 모두 성공할까? 창업 시장을 조금만 들추어보면, 창업 성공이란 결코 아이템 찾기 게임이 아니라는 것을 금방 알게 된다.

그렇다면 무엇일까? 역시 사람에 대한 문제이다. 대기업들도 심심하면 '인재경영'을 부르짖는다. HRD(인적자원개발)와 HRM(인적자원관리)이 기업 성공의 핵심이라고 강조한다. 물론 사람을 자원쯤으로 생각하는 조직의 논리가 그다지 맘에 드는 것은 아니다. 하지만 스몰비즈니스 시장 역시 사업의 성패를 결정짓는 요건 중 50% 이상은 사람이 차지한다. 그 사람을 필자는 '창업형 인간'으로 표현했을 뿐이다.

● 창업형 인간이란 무엇인가

창업형 인간이 무슨 뜻인지 질문하는 사람들도 있다. 창업 강의 현장에서 필자가 정리한 창업형 인간의 정의는 이렇다. '내외부적으로 척박한 창업 환경을 극복하고 나, 가족, 회사 및 매장의 목표를 위해 거침없는 노력과 열정을 다함으로써 마침내 성공의 고지에 오르는 진취적이고 적극적이며 자기주도적인 사람'이다. 창업형 인간의 반대 개념은 '회사형 인간'이라 정리할 수 있다. 20년 넘게 회사생활을 충실히 해온 사람이라면 자기주도적인 삶을 살아왔다기보다는 회사가 원하는 삶을 충실히 살아왔다고 해도 과언이 아니다. 나의 인생이라는 관점에서 본다면 수동적인 삶을 살아온 셈이다. 하지만 만약 창업자의 길에 들어서 마침내 성공하길 바란다면 그동안 쌓인 조직생활의 컬러를 깨끗이 정리하고 창업형 스타일로 자신을 변신시켜야 한다. 어떻게 변신시켜야 할까?

● 창업형 인간으로 변신하기 위한 아홉 가지 코드

직장인에서 창업형 인간으로 변신하는 첫 번째 방법은 전직의 화려함을 하루빨리 잊기다. 수십 년간 대기업이나 큰 조직의 구성원으로 살아왔다면 '갑'의 위치에서 생활하는 패턴이 뼛속 깊이 점철돼 있다고 해도 과언이 아니다. 철저하게 자신을 낮추려는 노력이 필요하다.

둘째는 빈틈 만들기다. 조직생활에서는 빈틈없는 사람으로 살아야만 인정받는다. 하지만 창업자로 성공하기 위해서는 소비자들에게 인간적으로 다가갈 수 있는 적당한 빈틈은 필요하다. 때론 미친

척도 할 수 있는 열린 마인드가 요구된다.

셋째는 웃는 인상 만들기다. 상품가치를 판단하는 1차적인 기준은 껍데기 디자인이다. 사람도 무뚝뚝한 사람보다는 잘 웃는 사람에게 더 호감이 가기 마련이다.

넷째는 고개 숙이는 연습이다. 대접받기 좋아하는 한국인들에게 상대방을 대접해주는 최선의 방안은 먼저 고개 숙여주는 일이다.

다섯째는 창업 연습이다. 단계별 창업을 감안한 1단계 창업을 연습해보는 것도 창업 시장에 순조롭게 안착하는 방법이다.

여섯째는 실패를 학습해야 한다. 성공한 창업자치고 과거에 작은 실패와 여러 시행착오를 겪어보지 않는 사람은 없기 때문이다. 실패한다고 해도 그다음의 대안을 늘 마련하고 있다면 마음까지 편안해짐을 느낄 수 있다.

일곱째는 베푸는 마인드 만들기다. 기업경영에서도 CSR(기업의 사회적 책임)은 그 중요성이 날로 높아지고 있다. 스몰비즈니스 업계에서도 늘 남에게 베풀줄 아는 자기만의 스타일을 만들어야 한다.

여덟째는 성공 창업자 따라잡기다. 당장 집 앞 상권에서부터 창업의 선수 찾기에 나서야 한다. 그리고 그들의 라이프 스타일, 그들의 창업 인생에 귀기울여야 한다.

마지막 코드는 상권여행의 생활화다. 생물처럼 변화무쌍한 창업 시장의 다양한 코드를 생생한 상권 현장에서 읽어내는 안목을 키워야 한다.

관건은 사람이다. 나는 과연 얼마짜리 창업자인지를 늘 고민해야 한다. 나를 포장해서 옥션에 올리면 얼마에 팔릴지를 가늠해봐야 한다.

창업시켜주는 방송 프로그램의 명암

창업과 방송은 늘 가까이 있다. 지상파 방송뿐만 아니라 최근엔 종편 방송, 케이블 방송에 이르기까지 다양한 창업 방송 콘텐츠가 생겼다가 없어지기를 반복하고 있다. 방송에 출연하는 창업자들은 방송의 힘을 이용해서 놀라운 사업성과를 내는 일에 관심이 많을 수밖에 없다. 어쩌면 전국적으로 얼굴이 알려지는 한이 있어도 엄청난 방송 효과를 기대하면서 프로그램에 출연하는 경우가 많다.

필자는 1998년 MBC '일요일 일요일 밤에' 프로그램에서 진행했던 〈신동엽의 신장개업〉이라는 코너에 참여한 적이 있다. 당시 전국에 있는 33개 매장을 해당 코너를 통해서 창업시켰던 기억이 있다. 그중에 한 출연자인 광주의 장어집 사장님은 현재 작은 건물의 건물주로 살아가는 성공 사례도 있다. 오래된 이야기지만 지금까지 이 코너를 기억하는 사람들이 많다. 이후 2003년 무렵 SBS에서는 〈해결! 돈이 보인다〉라는 프로그램을 방영했다. 〈신동엽의 신장개업〉을 벤치마킹한 프로그램이었다.

● 〈신동엽의 신장개업〉과 〈해결! 돈이 보인다〉 그리고 백종원의 〈골목식당〉

방송에 참여했던 컨설턴트의 시각에서 본다면 〈신동엽의 신장개업〉과 〈해결! 돈이 보인다〉는 컨설팅 방법론 측면에서 완전히 다른 프로그램이었다. 〈신동엽의 신장개업〉은 사업성이 검증된 독립점 점포에서 핵심 노하우를 자신 있을 때까지 배워서 오픈하는 전수창업 방식을 컨설팅 방법으로 채택했다. 반면 〈해결! 돈이 보인다〉는 프랜차이즈 브랜드를 링크시켜주는 컨설팅 방법이었다. 따라서 〈신동엽의 신장개업〉에서는 작은 가게를 오픈하는 실비로 당시 방송국에서 600만 원 정도를 지원했던 반면, 〈해결! 돈이 보인다〉는 그 프로그램에 출연하는 대박집인 프랜차이즈 브랜드 본사에게서 비용을 받고 방송을 제작했다. 당연지사 프랜차이즈 본사에서는 비용이 들어가더라도 지상파에 해당 브랜드를 홍보할 수 있는 절호의 기회가 생기기 때문에 비용 지출을 마다할 이유가 없었을 게다.

최근 창업 관련 방송 프로그램은 백종원 사장이 주도하고 있다. 〈골목식당〉과 같은 프로그램은 지상파 방송을 이용한 방송 효과에 백종원 사장의 유명세를 업고 극심한 매출 부진에 시달리는 음식점에 경영 개선 솔루션을 제공하면서 매출 상승을 노린다는 콘셉트다. 상권에서는 백종원 사장의 방송 프로그램에 대해 엇갈린 의견들을 내놓는다. 방송 프로그램을 통해 자신이 운영하는 22개가 넘는 브랜드 홍보 효과를 노린 것 아니냐는 목소리도 있고, 백종원 사장으로 인해 성공 인생으로 변신했다고 환호하는 목소리도 있다.

방송에 출연하는 창업자들의 마음은 똑같다. 어느 프로그램에 출연하든 방송에 주인공으로 출연함으로써 창업 성공을 앞당길 수 있지 않을까 하는 간절한 마음에서다. 이러한 절박함으로 방송에 얼굴을 내밀면서 신규 창업이나 재창업을 시도한다고 볼 수 있다.

● 사무실로 걸려온 마음 아픈 전화 한 통

요즘도 각종 방송프로그램에서 창업을 시켜주는 방송은 계속되고 있다. 2~3년 전쯤 한 종편에서 프랜차이즈 브랜드를 내세우면서 가게를 오픈해주던 프로그램은 13회째 진행되다가 중단된 적이 있다. 이 프로그램은 특정 브랜드와 매칭하면서 장사 안 되는 가게의 인테리어를 새롭게 재단장하고 새 프랜차이즈 브랜드 간판을 걸어주는 방송이었던 것으로 기억한다.

이 프로그램에 출연해서 창업을 한 주인공 출연자로부터 다급한 전화 한 통을 받았다. 그의 이야기를 간략히 요약하면 이렇다. 어렵게 사업을 진행하다가 방송에 출연제의를 받고 실비를 들여서 특정 브랜드를 걸고 재창업을 했다고 한다. 하지만 창업 후 아직 3개월이 지나지 않았음에도 현재 월세 내기도 힘들 정도로 매출이 급락했다고 한다. 초기엔 잠깐 잘 되다가 지금은 매출이 곤두박질쳤다는 하소연이었다. 창업통의 블로그를 꼼꼼히 읽어본 출연자는 전화 통화를 통해서 회생할 수 있는 방법이 없겠느냐는 딱한 심정을 이야기했다. 더욱 기가 막혔던 것은 처음 방송에 출연을 약속하면서 만약 장사가 안된다고 하더라도 별도의 이의를 제기하지 않는다는 서약까지 했다고 했다. 왜 이러한 문제가 발생되는 것일까?

● 프랜차이즈 가맹점 창업을 내세우는 프로그램의 위험성

창업 관련 방송 프로그램을 기획하는 방송사의 기획의도는 언제나 착하다. 어려운 경제 환경을 딛고 일어나는 자영업자들의 희망 찾기라는 메시지가 크게 부각될 수밖에 없다. 당시 창업통은 〈신동엽의 신장개업〉 기획회의에서 특정 프랜차이즈 브랜드를 앞세워서 지상파 방송에서 창업을 돕는 방식의 위험성을 지적한 바 있다. 결국 본 코너에서는 독립점 성공 사례를 벤치마킹한 전수창업 방식을 컨설팅 방법론으로 채택했던 이유다.

하지만 그 이후에 나온 창업시켜주는 방송프로그램들의 면면을 보면 대부분 프랜차이즈 브랜드를 내세우는 컨설팅 방법론을 채택하는 경우가 많았다. 제작진 입장에서는 컨설팅 스킬이 부담스럽지 않다는 점에서 특정 브랜드를 앞세운 창업법을 선택하곤 한다. 게다가 프랜차이즈 본사로부터 광고비까지 협찬받을 수 있다는 점은 방송사 수익 창출이라는 측면에서도 매력으로 다가올 수밖에 없다. 프랜차이즈 본사에서는 비용이 들어가더라도 해당 프로그램을 통해 브랜드를 홍보 효과를 누릴 수 있다는 점에서 서로의 이해관계가 맞아떨어진다.

문제는 방송에 출연하는 창업자다. 방송에 출연하는 창업자 대부분은 신규 창업이든 재창업이든 자신의 얼굴을 전국에 공개해서라도 창업에 성공해야 한다는 간절한 마음에 출연을 결정한다. 하지만 방송에 출연한다고 해서 창업 성공을 담보할 순 없다는 사실을 빨리 깨달아야 한다.

방송은 방송일 뿐이다. 방송을 통해서 무언가를 얻으려는 구성원들의 니즈는 각기 다를 수밖에 없다. 방송국에서는 광고 수익, 협찬 수익이 중요하다. 그리고 무엇보다 시청률이 가장 중요할 수밖에 없다. 출연하는 프랜차이즈 브랜드 입장에서는 방송을 통해 해당 브랜드를 홍보함으로써 브랜드 가치를 높이는 효과를 거두고자 한다. 또한 추가로 다른 가맹점 창업자들을 끌어모으려는 목적이 분명하다. 창업자 입장에서는 어떨까? 나의 이미지가 어떻게 되든 방송 출연을 통해서라도 '성공한 창업자'라는 타이틀을 내 것으로 만들고 싶다는 소박한 꿈이 존재할 뿐이다.

하지만 창업 시장의 현실은 뜻하는 바대로 그림이 그려지지 않는 경우가 많다. 방송 관계자들도 알아야 한다. 프랜차이즈 브랜드만 방송에서 크게 홍보해주면 창업자가 성공할 것이라는 단순한 생각은 그저 착각일 뿐이라는 사실을 말이다. 대한민국 창업 시장은 수만 가지 변수가 상존하는 만만치 않은 곳이다.

분명한 것은 창업이라는 테마로 방송 프로그램을 제작하려면 철저하게 그 시작과 끝은 사회적 약자의 처지에 있는 창업자 편에 서서 모든 컨설팅 프로그램이 기획되어야 한다는 점이다. 특정 브랜드를 앞세운 손쉬운 컨설팅, 간편한 컨설팅 방법론을 선택하면 그만큼 쉽게 망할 수 있다는 사실을 반드시 기억해야 한다.

창업자들 역시 방송 출연의 가치를 정확히 인지할 필요가 있다. 20년 전 〈신동엽의 신장개업〉을 방영했던 당시와 10년 전의 방송 프로그램 그리고 현재의 방송 프로그램이 주는 가치와 효과는 완전히 달라졌다. 방송 출연은 창업 성공으로 가는 도깨비 방망이를 얻는 일이 아님을 명심해야 한다.

포항 덮죽집과 프랜차이즈 가맹사업법
1+1 제도

우리나라의 프랜차이즈는 짧은 역사에 불구하고, 2000년 이후 급격한 양적 팽창을 거듭해 왔다. 동시에 부실 프랜차이즈를 양산하면서 단기간에 실패하는 창업자를 잉태하는 역효과도 있었다. 물론 프랜차이즈의 순기능도 있다. 초보 창업자들의 창업 시장 진입 장벽을 낮춰주면서 안정적으로 시장 진입을 도와주는 측면은 초보 창업자 입장에서는 단기적인 순기능으로 볼 수 있다.

하지만 우리나라 프랜차이즈 시장은 자영업 공급과잉을 부추긴다는 의견이 많다. 단기간에 특정 브랜드가 수천 개 가맹점을 오픈한 사례는 지금도 성공 신화처럼 포장되어 이어지고 있기 때문이다. 이러한 문제로 인해 2008년부터 시행되고 있는 가맹사업법에 대한 제도 보완이 시급하다는 지적이 일자, 급기야 공정거래위원회에서는 가맹사업법에 대한 개정안을 입법 예고했다. 개정안의 내용은 가맹본부가 1년 이상 직영점을 운영한 경험이 없으면 정보공개서 등록을 거부할 수 있도록 하고, 직영점 운영 경험인 운영 기간이나 매출액 등을 정보공개서에 기재해야 한다는 이른바 '1+1 제도'를 골자로 한다. 즉 프랜차이즈 본사가 1곳 이상의 직영점을 1년간 운영하고 나서 충분히 사업성을 검토한 후에 가맹점을 모집할 수 있도록 하겠다는 법령이다. 개인적으로는 매우 필요한 제도라고 생각한다.

지금까지 살펴본 것처럼 지난 10년간 우리나라 프랜차이즈 브랜드 수는 무려 5배가 늘었을 정도로 폭발적으로 증가했다. 가맹점 수 또한 10만 개에서 25만 개까지 2.5배 증가했다. 부실한 프랜차이즈 브랜드의 난립으로 인해서 창업 시장의 건전성이 저해되었을 뿐만 아니라 선량한 창업자들의 사업 실패로 인한 시간적 경제적 손실은 이루 말할 필요도 없다. 잘못된 정책으로 인해 창업 시장의 실패율만 높인 측면도 있다고 본다. 그런 측면에서 가맹사업법 1+1 제도는 매우 의미가 있다고 생각한다.

● '포항 덮죽집'과 '덮죽덮죽' 이른바 미투 브랜드의 문제점

언론을 통해 알려진 '포항 덮죽집'과 프랜차이즈 브랜드인 '덮죽덮죽' 간의 문제는 사회적 공분까지 불러일으켰다. 포항시 여천동에 자리잡은 덮죽집은 '더 신촌's'라는 개인 매장에서 운영하고 있다. 하지만 서울에서 배달 족발집 브랜드를 운영하는 업체가 '덮죽덮죽'이라는 브랜드를 공정거래위원회에 등록하면서 프랜차이즈 사업자를 모집했고, 이 내용이 뉴스를 타면서 사회적 이슈가 되었다. 급기야 덮죽덮죽을 운영하는 프랜차이즈 본사에 사업 중단을 발표하

게 되었다.

국내 프랜차이즈 업계에서는 이와 유사한 문제가 비단 덮죽집 사례만 있는 것은 아니다. 수많은 상표권 도용으로 인한 문제가 끊임없이 야기되고 있는 실정이다. 브랜드 도용뿐만 아니라 프랜차이즈 아이템 콘셉트 도용 문제도 심각하다.

이러한 이른바 '미투 브랜드[1]'를 근절할 수 있는 대책은 지금도 요원하다. 누가 어떤 콘셉트로 어디에서 대박을 친다고 하면 상호만 달리해서 비슷한 유형으로 가맹점을 난립시켜 아이템 전체의 공멸을 자초하는 사례는 지금도 상권 현장에서 무분별하게 벌어진다.

한때 '봉구 비어'가 성공을 거두자 갑자기 전국에 우후죽순처럼 생겨난 수많은 ○○비어들이 글자 한두 개만 바꿔서 난립한 사례를 우리는 주변에서 심심치 않게 볼 수 있었다. 최근만의 일일까? 1999년 혜성처럼 등장해 성공 가도를 달리다 수많은 미투 브랜드의 폭격에 결국 사업을 접은 '쪼끼쪼끼', 사회적 이슈를 몰고 온 '대만 카스테라' 등 숱한 미투 브랜드 창업사가 국내 프랜차이즈 역사의 대표적인 흑역사로 자리잡고 있다.

이러한 문제는 먼저 프랜차이즈 CEO의 경영윤리 부재라는 측면도 크다. 하지만 보다 근본적으로 비록 남의 아이템이라고 할지라도 컬러만 바꿔서, 간판만 새롭게 해서 그대로 가맹점을 모집하면 기본적으로 수십 개, 수백 개 가맹점을 출점할 수 있다는 시장 환경이 문제라는 생각도 든다. 창업자도 마찬가지다. 비록 미투 브

---

1 업계 후발 주자들이 일등 상표를 흉내 내는 상표. 대강 보아도 선도 업체의 브랜드명이나 제품과 비교적 유사한 형태로 인식되어 소비자의 브랜드 인식에 혼선을 초래하고, 순식간에 유사 상표 및 콘셉트의 난립을 불러옴으로써 시장에 교란을 일으킨다.

랜드일지라도 요즘 뜨는 콘셉트, 뜨는 아이템이라고 한다면 일단 가맹 계약부터 하고 보자는 마음, 가게를 손쉽게 오픈하고자 하는 풍토는 문제점으로 지적할 수 있다. 이러한 국내 프랜차이즈의 문제는 창조적인 모방이라고 보기엔 시장의 건전성을 해칠 뿐만 아니라 해당 브랜드나 아이템의 단명을 초래할 수 있다는 점에서 문제점으로 지적할 수 있다.

● 가맹사업법 1+1 제도는 과연 실효성이 있을까?

공정거래위원회에서 추진하는 1+1 제도를 뜯어보면, 신규 창업자 입장에서는 적어도 1개 이상 직영점을 1년 이상 검증하는 기간을 거친다는 측면에서 의미가 있다고 판단된다. 하지만 개인적인 의견을 덧붙인다면 1+1이 아닌 2+1, 3+1 제도가 필요하다고 생각한다. 직영점 2~3개 이상을 각기 다른 상권에서 운영해본 후에 가맹점 투자자를 모집하는 방식이 더 타당하다고 보기 때문이다.

한 개 직영점만으로 해당 사업에 대한 사업성 및 프랜차이즈로서의 타당성을 판단하기엔 근거가 너무 지엽적인 면이 있다. 각기 다른 상권에서 1호점, 2호점은 물론 3호점의 업력이 1년 이상인 경험을 가지고 가맹점 투자자를 모집하는 풍토가 하루빨리 조성되어야 한다. 상권 특성이 전혀 다른 상권에서 2호점이나 3호점을 1년 이상 운영한다는 것은 본사 입장에서는 최소한의 프랜차이즈 브랜드 운영상의 시뮬레이션 결과를 얻는 것일 뿐만 아니라, 예비 가맹점주 입장에서도 각기 다른 상권에서의 사업 타당성을 검증하는 중요한 자료를 확보하는 것이기 때문이다.

이러한 제도가 시행된다면 공급 과잉으로 인한 실패율이 높아지고 있는 한국 창업 시장의 건전성을 확보하는 필터링 효과도 유발할 수 있다. 또한 포항 덮죽집 사례와 같은 아이템 도용 및 브랜드 도용 피해 사례는 사전에 예방할 수 있을 것으로 본다.

● 가맹점과 본사가 다 같이 행복할 수 있는 프랜차이즈 시장 시즌2가 필요하다

우리나라 프랜차이즈 시장은 2008년 8월 가맹사업법이 처음 시행되면서 정부가 관여하기 시작했다. 그로부터 12년이 흐르는 동안 국내 프랜차이즈 시장은 양적 측면에서는 괄목할만한 성장을 이뤘다. 하지만 프랜차이즈 브랜드의 주인이라고 할 수 있는 가맹점 사업자의 행복가치 창출이라는 측면에서는 여러 가지 문제가 많았던 게 사실이다. 본사는 돈을 버는데, 가맹점주는 눈물을 흘리는 사례도 있었다. 이제는 프랜차이즈를 통해서 본사와 가맹점이 동시에 행복할 수 있는 풍토를 조성해야 할 시점이 도래했다. 얄팍한 아이템으로 우후죽순 가맹점을 출점하는 시대는 지났다.

법적 제도 장치 마련보다 더 중요한 것은 프랜차이즈 본사의 양심적인 브랜드 출점 방침이다. 대대적인 인식 개선이 선행되어야 한다. 가맹점 투자자들 또한 유명 프랜차이즈 브랜드 가맹이 곧 성공의 보증 수표라는 인식을 하루빨리 버려야 한다. 가맹점주든 본사든 궁극적으로는 서로 협력하여 브랜드의 수명 곡선을 늘려나가는 것이 다 함께 행복한 창업 시장을 만드는 길이라는 사실을 잊어선 안 된다.

창업과 사람을 다시 생각한다

필자는 1992년부터 전국 상권과 해외상권을 다니며 시장조사를 했다. 그동안 수많은 창업자들을 만날 수 있었다. 성공 창업자와 실패 창업자, 착한 창업자와 나쁜 창업자, 존경받는 창업자도 있었고 비난받는 창업자도 있었다. 창업통의 관심사는 행복한 창업자 찾기다. 부의 가치는 축적했지만 전혀 행복하지 않은 창업자들도 너무나 많기 때문이다.

코로나 사태가 장기화하면서 다시 '창업과 사람'을 생각한다. 창업통의 취미는 상권여행이라고 말한 바 있다. 마치 여행하듯 상권 구석구석, 골목골목을 다니는 것이 즐겁다. 기발한 아이템, 눈에 띄는 가게를 만나는 즐거움도 있지만, 상권 속에서 멋진 창업자들과 기분 좋게 조우하는 즐거움이 가장 크다. 상권여행은 어쩌면 비즈니스 센스 철철 넘치는 가까이하고 싶은 창업 역군들을 찾아 떠나는 여행일 수 있다.

● 성공 창업자의 스타일, 가치관, 철학을 생각한다

'창업과 사람'이라는 주제를 가지고 생각할 때 가장 먼저 떠오르는 창업 시장의 주인공은 역시 주인장이다. 창업의 주체이자 사장님들이다. 일정한 종잣돈을 투자해서 비즈니스가치를 창출하고 있는 창업 시장의 리더라고 볼 수 있다. 우리나라 자영업 사장님 수는 560만 명에 이른다고 한다. 그들의 표정을 하나하나 살피는 것이 창업통의 첫 번째 관심사다.

창업자의 표정을 읽다 보면 현시점 기준 창업 시장의 희노애락을 단번에 알 수 있다. 늘 즐겁게 흥이 넘치는 표정으로 경영일선을 지키는 창업자도 있지만, 불평불만 가득한 창업자도 많다. 시름에 빠진 창업자를 만날 때면 가슴이 미어진다. 그럼에도 매장 현장에서 만나는 다양한 창업자들의 표정 중 가장 기억에 남는 표정은 늘 상 고객의 호감을 사는 표정이다.

호감 가는 표정을 다른 말로 하면 자연스럽게 웃는 인상을 서비스할 수 있는 창업자들이다. 하지만 업력이 낮은 창업자, 초보 창업자일수록 자연스럽게 웃는 얼굴을 하기가 어렵다. 전투적인 표정을 지으면서 악으로 깡으로 매진하는 창업자도 있고, 세월아 네월아 하면서 아무런 표정이 없는 창업자들도 만난다. 물론 정답은 없다. 하지만 분명한 것은 창업자의 표정은 직장인의 표정과는 많이 달라야 한다는 사실이다. 불황기일수록 매력 있는 표정 짓기가 필요한 시대다.

창업통의 두 번째 관심사는 창업자의 생각과 철학, 가치관이다. 어느 유명 프랜차이즈 CEO의 부적절한 처신이 전국적인 뉴스거리가 된 적이 있다. 창업자의 품성과 가치관, 철학이 문제가 된 경우다. 하물며 프랜차이즈 CEO는 그 브랜드를 대표하고 해당 가맹점들을 대표하는 공인 중의 공인이다. 비즈니스맨이기에 앞서 공인으로서의 가치와 철학, 품격을 지켜야 하는 위치에 있다. 그러한 기본적인 가치가 부족한 경영자들은 자연스럽게 시장에서 도태될 수밖에 없다. 결국 이 문제 역시 창업자 변수로 귀결됨을 알 수 있다.

상권 현장에서 만난 기분 좋은 경영자들은 늘 나보다 남을 먼저 배려하는 창업자들이다. 자신을 둘러싼 주변 사람들에게 따뜻한 애정을 갖고 대하는 창업자들이 의외로 많다. 이들을 만날 때면 마음속부터 흐뭇해짐을 느낀다. 대표적인 공인인 연예인을 예로 들면, 오랫동안 인기를 유지하는 장수 연예인들의 공통점은 인간성 좋고 착한 품성을 가진 이른바 '미담 제조기'들이라는 사실이다. 창업자도 마찬가지다 착한 품성의 경영자가 시장에서도 오래 살아남는다.

● 성공 창업자의 곁에는 분신 같은 직원들이 있다

창업 시장을 이끄는 또 다른 한 축은 직원이다. 창업 시장의 수많은 가게를 일터로 삼고 있는 이 시장의 또 다른 주인공들은 정규직, 비정규직, 파트타임 아르바이트생에 이르기까지 다양한 형태로 존재한다. 창업통은 이들에게서 창업 시장의 미래가치를 발견하곤 한다. 현재는 비록 직원의 신분일지 몰라도 머지않아 괄목한 만한 경영자로 성장할 조짐이 보이는 직원들도 여럿 눈에 띈다. 성공 창업자의 창업 이력에서도 과거 직원으로서 일했던 이력을 찾아볼 수 있다.

창업통이 직원을 보는 주된 관점은 주인 같은 직원 찾기다. 주인장이 아님에도 주인장보다 더 열심히 일하는 직원들이 있다. 1인 2역, 3역을 거뜬히 해결하는 직원들을 만날 때면 무척 설렌다. 꼭 이름을 물어보고, 그 직원의 팬임을 어필하기도 한다. 주인장보다 그 직원분 얼굴 보는 즐거움으로 가게를 찾는 경우도 있다. 이들에게서 현존가치를 뛰어넘는 미래가치가 보이기 때문이다.

기업경영에서는 HRM(인적자원관리), HRD(인적자원개발)와 같은 키워드로 정리해볼 수 있다. 창업통은 이러한 단어로 모두 설명되진 않는다고 본다. 특히 투자형 창업에 관심있는 창업자라면 분신 같은 직원 찾기가 성공의 핵심 가치가 될 수도 있다. 단순히 직원 찾기라기보다는 상권 현장에서 잔뼈가 굵은 실력 있는 파트너 찾기라고 해야 옳다. 좋은 경영인이라면 그들의 미래가치까지 신경 써주는 디테일을 갖춰야 한다.

● 사업은 까다로운 고객을 다루는 일이다

대한민국 5,000만 소비자 집단은 까다롭다. 갈 곳이 너무 많기 때문이다. 수요층 대비 가게가 넘쳐나는 공급과잉 현상은 갈 곳 많은 소비자들을 양산했다. 갈 곳 많은 소비자들은 일단 눈높이가 높다. 기대치도 높다. 대접받고 싶어하는 것은 기본이다. 이들을 내 가게의 반복 구매 고객으로 만들어야 한다. 단골손님을 한 명이라도 더 만들기 위해 노력하는 것, 성공하는 창업자의 가장 기본적인 스탠스다.

이런 일을 하고 싶지 않다면 창업하지 말아야 한다. 우리나라 창업 시장의 숨은 속내이자 흔히들 공감하는 사안이다. 그래서 성공 창업자들을 인터뷰하다 보면 너털웃음 지으면서 흔히 하는 이야기가 있다. "아침에 매장으로 출근할 때면 간과 쓸개는 냉장고에 보관하고 나온다"라고 말이다. 맨정신으로 영업하기 쉽지 않다는 이야기다. 때에 따라서는 미친척하는 것도 필요하다. 창업 인생이란 그런 것이다.

창업 인생에서 사람의 가치는 매우 중요하다. 사람을 이해하지 않고서는 원하는 성과를 창출하기 어렵다. 남을 평가하기에 앞서 스스로의 가치부터 평가할 줄 알아야 한다. 나를 포장해서 인터넷 옥션에 올리면 얼마에 팔릴지를 늘 가늠해봐야 한다. 분신 찾기도 필요하다. 나 홀로 올릴 수 있는 수익의 한계는 분명하기 때문이다. 무엇하나 공짜로 되는 것은 없다. 창업자라면 직원의 미래가치까지 관심을 두고 잘 보살펴야 한다.

창업 시장의 마지막 한 축은 고객이다. 고객은 관객일 수도 있다. 때로는 관객들에게 어떻게 감동을 전해줄 것인가를 고민하는 배우의 마음이 필요하다. 이러한 사려 깊은 창업자가 궁극적으로 코로나 시대와 브이노믹스 시대를 이겨낼 수 있는 행복한 창업자가 아닐까?